Hildegard:

Eine neue Ära der Medizin?

ISBN: 3-901001-01-8

Fortsetzung von Band 1 "Was ist Hildegard-Medizin"

Titelbild:
Alantwurzel treibt durch asphaltierten Gartenweg.
Foto Rückseite:
Blaue Schwertlilie (Iris germanica)
Bertram (Anacyclus pyrethrum)
Alle Aufnahmen vom Autor

Der Autor kann weder für Kräuterbestimmungen, die Leser dieses Buches vornehmen, noch für persönliche Experimente mit Kräutern, die Verantwortung übernehmen.

Herausgeber, Verleger und Satz: Helmut Posch, A-4880 St.Georgen
Druck: Druckerei Hitzl Ges.m.b.H., St.Georgen

Inhaltsverzeichnis

Vorwort

Dem Kenner des Mittelalters Prof. Arno Borst, Konstanz, in Verehrung gewidmet

von Dr. med. Gottfried Hertzka.

Hildegard lebte im Mittelalter. Man mag es drehen wie man will.Versteht sich im "nachchristlichen" Mittelalter. In der mittelalterlichen Moderne - genauso wie wir in der typischen "Postmoderne" leben- man mag es drehen wie man will. Das Hochmittelalter Hildegards war modern. So modern wie die besten unserer heutigen Modernisten. Das Wort hat zwar seit Papst Pius X. einen üblen Beigeschmack bei den Theologen. Ich meine jedenfalls Leute, die sich berechtigt glauben in jeden Quark ihre Nase hineinzustecken. Aber so etwas gab es schon immer, Leute, die meinen das Gras wachsen zu hören. Der Unterschied zwischen Hildegard und diesen Leuten ist nur der, daß, wenn je jemand wirklich das Gras wachsen gehört hat, es höchstens die Heilige Hildegard war. Wieso?

Daß das Gras wächst, wissen die Gelehrten heute ganz genau, so genau, daß sie seine Wachstumsgeschwindigkeit messen können. Oder etwa nicht? Zweifelt jemand an der Leistungsfähigkeit unserer modernen Wissenschaft? Durfte zu Hildegards Zeiten ein damals moderner Mensch daran zweifeln? Das war zwar damals noch nicht so lebensgefährlich wie etwa um 1340 als man Jean d'Arce als Hexe verbrannte. Die modernen Leute wissen immer alles ganz genau - ohne Rücksicht auf Verluste und sie zweifeln auch gar nicht daran, daß man das Gras wachsen hören könnte - wenn wir nur dafür einen genügend exakt arbeitenden Apparat konstruieren würden. Der moderne Mensch ist immer überzeugt. Die Urmutter aller Modernisten war Eva. Sie war überzeugt, daß die

Schlange mit ihren Agumenten recht hatte und die Wahrheit redete und sie vermochte sogar Adam davon zu überzeugen."Und auch er aß.".

Der Modernist zweifelt an allem - nur nicht an sich selbst. Warum denn auch? Ja, warum denn nicht? ? Ist es nicht etwas schönes von sich überzeugt zu sein? Macht nicht auch der gläubige Mensch das gleiche? Aber gewiß. Hildegard und ich bestreiten das gar nicht. Ich sagte es ja: Darum ist "Hildegard" modern. Mehr als die Heilige Hildegard kann kein moderner Wissenschaftler von sich (und seinem Werk) überzeugt sein. Der Unterschied ist nur der, daß unsere Heilige keine Wissenschaftlerin war. Ich habe in meinem Buch: DAS WUNDER DER HILDEGARDMEDIZIN den Beweis dafür zu erbringen versucht. Wem gegenüber? Vor der Wissenschaft unserer Tage. Wieso? Als Arzt habe ich nachgewiesen, daß sie zwar von Medizin schrieb - aber keine Ärztin (oder Heilpraktikerin) gewesen ist. Mehr kann man von keinem Forscher verlangen als daß er auf seinem Fachgebiet Bescheid weiß. Ich meine mich auf meinem Fachgebiet Medizin vom Standpunkt unseres Wissens auszukennen. Bin ich da auch ein Modernist?

Was ist ein Modernist im Sinne unserer Tage wenn nicht einer, der meint auf allen Gebieten mitreden zu dürfen, weil er auf seinem Gebiet etwas Gültiges zu sagen hat? Seiner Überzeugung nach. Und die Bücher der Heiligen Hildegard beweisen, daß auch sie auf allen damaligen Wissensgebieten Wesentliches zu sagen hatte. Der kleine Unterschied ist nur der, daß Hildegards Wissen nicht i h r Wissen war, sondern von dem stammte, der sie gesandt hatte.

Daß sie eine Sendung hatte - damals wie heute und morgen geht aus ihren Prophetien - zukunftsträchtigen Prophetien - und aus allen ihren Büchern hervor. So heißt es z. B. am Schluß des ganzen SCIVIAS-BUCHES, daß dieses eine Prophetie sei, und im Lehrbuch der Medizin steht zweimal: "Diese Arzneien sind von Gott gewiesen..". Gilt dies nur zur Zeit seiner Vollendung im zwölften Jahrhundert oder gilt dies auch für die Leser unserer Tage? Paulus schreibt, daß die echte Prophetie das Zeugnis Christi hat. Auch der Heilige Bernhard von Clairvaux, der größte Theologe seiner Zeit und Hildegards Zeitgenosse, war der Überzeugung, daß Hildegard aus dem Geiste der alten Propheten (ihre Erstschrift) geschaut und diktiert habe. Worin unterscheidet sich Hildegard von den falschen Propheten, die es damals genauso gab wie heute? Wodurch unterscheiden sich die wahren von den falschen, den Wölfen im Schafspelz?

"Hütet euch vor den falschen Propheten...
An ihren Früchten werdet ihr sie erkenen..."

Eines ist sicher: Mein lieber Freund Helmut Posch hat nur aus den guten Früchten der Hildegardmedizin seinen Glauben an die Echtheit Hildegards gewonnen. Und so geht es jedem, der Hildegard wirklich objektiv prüft. Davon gibt dieses Buch ausgiebig Zeugnis. Seine Mischung aus Philosophie, Theologie und Medizin gibt genau das riesige Spektrum der Weisheit Hildegards wieder. Wenn er es eine "Neue Ära der Medizin" nennt, so trifft das genau mit meiner Überzeugung zusammen, daß die postmoderne Medizin der Zukunft unendlich reich durch das Wissen Hildegards befruchtet werden kann und - wird.

Schienen am Bodensee, 8.4. 92

Wenn Schlosser Pläne schmieden!

Immer wieder werde ich gefragt, wie ich denn zu "Hildegard" gekommen sei und wie alles begann. Das ist schnell erzählt:
Ich bin a g´ lernter Schlosser und als solcher weiß ich, daß man das Eisen schmieden soll, solange es noch heiß ist. Mit anderen Worten: Wer den eingeschlagenen Weg eine neue Richtung geben will, soll das am besten in jungen Jahren tun. Dieser Plan reifte in mir, als ich vor einer Drehbank stehend, monotone Arbeit verrrichtete, und im grauen Alltag, meine bunte Vorstellung vom Leben zu verblassen begann.
Nun kann man aber einen Beruf nicht so einfach wechseln wie ein Hemd. Was sollte ich also anderes tun? Meine Chance las ich aus der Zeitung, die damals eifrig dafür warb: "Werden Sie Programmierer! Ergreifen Sie den Beruf mit Zukunft..."
Nach einem Jahr der Umschulung und Kurse übernahm ich bereits die Leitung einer neuen EDV-Abteilung in einer Schuhfabrik. Obwohl sehr hohe Anforderungen an mich gestellt wurden, "schaukelte" ich - wie ich glaube - diese Aufgabe ganz gut. Diese Arbeit war interessant, abwechslungsreich und machte mir Spaß. Dabei blieb es zehn Jahre lang.

Dieses war der erste Streich,
Doch der zweite folgt sogleich.

1.Kontakt mit Dr.Hertzka

Der Gedanke an eine neuerliche Veränderung keimte zwischen duftenden Kräutern, die es mir angetan hatten. Mit Eifer sammelte ich, was in den Kräuterbüchern empfohlen wurde. Nicht ganz ohne Grund, denn ich habe eine schwache Stelle und die heißt Magen. Eine vererbte Veranlagung? Wahrscheinlich, denn schon meiner Großmutter blieben die Magengeschwüre jahrzehntelang treu. Sie ist dennoch damit alt geworden. Aber Vorsicht, dachte ich!

Meine Erfahrungen mit diversen Rezepten entsprachen allerdings nicht den Erwartungen. Das änderte sich erst, nachdem mir das Buch "So heilt Gott" von Dr.med. Gottfried Hertzka in die Hände fiel. Diese darin empfohlenen Mittel halfen tatsächlich. So erfuhr ich also erstmals von "Hildegard" und war begeistert.

Promt pilgerten meine Frau und ich nach Konstanz in die kleine Arztpraxis und waren erstaunt zu erfahren, daß Dr.Hertzka bislang der einzige Arzt auf Gottes großer weiter Welt sei, der sich mit "Hildegard-Medizin" beschäftigt. Ich sagte: "Das gibt es doch nicht!"

"Doch", sagte er bescheiden.

"Und stimmt es auch, daß all diese Mittel der hl.Hildegard geoffenbart worden sind?" Dr. Hertzka darauf:

"Das schreibt sie doch selber. Sogar zweimal!"

Tatsächlich!

> **"Die nachfolgend angegebenen Arzneien für die bisher besprochenen Krankheiten sind von Gott gewiesen..."** (Medizinbuch Seite 249)

Mein Schicksalsberuf

Von nun an ging alles Schlag auf Schlag. Mir war klar, diese "Botschaft" darf nicht länger im Dornröschenschlaf verweilen. Auf "Hildegard" warten viele ungeheilte Kranke. "Hildegard" verursachte in mir ein raupenhaftes Gefühl, das nach Entfaltung drängte.
Von Dr.Hertzka unterstützt und dazu ermutigt begann ich mit der Herstellung von Kräuterweinen. Genau nach den Rezepten der hl.Hildegard, versteht sich. Es war wie ein Sprung ins kalte Wasser, ohne zu wissen, ob ich auch schwimmen kann! Freunde und Bekannte griffen sich an den Kopf und fragten sich: "Was fängt er denn da nun an? Hat doch eine so gute Stellung gehabt!"
Doch ich wußte, ohne dafür einen Beweis zu haben: Das ist jener Platz und jener Freiraum, den ich suchte. Insgeheim sehnte ich mich nach jener Funktion, für die mich die Vorsehung "vorgesehen" hat. Das war oft mein Anliegen im Gebet. Daß Gott oftmals Menschen auswählt, die nach Ansicht von Fachleuten für ungeeignet gehalten werden, dafür pries Ihn schon sein Sohn:

"**Ich preise dich, Vater, Herr des Himmels und der Erde, daß du dies vor Weisen und Klugen verborgen, vor Unmündigen aber geoffenbart hast. Ja, Vater, so war es wohlgefällig vor dir.**" (Mt. 11,25)

So nahm alles seinen Anfang. Dank meiner Unwissenheit über die Größe und Einmaligkeit der gesamten Hildegard-Schriften ging ich wie ein Kind ohne Scheu daran, mich in diese neue Materie einzuarbeiten.

Dieses war der zweite Streich,
noch ein dritter folgt sogleich

"Hildegard" im Vormarsch

Inzwischen sind mehr als zwanzig Jahre vergangen und die "Hildegard-Medizin" ist für viele bereits zu einem Begriff geworden. Wir gründeten damals den Verein "Bund der Freunde Hildegards", der inzischen rund 12.000 Mitglieder zählt. Die ersten zwanzig "Hildegard-Kuriere" faßte ich in dem Buch "Was ist Hildegard-Medizin" zusammen. Im nun vorliegenden 2. Band finden Sie die weiteren 20 Hildegard-Kuriere vor.
Beflügelt von der stets wachsenden Zahl an Hildegard-Freunden schrieb Dr. Hertzka inzwischen ein Buch nach dem anderen. Wir schätzen, gemessen an den verkauften Exemplaren, daß es bereits hunderttausende "indirekte" Hildegard-Anhänger gibt. Es haben sich in Deutschland, der Schweiz und vielen anderen Ländern Hildegard-Kreise gebildet. Die gesamten, in lateinischer Sprache abgefaßten Werke Hildegards sind zum Teil von der Baseler-Hildegard-Gesellschaft in die deutsche Sprache übersetzt worden. Bücher von Dr.Hertzka und seinem Nachfolger, Dr. Strehlow, werden bereits in andere Sprachen übersetzt. Es hat sich also schon einiges getan.
Mein grauer Haaransatz spricht dafür, daß es auch Querschläge, Verleumdungen, unnötige Anzeigen und Prozesse gab, weil gewisse Kreise von Hildegard nicht so begeistert sind. Medizin ist zu einer Art "Glaubensfrage" geworden. Viele Patienten kehren der modernen Medizin den Rücken. Sie bevorzugen eine sanfte Medizin, die nebenwirkungsfrei, aber dennoch effizient ist. Genau das bietet die Hildegard-Medizin. So stehen wir im Spannungsverhältnis zwischen jenen ungeheilten Kranken, die keine Lobby haben und der nicht mehr ganz unumstrittenen modernen Medizin.

Hildegard-Medizin - einfach g'sund!

Die große Mystikerin Hildegard von Bingen hat nicht nur mein Leben verändert, sondern das Leben vieler Menschen. Unzählige wurden dadurch schon von ihren Krankheiten geheilt. Aber nicht nur das. "Hildegard" macht frei von Ängsten, und die Menschen spüren, daß es einen Gott gibt, der uns zu Hilfe kommt und der uns liebt. Das erleben Mütter, wenn mit ein paar Zwetschkenkerne der hartnäckige Husten beim erkälteten Kind wie weggezaubert ist. So ist auch ein ganz gewöhnlicher grippaler Infekt, denen Ärzte nach wie vor ziemlich hilflos gegegenüberstehen, für "Hildegard" nur eine Kleinigkeit. Es ist wie ein Silberstreifen am Horizont, der eine neue Zeit ankündigt, eine neue Ära in der Medizin.

Ganz von selbst wird diese neue Ära aber nicht kommen. Sie braucht Pioniere und Idealisten, die sich dafür einsetzen. Die moderne Medizin wird deshalb nicht überflüssig, sondern wieder zu dem, was Herr und Frau Patient von ihr erwarten. Die moderne Medizin ist für uns kein Feindbild, sondern letztlich jene Grundlage, auf der - wie bei einem Baum - eine Veredelung durchgeführt werden soll. Das sehen wir als unsere Aufgabe an. Mit der Gewißheit, damit der Menschheit einen guten Dienst zu erweisen, nehmen wir persönliche Verunglimpfungen gerne in Kauf. Wo der Name Dr.Hertzka angegriffen oder bewußt verschwiegen wird, greift man niemand anderen an, als den Geist Hildegards. Ansonsten könnten ja die Leute auf die Idee kommen, Gott lebt auch heute noch und hätte sogar unseren Ärzten noch etwas zu sagen.

Die Prophetin Hildegard

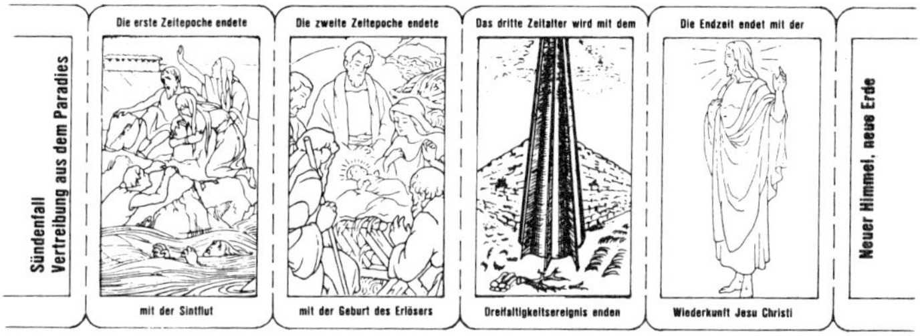

"Ein Volk ohne Prophetie geht zugrunde!", sagt schon ein Weisheitswort Salomons.
Hildegard, die in ihren visionären Schauungen nicht nur die verborgenen Geheimnisse der Natur sah, eröffnet uns auch Perspektiven für die Zukunft, die wir in den verwirrenden Abläufen dieser Zeit alleine nicht finden können.

Hildegard beschreibt auch unsere Zeit der weiblichen Schwäche, der Sittenlosigkeit, des Terrors, der Depression und des großen Weltgestankes.
Nach ihr kommt eine schöne Zeit. Was sich aber bis dahin - also in naher Zukunft - noch ereignen wird, darüber berichten wir in diesem Kapitel.

Dreifaches Gottesgericht

Im Buch Scivias (III/7) beschreibt Hildegard eine Säule wie aus Stahl, an der sich drei messerscharfe Kanten befinden. Gegen diese Klingen stürmen verschiedene Völker und werden dabei dezimiert. Der erläuternde Text dazu lautet:
"**Und daß sich eine Kante nach Süden richtet, wo viel trockenes Stroh liegt, das von ihr abgeschnitten und verstreut wurde, heißt:** Die allergerechteste Gottheit der Dreifaltigkeit schneidet im christlichen Volk alle Dürre des Gegensatzes und des Widerspruchs und auch der Verwerfung des richtigen katholischen Glaubens, die ihr entgegentritt, zu seiner größten Bestürzung ab und verbrennt sie wie Stroh, das - vom nützlichen Weizenkorn getrennt - zertreten und im Feuer verbrannt wird.

Und eine Kante richtet sich nach Nordwesten; dorthin fällt eine Menge von ihr abgeschnittener Federchen, weil die Gottheit die stolze Prahlerei des jüdischen Volkes, das sehr hochmütig im Geistesstolz dahineilte, zu Boden warf, als es aus eigener Kraft und nicht in Gott gerecht sein wollte...

Die mittlere Kante aber blickt gegen Westen, wo viele von ihr abgesägte morsche Hölzer liegen. Denn die Dreifaltigkeit schneidet die gottlose und teuflische Spaltung des Heidenvolkes ab, welches beim Untergang des Unglaubens im wahren Glauben irrt. Wie nämlich morsches Holz im Weg und unnütz zum Gebrauch der Menschen ist, so ist auch dieses Volk abgeschnitten und verbannt von der Freude des Lebens, da es lieber den teuflischen Trugbildern folgt als den göttlichen Geboten. Deshalb schneiden diese Kanten sie auch einzeln wegen ihrer Verwegenheit ab." (Sc. S 447 Pattloch Verlag)

Die Auslegung von **Dr.med. Hertzka**

Es gibt nicht sehr viele Leute, die sich mit Hildegards Gesamtschriftwerk so intensiv befaßt haben, daß man sagen könnte, dieser oder jener habe das im Griff. Doch einer dieser wenigen ist unser geistiger Kopf und Wiederentdecker der sogenannten Hildegard-Medizin: Dr. med. Gottfried Hertzka. Er bringt es schon auf fünfzig Hildegard-"Lehrjahre" und da weiß man schon ungefähr, worum es geht. In unserem Hildegard-Kurier (Nr 23 / 1983) schrieb Hertzka:

"Diese - vorhin zitierte - Stelle habe ich oftmals gelesen und war immer erschüttert, vor allem über das harte Urteil, welches alle Völker der Erde trifft und zuerst das Christenvolk. Eines Tages ging mir ein Licht auf und plötzlich erkannte ich: Das war ja der erste Weltkrieg, wo lauter Christen sich in fürchterlichen Schlachtfeldern wie Halme gegenseitig hingemäht haben! Waren denn die Russen, die Deutschen, die Österreicher, die Italiener, die Franzosen nicht alle Christen, das Christenvolk? Nun wurde alles weitere klar. Der Schnitter-Tod hat sie im ersten Weltkrieg, einem Landkrieg, wie Halme hingemäht. Der Hildegard-Text spricht nicht eigentlich von einem Krieg. Das Symbol der messerscharfen Schwertklinge, an welcher Völker sich blutig schneiden, läßt diese Deutung ohne weiteres zu. Nach diesem Gedankenschritt ergab sich die weitere Erklärung des Hildegard-Bildes zwangsläufig.
War denn der zweite Weltkrieg nicht in entscheidenden Teilen ein Luftkrieg? Wurden nicht Städte und Menschen wie "Federn" in die Luft geblasen? Und - oh schrecklicher Gedanke - zumeist die Juden, denen vor allem Hitler den Krieg angesagt und fürchterliche Rache angedroht hatte,

wenn er in einen Krieg verwickelt werden sollte? ...
Was soll ich von der dritten messerscharfen Kante der Dreifaltigkeitssäule sagen? Bedeutet sie nicht den dritten Weltkrieg, wenn Heiden gegen (Neu)heiden in den Krieg ziehen und wird er nicht ein Seekrieg sein, wenn sich die Krämerseelen im Streit um die Herrschaft der Meere gegenseitig dazu verurteilen, wie faules Holz im Wasser zu versinken?..."

Soweit also die Deutung zu diesem Hildegard-Bild von Dr.Hertzka. Es läuft einem kalt über den Rücken, wenn man erkennt, wie Hildegard mit ein paar Worten die markanten Aussagen der drei Weltkriege beschreibt. Im ersten Weltkrieg, als noch nach ritterlicher Manier die Krieger in Reihe und Glied, Mann gegen Mann antraten, wurden sie doch wie Heumahden niedergemäht. Wer hätte vor dem zweiten Weltkrieg gedacht, daß überwiegend Juden in Gaskammern - wie Flaumfedern in die Luft gejagt - um ihr Leben kommen werden?
Danach wird sich neuerlich herausstellen, daß es hauptsächlich die Heiden waren, die im dritten Weltgeschehen dezimiert worden sind.

Der eigentliche Grund für dieses neuerliche Gottesgericht sind nicht etwa wirtschaftliche Probleme, so sehr es auch danach aussehen mag. Gott nennt dafür andere Gründe:

Im Tal der Ahnungslosen?

Gott muß die Menschen reinigen. "**Denn wenn die zuvor genannten Übel im Leichtsinn und im Anstößigen ihrer Gewohnheit unerschüttert weiterdauern würde, so würde die Wahrheit so vernebelt, daß die Türme des himmlischen Jerusalem (Kirche) zum Beben gebracht würden und jede kirchliche Einrichtung entweiht würde, wie wenn die Menschen ohne den wahren Gott wären.**" (GW. 478)

Mit anderen Worten: Gott sieht seine Kirche in Gefahr. Kennen wir denn die Vorhaben der Feinde Gottes? Und ist nicht schon beinahe zu viel Putz vom kirchlichen Gebäude abgebröckelt?
Gott kennt ihre Pläne und weiß sie zu vereiteln. Wenn seine Geduld zu Ende ist, dann werden die Feinde Gottes gegen die dritte Kante anrennen und dabei umkommen.

Alle Warnungen des Himmels - und derer gibt es viele - hat die Welt ignoriert, belächelt und bekämpft. Auch zeigt sich die Kirche auffällig zurückhaltend im Hinblick auf die Prophetengabe. Die Hirten schlafen, während ihre Herden sich zerstreuen und ahnungslos ins Unglück laufen.

Die Zeit des Friedens

"Wenn die Menschen durch diese Anfechtungen gereinigt sein werden, dann wird sie der Ekel an den Streitereien befallen; sie werden die Gerechtigkeit in allen kirchlichen Einrichtungen, die Gott gefallen haben, aus Gottesfurcht anstreben und darüber hinaus noch viel Gutes tun...
Dann werden so neuartige und unbekannte Ordnungen an Recht und Frieden kommen, daß die Menschen sich darob verwundern werden und sich bereden, da sie solches früher nie gehört und gekannt haben...
In diesen Tagen werden liebliche Wolken mit zarter Luft die Erde berühren und sie von Grünkraft und Fruchtbarkeit überquellen lassen. Denn die Menschen werden sich alsdann ganz auf die Gerechtigkeit vorbereiten, die in dem erwähnten Zeitalter weibischer Schwäche der Erde ge-

fehlt hat, da die Elemente, verletzt durch die Sünden der Menschen, damals in all ihren Diensten in Unordnung geraten waren...
Alle Waffen, die zum Morden angefertigt wurden, werden sie verbieten und nur solche Eisengeräte zulassen, die zur Kultur des Ackers gebraucht werden und überhaupt für den Nutzen des Menschen Verwendung finden. Wer dies Gebot dann übertritt, wird mit einem eigenen Eisen getötet und an einen abgelegenen Ort geworfen...
Und wie dann die Wolken einen milden und rechten Regen für die Fruchtbarkeit des rechten Keimens entsenden, so wird auch der Heilige Geist den Tau Seiner Gnade mit Weissagung, Weisheit und Heiligkeit in das Volk gießen, so daß es, wie umgekehrt, einen anderen, guten Lebenswandel führt."
"In diesen Tagen wird aus Gottes Kraft heraus der wahre Sommer herrschen, weil dann alle in Wahrheit fest dastehen: Priester und Mönche, Jungfrauen und die sonst Enthaltsamkeit üben, wie auch die übrigen Stände werden in ihrer Rechtschaffenheit dastehen, indem sie gerecht und gut leben und alle Üppigkeit und den Überfluß an Reichtümern abschütteln. Denn wie durch den Ausgleich der Wolken und der Lüfte die Lebensbedingungen für die Fruchtbarkeit alsdann geschaffen werden, so wird auch der Keim des geistlichen Lebens dann durch Gottes Gnade aufsprießen. Die Weissagung wird offenkundig sein, die Weisheit wird zart und kräftig, und alle Gläubigen werden sich darin wie in einem Spiegel betrachten. Wirkliche Engel werden dann den Menschen vertraulich anhangen, da sie bei ihnen den neuen und heiligen Wandel sehen, wo sie doch jetzt häufig vor ihnen ihrer stinkenden Laster wegen zurückschaudern." (WM S 298-301)

Das Leben geht weiter

Wir stehen am Ende einer großen Zeitepoche, nicht aber am Ende der Zeiten. Kein Grund also für Weltuntergangsstimmung. Wen Gott bewahren will, den weiß Er auch zu beschützen. Einen alles vernichtenden Atomkrieg wird es nicht geben. Gott läßt sich seine Schöpfung nicht zerstören.

Wenn die Christen diesen historischen Wendepunkt hinter sich gebracht haben werden, dann treten sie in ihre helle Zeit ein. Die Kirche wird in einem noch nie erreichten Glanz neu erstrahlen. Ganze Völker werden den wahren Glauben annehmen. Vieles wird sich ändern. Der Materialismus wird begraben; mit ihm die gottlose Knechtung von Mensch und Umwelt. Die gereinigte Erde erwacht zu neuem Grünen und Blühen. Aus den Schwertern werden Pflugscharen gemacht und jede Herstellung von Kriegsgerät wird weltweit mit dem Tode bestraft.

Die Wurzelbehandlung:

Gott wird der Welt eine Art "Wurzelbehandlung" verordnen. Irrlehren und falsche Hypothesen, die eine Schöpfung ohne Schöpfer vermutet haben, werden fallen.
Man erinnere sich an den Brief (v. 1859) den F. Engels triumphierend seinem Freund Marx über das Buch Darwins schrieb:*) "Dieses Buch sei eine famose Sache, endlich sei die Theologie in der Schöpfung kaputt." Auch Karl Marx brach in eine ähnliches Lob aus: "Dieses Buch schließt das natürliche Fundament unserer Theorie (=Kommunismus) in sich."
Ohne Darwinismus hätte es keine glaubenslose Wissenschaft und keinen Marxismus gegeben, weil dann keine Erklärung der Schöpfung ohne Gott greifbar gewesen wäre. Dies ist auch der Grund, warum viele Menschen heute an keinen Gott mehr glauben! Ihnen wurde mit komplizierten Gedankenbrücken das Bild eines Schöpfers ausgelöscht.
Der Zusammenbruch im Osten ist also erst der Anfang. Auch das materialistische Industriezeitalter geht zu Ende. Mit ihr auch die Ära der Chemie in der heutigen, umweltzerstörerischen Form. Eine glaubenslose Naturwissenschaft wird es in der neuen Zeit nicht mehr geben.
Noch ist es aber nicht so weit. Noch laufen täglich neue Panzer vom Fließband.
Wenn wir uns im nachfolgenden Kapitel mit der Hausapotheke beschäftigen, so geschieht dies auch im Hinblick auf die noch bevorstehende Krisensituation. Fast niemand rechnet heute damit. Das macht eine Krise umso schlimmer, weil niemand darauf vorbereitet ist.

*) Aus d. Zeitschrift EWIG Assisi-Verlag Schweiz

Unsere Hausapotheke

Hand auf's Herz: Sind nicht die meisten Hausapotheken Arzneirestesammlungen, die bei Bedarf den Anforderungen kaum entsprechen? Darf ich vorschlagen, diese Lade oder Schachtel einmal zu entrümpeln*) und mit jenen echten Hausmitteln nachzurüsten, die wirklich brauchbar sind?

Im folgenden Kapitel finden Sie eine kleine Auswahl bewährter Hausmittel aus dem Arzneischatz Hildegards.

*) Chemische Arzneimittel zählen zu Sondermüll und dürfen nicht achtlos weggeworfen werden. Bringen Sie angebrochene Schachteln am besten Ihrem Apotheker.

Ein Huhn zum Überleben?

"Stell Dir vor es geht das Licht aus...!" Ist ja ein nettes Lied, aber wenn der Strom wirklich einmal für längere Zeit ausfällt, dann steht unser gesamter moderner Haushalt. Nichts geht mehr, keine Waschmaschine, kein Kühlschrank, E-Herd, Heizung, Wasserpumpe und und und. Kalte Öfen beim Bäcker, Zapfsäulen, aus denen nichts mehr rauskommt usw. Mit einem Schlag soll alles von Hand gemacht werden? Wer kann melken? Wo sind alte Waschkessel? Hat jemand einen Ziehbrunnen mit Handpumpe?
Probleme in der Energieversorgung bringen weitere Probleme mit sich. Die Hygiene ist nicht mehr das, was sie einmal war. Verdorbene Lebensmittel erwischt man dort und da, die Fliegen vermehren sich, Ratten erleben eine wahre Hochkonjunktur, von Ruhr ist die Rede und auch Cholera-Fälle soll es geben.
Für das hildegardische Universalmittel gegen jeglichen Durchfall - sei es Ruhr, Cholera oder gar Typhus - brauchen wir Hühnereier. Genauer gesagt deren Eigelb.

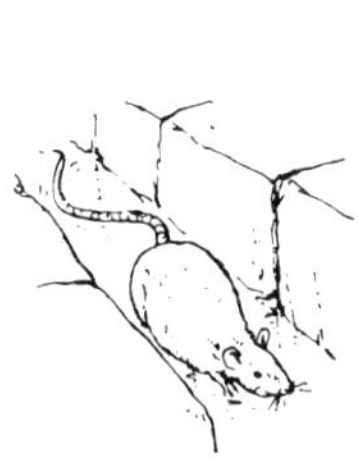

Das Durchfall-Ei

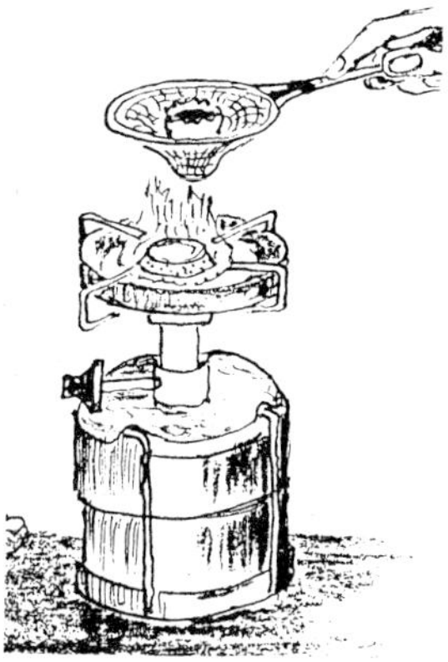

Bei Durchfall machen wir uns das Durchfall-Ei, wie es Dr. Hertzka schon vor vielen Jahren im Buch "So heilt Gott"*) beschrieben hat.
Wir brauchen dazu die Mischung aus Mutterkümmel (Fructus Cumini) und weißem Pfeffer (Piperis alb) im Verhältnis von 17:3.

Weiters benötigen wir ein altes Teesieb, welches so zurechtgebogen wird, daß eine Eischalenhälfte darin gut stehen bleibt. Nun schlagen wir ein Ei auf, trennen Eigelb vom Eiklar und sprudeln nur den Dotter in einer kleinen Schüssel schön schaumig. Als nächstes geben wir noch 1 Messerspitze von unserem Durchfallei-Pulver dazu und verrühren es. Nun geben wir das Gemisch in die intakte Eischalenhälfte und stellen es in das vorbereitete Teesieb. So können wir es über dem Herd schön garen ohne uns die Finger zu verbrennen.
Den krümelig gebackenen Dotter reichen wir dem Kranken mit einem Bissen Weißbrot. Zuerst ein wenig Brot und dann das Durchfall-Ei essen lassen. Wenn nötig mehrmals am Tage das Ganze wiederholen.
Ansonsten gibt es in den ersten Tagen nur eine feine Dinkelmehlsuppe, Dinkelzwieback und Tee.

Das Durchfall-Ei ist bei der Fa Jura, Deutschland in haltbaren Fertigpackungen erhältlich. Im Notfall kann man aber auch selber gleich mehrere "Durchfall-Eier" backen, nachtrocknen und so einige Zeit vorrätig halten.

*) Christiana-Verlag Stein / Rhein

In Krisenzeiten sind Eier also wieder gefragt. Doch die idyllische kleine Landwirtschaft mit ein paar Kühen, Schweinen, Hühnern, Enten und Gänsen ist rar geworden. Viele Landwirte müssen Butter und Eier ja selber im Supermarkt **kaufen** , weil sie sich auf nur einen Produktionszweig - z. B. Schweinemast - spezialisiert haben.
Ganz allgemein ist durch die Massentierhaltung und Technisierung aller Bereiche unser modernes Gebäude höchst anfällig. Da darf gar nicht viel passieren, sonst kracht alles zusammen. Deshalb wäre es ratsam, vor allem für jene, die am Land wohnen, vielleicht wieder ein wenig an den eigenen Gemüsegarten zu denken und - soweit dies geht - ein bißchen Kleintierhaltung zu betreiben. Hühner geben zwar meistens dort ihren Senf dazu, wo er am meisten stört, aber als Dünger ist er vortrefflich. Dafür legen sie als Wiedergutmachung viel bessere Eier als ihre Kolleginnen aus der Fabrik.
Auch ist die Beschäftigung mit der lebenden Natur Balsam gegen den Freizeitstreß. Man lernt wieder sich richtig zu freuen, nicht selten über ganz banale Kleinigkeiten, für die man gar kein Auge mehr hatte.

Ich finde, der Mensch braucht diese kleine heile Welt.
Wenn man am Abend in den Schafstall kommt und einem die Lämmer das Brot aus der Hand fressen, kann glatt Weihnachtstimmung aufkommen. Unser Umfeld hat schon Einfluß auf unsere Prägung. Sie kann erfreuen oder niederdrükken. Richten wir es uns so ein, daß wir nie die Liebe und Freude verlieren.

Wundbehandlung

Zur Behandlung von Wunden, seien dies innere oder äußere Verletzungen, empfiehlt Hildegard die Schafgarbe. Die Anwendung wird so beschrieben:

"Wird ein Mensch verwundet, wasche die Wunde mit Wein, koche Schafgarbe in Wasser, winde das Wasser (aus dem abgeseihten Kraut) **etwas ab und binde sie warm, ganz sachte über den Verband der Wunde. Es nimmt der Wunde das Faulen und Schwären und die Wunde heilt. Das mache so lange als nötig. Zieht sich aber die Wunde zusammen und beginnt zu heilen, dann wirf den Verband weg und gib** (die gekochte) **Schafgarbe** (direkt) **auf die bloße Wunde, die umso sicherer und schneller heilt.**
Wer aber im Körperinneren eine Wunde erhielt (u. a. auch durch Operationen) **sei es, daß er durch Stangen geschlagen oder innerlich zerrissen wurde,** (Unfall) **pulverisiere Schafgarbe und trinke jenes Pulver in warmem Wasser und wenn es ihm besser geht, nimm dieses Pulver in warmem Wein ein, bis zur Heilung."**

Die Schafgarbe kennt fast jeder und kann sie selber sammeln. Man soll entweder nur die feinen Blätter nehmen oder die junge Pflanze mit einem Messer abschneiden, um sie nicht mit der Wurzel auszureißen. Das Kraut wird sodann geschnitten und - zum Trocknen an der Sonne - dünn aufgelegt.

Auf einen Streit, womit man Wunden am besten reinigt, lassen wir uns erst gar nicht ein. Wir tauchen ein zartes Tüchlein in Wein ein und waschen damit vorerst einmal die Wunde. Dann nehmen wir ein paar Hände voll von unserem getrockneten Kraut und kochen es in Wasser ab. Das Wasser wird abgeseiht, das Kraut ein wenig ausgedrückt und in ein Leinentüchlein eingeschlagen. Diese feuchtwarme Kompresse binden wir über die Wunde. Das Ganze wiederholen wir ein paar Mal pro Tag, bis man sieht, daß sich die Wunde zusammenzieht und zu heilen beginnt. Von nun an legen wir das warme Schafgarbenkraut direkt auf die Wunde und binden es fest. So heilt´s schneller und ohne Komplikationen.
Bei inneren Verletzungen nimmt man das pulverisierte Schafgarbenkraut (1-2 Teel. in 1/8 l) anfangs in warmem Wasser. Nach ein paar Tagen in warmem Wein. Mit diesem Trunk heilen innere Verletzungen ohne Infektions- und Emboliegefahr. Man wird bei Verdacht auf innere Verletzungen selbstverständlich versuchen, den Patienten in ein Krankenhaus zu bringen. Trotz medizinischer Versorgung (Operation) sollte man auf die Einnahme des Schafgarbenpulvers nicht verzichten. Also auch zur Nachbehandlung nach Operationen das Schafgarbenpulver, wie beschrieben, zuerst in Wasser, später mit etwas Wein einnehmen.
Man gibt dem Verletzten das Pulver am besten mit. Oft muß man es mit List und Schläue in das Krankenhaus einschmuggeln, weil sich die Ärzte nicht gerne in ihr Handwerk pfuschen lassen.

Eitrige Entzündungen (Abszeß)

Haben wir es mit Wunden zu tun, die bereits mehr oder weniger stark entzündet oder gar eitrig geworden sind, so nehmen wir das Eisenkraut. (Verbena officinalis)
"Wo durch Verwundung oder Ansteckung (Infektion) **Eiterbeulen im Menschen sind, koch Eisenkraut in Wasser, leg ein Leintuch über die eiternde Wunde oder über Eiterungen durch Würmer** (z.B. bei Abszeß) **und darauf das warme Eisenkraut nach Abpressen des Wassers über jene verbundene Eiterbeule. Wenn es ausgetrocknet ist, schlag ein anderes** (neues)**ebenso gekochtes Kraut über. Das mache so lange, bis ihm die Eiterung ausgezogen ist."**

Die Anwendung ist ähnlich dem Schafgarbenumschlag: Kraut abkochen, ausdrücken, in ein Leintüchlein einschlagen und (das Kraut) auflegen. Wenn es trocken ist, erneuern.

Brandwunden

"Wer irgendwo am Leib Brandwunden hat, koch Leinsamen stark in Wasser und netze einen Leinenlappen in dem Wasser und lege ihn warm über die Brandstelle und es zieht die Verbrennung aus."

Der schleimhaltige Leinsamen bildet bei starker Abkochung in Wasser im Verhältnis 1:50 den Leinsamenschleim. (Mucilago Lini seminis) Man kann es auch als Leinsamen-Gel bezeichnen. Wir erhalten es also, in dem wir z.B. 3-4 Eßlöffel Leinsamen in 1 Liter Wasser drei Vater unser lang kochen lassen und die Leinsamenkörner durch Abseihen weggeben. In dieses Gel tauchen wir ein der Brandwunde entsprechend großes Stück echtes Leinentüchlein ein, sodaß es gut durchfeuchtet ist, und so legen wir es auf die Brandwunde warm auf.
Auch ein Sonnenbrand zählt zu Verbrennungen. Urlauber wären also gut beraten, ein Fläschchen Leinsamen-Gel in die Reiseapotheke zu geben. Das erspart so manche schlaflose Nacht. Übrigens halfen einem Urlaubsgast diese Leinsamenumschläge sogar bei einem Nesselausschlag.

Bei Schock und Schmerz Hirschzungenfarn-Pulver

"Dörre Hirschzunge über warmen Ziegeln oder in glühender Sonne, zerpulvers und lecke dieses Pulver vor und nach dem Essen oft aus deiner Hand, das nimmt den Schmerz im Kopf und der Brust und mindert auch andere Schmerzen, die in deinem Leibe sind. Wenn ein Mensch von irgend einem heftigen Schmerz zusammenbricht, trinke er sogleich von diesem Pulver in warmem Wein und es wird ihm wohler werden."

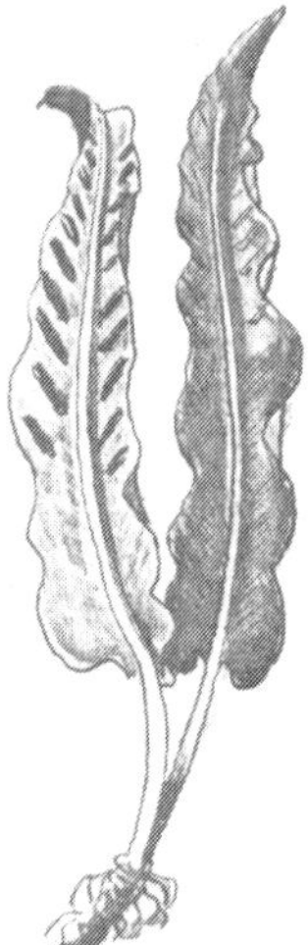

Hirschzungenfarn
Phyllitis scolopendrium

Die Hirschzunge steht unter Naturschutz. Dennoch kann man diese Farnart im eigenen Garten ansiedeln, weil sie in vielen Gärtnereien kultiviert wird, und von dort bezogen werden kann. Die Pflanze braucht kalkhaltigen Boden, ansonsten geht sie nach ein paar Jahren ein. Sie gedeiht am besten in feuchtem Halbschatten und treibt alle Jahre schöne zungenförmige Blätter aus, die wir sammeln und an der Sonne trocknen.

Das so getrocknete Kraut zerstoßen wir zu Pulver und geben es in ein Glas. Es ist eines der wenigen Schmerzmittel, die Hildegard anführt.

Gut ist es, ein natürliches Mittel gegen Schock und Schmerz vorrätig zu haben. Kopfschmerzen hat bald einmal jemand und dann greifen wir zu unserem natürlichen "Aspirin". Zur Schockbehandlung (Unfall, Aufregungen...) und bei heftigen Schmerzen sollte dem Betroffenen das Pulver (1 Tl.) in (1/8 l) warmem Wein gereicht werden.

Vergiftungen

Nur an der Mit-Gift ist noch keiner gestorben. An täuschend ähnlich aussehenden, aber halt doch falsch gewählten Pilzen erwischt es alle Jahre ein paar Leute. Durch das Einfrieren fallen diese Fälle nicht mehr allein auf die Schwammerlzeit. So manche Zeitbombe geht erst später in die Hosen. Verdorbenes kann man dort und da erwischen, beim Henderl und beim Fisch und aus Dosen aller Art. Und selbst in Großküchen kommt mal was vor. Wie immer wir uns auch eine Vergiftung zugezogen haben, es muß etwas geschehen! Was? Im Normalfall ist sowieso bei allen der erste Weg zum Arzt. Eine weitere Möglichkeit besteht darin:

"Wer Gift gegessen hat, oder wem es verabreicht wurde, koche Ringelblume in Wasser und lege sie nach dem Ausdrücken warm über den Magen und es bringt das Gift in Bewegung, und es wird aus ihm gelöst. Dieser Mensch wärme alsbald Wein, leg hinreichend Ringelblumen hinein und mach damit den Wein wiederum warm und weil er das Gift eingenommen hat, trinke er jenen Wein halbwarm und er schneuzt das Gift entweder durch die Nase oder als Speichel schäumend von sich aus."

Na also! Dieser Beschreibung nach würde der Ringelblumen-Umschlag zusammen mit dem Ringelblumenwein ganz schön harte Brocken lösen. Die Bandbreite reicht demnach von relativ harmlosen bis zu tödlich wirkenden Giften. Aus dem Text: **oder wem es verabreicht wurde,** läßt sich durchaus Absicht ablesen. Dabei ging man - in früheren Zeiten häufiger als heutzutage - schon auf "Nummer sicher."

Demnach haben wir in der Ringelblume ein ganz hervorragendes Mittel selbst gegen schwere Vergiftungen, sofern für deren Anwendung noch Zeit bleibt!

Man nehme entweder 6-7 frische Pflanzen aus dem Garten, oder 2-3 Hände voll getrocknete Blüten und koche sie in ca. 1/2 l Wasser fünf Minuten lang. Wasser abseihen, das Kraut etwas ausdrücken und so auf den Magen des Vergifteten legen.
Weiters ca. 1/2 l Wein erhitzen (nicht kochen), 1 Hand voll neue Ringelblumen dazugeben und auf kleiner Flamme 10 Vater-Unser lang ziehen lassen, damit der Wein den Ringelblumengeschmack annimmt. Danach Wein abseihen und dem Kranken zu trinken geben.
Für den Fall des Übergebens Schüssel bereit halten. In schweren Fällen wird man die ganze Prozedur ein paar Mal wiederholen müssen. Soweit wie möglich immer alles in Absprache und mit dem Einverständnis des Arztes agieren. Wie schon gesagt, wir sprechen von Notsituationen. Normalerweise fährt man ja mit solchen Patienten im Wagen mit Blaulicht und heulenden Sirenen ab.

Wenn alles in Brüche geht

Selbsthilfe ist bei Knochenbrüchen kaum möglich, weil die Bruchstelle anatomisch exakt eingerichtet werden muß. Sind die Knochen wieder dort, wo sie hingehören und ein Gipsverband angelegt, dann dürfen wir mit unserem Super-Knochenkleber dem Heilungsprozeß nachhelfen. Denn:

"Wenn ein Mensch durch Sturz sich einen Knochen irgendwo bricht, schneide Wegerichwurzeln in Honig und esse sie täglich vor Tisch und koch auch Malvenblätter und fünfmal mehr Blätter oder Wurzeln vom Wegerich mit Wasser in einem sauberen Topf und lege sie warm fleißig über die schmerzende Stelle und der gebrochende Knochen wird geheilt."

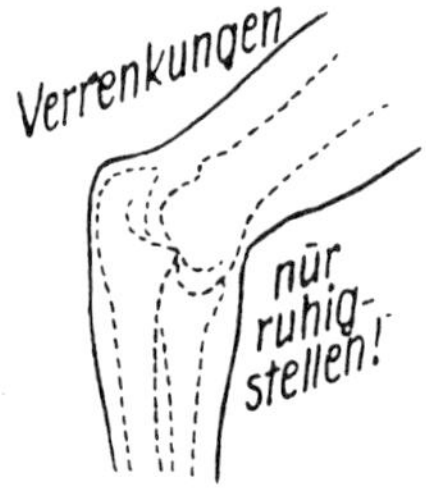

Welche Wegerichart wir verwenden - ob Spitz- oder Breitwegerich - ist nicht von Bedeutung. Wir gehen also zuerst Wurzeln graben. Haben wir gut ein Dutzend Wegerichwurzeln, so raspeln wir diese nach sorgfältiger Reinigung und vermischen das Geraspel in einem Glas mit etwa 30 % Honig. Davon soll der Gipspatient jeweils vor der Mahlzeit ein paar Löfferl voll einnehmen. Sollen wir über den Gips gekochte Malven und Wegerichblätter warm auflegen? Nein. Also ersuchen wir den Bandagisten, an der Bruchstelle ein "Fenster" dafür offen zu lassen.

Fieber

Gegen Fieber gibt es bei Hildegard eine ganze Reihe guter Hausmittel. Das wohl bekannteste und stärkste ist der Meisterwurzwein. Man setzt dazu am Abend 1-2 Teel. gestoßene Meisterwurz in einem halben Glas Wein an und läßt dies über Nacht stehen. Am Morgen wird Wein nachgefüllt und so - ohne Wurzeln - schlückchenweise getrunken. 3-5 Tage lang.

Am häufigsten tritt Fieber jedoch bei Kindern auf. Deshalb wäre es gut, neben dem Meisterwurzwein auch ein alkoholfreies Fiebermittel zu kennen. Hier ist es:

"Wer Gelbsucht hat oder Fieber, laß Brunnenkresse in einer Pfanne schwitzen (dünsten) **und esse sie oft warm und er wird geheilt.**
Wer Speisen schlecht vertragen (verdauen) **kann, schwitze Brunnenkresse in einer Pfanne, weil ihre Kräfte vom Wasser sind, esse sie so und es wird ihm helfen."**

Rorippa nasturtium aquaticum

Die Brunnenkresse wächst gern an kleinen Bächen und Wassergräben, gedeiht aber auch in feuchten Wiesen. Aber wer hat schon eine saure Wiese oder ein lieblich plätscherndes Bächlein vor dem Hause? Und was fangen wir mit der Brunnenkresse an, die wir beim Gärtner gekauft haben?

Pflanzen Sie sie dort an, wo sie sich am wohlsten fühlt, am Rand kleiner Wasserläufe. Fahren Sie auf das Land hinaus und suchen Sie feuchte Wiesen und Auen auf. Der Besitzer jenes Fleckchens Erde wohnt zumeist in der Nähe. Er beobachtet Sie bereits mit Argusaugen hinter dem Vorhang versteckt, aus dem Fenster. Fragen Sie schön artig, bevor er den Hund auf Sie losläßt, ob der Herr es erlaubt, aus Gründen der Artenvielfalt ein paar Pflänzchen an geeigneter Stelle einsetzen zu dürfen. Wenn Sie (grüne) Stiefel und grüne Kleidung tragen, dann sind Sie ihm gleich symphatischer und können ihn auch per Du ansprechen.

Auf diese Art und Weise habe ich schon einige, in freier Natur selten gewordene Pflanzen, wieder angesiedelt. Keine Angst, niemand pflückt sie Ihnen vor der Nase weg. Sonntagswanderer haben in den seltensten Fällen botanische Kenntnisse. Sie können zumeist nur zwischen Blumen und Gras, Bäumen und Sträuchern unterscheiden. Selbst wenn einer den Verdacht hat, das könnte die Brunnenkresse sein, läßt er es dennoch, weil er sich nicht sicher ist.

So haben wir bei Bedarf jede Menge quellfrische Brunnenkresse. Damit fangen wir gleich drei Fliegen auf einen Schlag: Wir verwenden sie bei:

* Gelbsucht
* Fieber und
* Speiseunverträglichkeit.

Letzteres kommt sehr häufig vor. Man fühlt sich zwar nicht krank, aber dennoch behagt einem diese oder jene Speise nicht. In solchen Fällen essen wir fleißig gedünstete Brunnenkresse. Ebenso bei Fieber und Gelbsucht.

Kopfschmerzen

"Gieße in warmen Wein hinreichend Wermutsaft und befeuchte das ganze Haupt, wenn es schmerzt, damit bis zu den Augen, zu den Ohren und zum Nacken, und zwar wenn du abends schlafen gehst und umhülle das ganze Haupt bis zum Morgen mit Schafwolle (Schafwollmütze) **und es unterdrückt den stumpfen Kopfschmerz und jenen Schmerz, der aus der Gicht zum Kopf aufqualmt, auch den inneren Schmerz des Kopfes verjagt es."**

Im Frühsommer, wenn die Blätter des Wermutstockes schön saftig und weich sind, drehen wir sie durch den Fleischwolf, geben den Brei in ein Tuch und drücken mit der Hand den Saft aus. Zu diesem geben wir die doppelte Menge Wein und bewahren das Ganze in einer Flasche auf. So haben wir bei Bedarf ein wunderbares und längst erprobtes Mittel gegen starke Kopfschmerzen.

Salbei gegen Umweltgifte

Salbei beseitigt die "noxii humores", was so viel heißt wie schädigende Säfte. Dr. Hertzka erklärte uns, daß Hildegard damit die Umweltgifte meint, die durch den (sauren) Regen in die Erde und somit auch in die Nahrungsmittel gelangen. Wie jedermann weiß, sind in fast allen Lebensmitteln zumindest Rückstände von chemischen Stoffen enthalten. Diese beseitigt Salbei:

"Salbei ist roh oder gekocht für den gut zu essen, welchen schädigende Säfte erschöpfen, da er diese aufzehrt."
Hier lesen wir erstmals von Erschöpfung und Ermüdung, also einer nicht unerheblichen Belastung des Körpers durch Umweltgifte! Viele Menschen und selbst Ärzte haben oft keine Erklärung für die so häufig vorkommenden Erschöpfungszustände. Da ist eben Sand im Getriebe! Der macht das Werkl schwerfällig. Was nützen uns zulässige Höchstgrenzen dieser und jener Stoffe, wenn sie vom Organismus nicht akzeptiert werden?

Bleibt uns nur noch Salbei zu knabbern, um das Zeug auch wieder los zu werden. Bei jedem Rundgang durch den Garten ein paar Blätter abzupfen und essen. Und die Mutti muß das Kräutlein auch in der Küche brav einsetzen, damit aus uns keine Mülldeponie wird.

Hildegard-Freunde nehmen Salbei auch gegen das im Körper abgelagerte Cäsium, Strontium und all die anderen radioaktiven Stoffe, die wir seit Tschernobyl in uns haben.
Hildegard sagt nicht wieviel, wie oft und wie lang wir Salbei essen sollen. Das bleibt uns überlassen. Es empfiehlt sich jedoch, von Zeit zu Zeit eine Entgiftung vorzunehmen. Also wird man ein paar Wochen lang regelmäßig (täglich 2-3 Blätter) Salbei essen und diese Salbeikur jeden Sommer einmal machen.
Die Vermutung, daß Salbei auch radioaktive Partikel, bzw. das Atomgitter in uns löst, beruht auf einer alten Weissagung:

Wacholderbeeren

Ein vor dem ersten Weltkrieg lebender Knecht, Sepp Wudy genannt, sagte drei Weltkiege voraus und unter anderem auch:
"Du hast das Essen vor dir, und darfst es nicht essen, weil es dein Tod ist, und du hast das Wasser im Grandl und darfst es nicht trinken, weil es auch dein Tod ist."
Von ihm soll auch der Rat stammen: **Dann eßt Kranawitt-Beeren!** Wie weit sich damit Strahlenschäden vermeiden lassen, das hat bisher wohl noch niemand nachgeprüft. Wenn die Wacholderbeeren das können, dann dürfte dies auch für Salbei zutreffen, weil Hildegard die entgiftende Wirkung erwähnt.

Wacholder

Energie- u. Ernährungskrise?

Neben einer funktionierenden Hausapotheke sollten wir im Falle einer Krise auch davon eine Ahnung haben, mit welchen Nahrungsmitteln der Mensch am ehesten überleben kann.

Unser Wohlstand ist nur so lange aufrecht zu erhalten, solange reichlich Öl aus den Bohrtürmen zu uns fließt. Die Ölkrise hat gezeigt, wie empfindlich unser Versorgungssystem ist.

Auch die einschneidenden Veränderungen in der landwirtschaftlichen Struktur - von vielen Kleinlandwirtschaften zu wenigen Agrarfabriken - tragen nicht zur Sicherung einer regionalen Selbstversorgung bei. Mit ein paar Denkanstößen möchten wir zur Bewältigung einer Krisensituation auf den nächsten paar Seiten einen kleinen Beitrag leisten.

Wohlstand auf Rädern

Die heutige Landwirtschaft ist ohne hochgradige Automatisation bereits unvorstellbar. Ihre Funktion setzt allerdings einen hohen Energieeinsatz voraus. Diese Energie wird aber im Falle einer Krise fehlen. Bei gleichem Energieaufwand wird man also im Ernstfall größte Schwierigkeiten haben, eine Versorgung der Bevölkerung aufrecht zu erhalten. Dr. Holtmeier schreibt dazu in seinem Buch "Überlebensernährung":
"Der Rückgang der automatisierten landwirtschaftlichen Produktion infolge von Mangel an Energie würde sofort neben einer Ernährungskrise für den Menschen auch Futtermittelmangel in der Viehwirtschaft nach sich ziehen.
Die letzten beiden Weltkriege haben Europa gezeigt, daß ein Überleben der Bevölkerung nur dann möglich ist, wenn auf die unrentable Viehwirtschaft verzichtet wird, da der Gewinn an Nährwertträgern, besonders an Proteinen (Eiweiß) unmittelbar aus Kohlehydraten, die der Mensch direkt ißt, ungleich rentabler ist, als wenn Eiweiß auf dem Umweg über die Fleischproduktion zugeführt wird...."
Aus Holtmeiers Angaben über den Energieaufwand heute, ein paar Zahlen:

für	Energieaufwand
1 Kg Weißbrot	1,0 Liter Öl
1 Kg Eiweiß v. Ei	5,7 Liter Öl
1 Kg Milch	15,5 Liter Öl
1 Kg Eiweiß v. Rind	33,8 Liter Öl

Es ist völlig absurd anzunehmen, diese Energiemengen stünden im Krisenfall zur Verfügung. Holtmeier erinnert sich, wie bei Ausbruch des 1. Weltkrieges, soweit es die

Bevorratung anging, keinerlei Vorbereitungen getroffen waren. Niemand rechnete mit einem Krieg und schon gar nicht mit der Möglichkeit einer Ernährungskrise. Vor dem 2. Weltkrieg war die Situation nicht anders. Bereits im August 1939 begann die Rationierung, die erst nach über zehn Jahren, am 30. April 1950 aufgehoben wurde. Dazwischen wurde die Viehwirtschaft fast stillgelegt. Schweine und Rinder mußten zur Schlachtbank, aus Futtermitteln wurde Brot gebacken.
Wenn heute der Ölhahn zugedreht wird, der in den beiden ersten Weltkriegen bei weitem nicht diese Bedeutung hatte wie heute, dann geht es uns um ein Vielfaches schlechter als zur damaligen Zeit. Die Generationen vor uns brauchten kaum (Diesel)-Öl. Fast alles wurde von Hand gemacht oder mit Hilfe von Pferden und Ochsen. Hingegen steht und fällt fast die gesamte Nahrungsmittelproduktion heute mit dem Öl. Aus dieser Sicht bekommt der Hinweis Hildegards auf das Wasser (Meer) im dritten Weltgeschehen, schon eine voraussehbare Bedeutung. Wer die "Ölstraße" beherrscht, der beherrscht die Welt. Das wissen auch die Strategen, die in Sandkastenspielen den Ölhahn auf und zudrehen. Es ist zu erwarten, daß die Menschen wiederum unvorbereitet in eine Krise geraten. Für den Fall sollten wir wenigstens wissen, welche Nahrungsmittel wir am besten anbauen, wenn Fleisch knapp wird.

Eiweiß

Es gibt Fettpolster, aber kaum Eiweißpolster. Bei Nahrungsmangel werden zuerst die Fettpolster abgebaut. Fehlt in der Nahrung die nötige Eiweißmenge, so kommt es zur Hungerlethargie, zu Hungerödemen und schweren Leberschäden. Nach 6-8 Jahren tritt infolgedessen sehr häufig eine Leberschrumpfung ein.
Als Mindesteiweißmenge gilt die tägliche Zufuhr von 30 Gramm zum Überleben. Also ist nicht in erste Linie der Fett- oder Kohlehydratgehalt entscheidend, sondern der Anteil an Eiweiß in den Nahrungsmitteln.
Die nötigen Spurenelemente können allein mit den Gewürzen zugeführt werden. Mangels tierischem Eiweiß muß der Bedarf nun aus pflanzlichem Eiweiß gedeckt werden. Ackerbaukulturen haben gezeigt, daß durch eine Kombination von Hülsenfrüchten und Getreide dem Körper sämtliche essentiellen Aminosäuren zugeführt werden, womit eine ausreichende Ernährung ohne Mangelerscheinung möglich ist.

Dinkel & Bohnen

In einer Mangelsituation muß auf eine möglichst effiziente Kombination hoher Eiweißträger geachtet werden. Diese besteht nicht etwa aus Linsen und Weizen, sondern aus Dinkel und Bohnen.
Linsen sind ernährungsphysiologisch fast völlig wertlos. Sie **lassen weder das Mark noch das Blut, noch das Fleisch wachsen,** schreibt Hildegard. Und sie geben auch keine Kraft.
Bohnen hingegen - ob Stangen- oder Buschbohnen ist nicht von Bedeutung - enthalten mehr Eiweiß als die meisten Fleischwaren! Das sollten wir uns merken. Darüber hinaus kann man Bohnen (Vicia faba) bereits auf kleinem Raum - z. B. in Schrebergärten - für den Eigenbedarf anbauen. Nicht die Fisolen und unreifen Schoten sind zu ernten, sondern die gereiften Bohnen! Man kann Bohnen auch zu Mehl vermahlen, wobei die belastenden Schalenanteile entfernt werden sollten.

Selbst bei ausreichender pflanzlicher Ernährung , die so gut wie kein Fett liefert, kommt es zu einem Heißhunger nach etwas "Tierischem". Dies ist eine Art Entzugserscheinung von der gewohnten Fleischkost. Mit Dinkel läßt sich auch dieser Heißhunger in Schranken halten, denn Dinkel ist auch "fett", wie Hildegard sagt. Diese Edelfette, Lipoide genannt, sind im Dinkel reichlich vorhanden.

Pfusch am Dinkel

Gentechniker und Saatgutzüchter leben scheinbar in dem Glauben, alles besser zu wissen als der liebe Gott. So war ihnen der noch unverzüchtete und durch die Hildegard-Bewegung wieder interessant gewordene Dinkel nicht gut genug. Also kreuzte man ihn mit Weizen, weil heute ja alles möglich ist. Das Ergebnis: Ein höherer Ertrag, hurra! Jedoch: das ist kein Dinkel mehr und die Eigenschaften dieser neuen Sorten (Rouqin und Hercule) werden selbst vom miesesten Futtergetreide noch übertroffen. Hat echter Dinkel einen durchschnittlichen Kleberanteil von über 50 %, so weisen die Kreuzungsformen nicht einmal 20 % auf! Wer damit Brot backen möchte, erlebt böse Überraschungen. Der Teig geht nicht auf, sondern bleibt fladenflach!

Wir Hildegardfreunde lassen uns "unseren" Dinkel nicht nehmen und werden in Zukunft beim Kauf darauf achten, nicht betrogen zu werden. Wir wollen kein Viehfutter sondern echten Dinkel. Von diesem kann man leben ohne Mangelerscheinungen befürchten zu müssen. In Kombination mit Bohnen ist unser Eiweißbedarf auf alle Fälle gedeckt.

Besorgen Sie sich Ihren Bedarf an Dinkel bei Hildegard-Freunden! Kontaktadressen im Anhang dieses Buches.

Der Krafttrunk

Aus denkbar einfachsten Ingredienzien können wir uns einen wahren Krafttrunk machen, eine Flüssignahrung von Format. Das Rezept - schon in Buch 1 erwähnt - hier nochmals: "**Wer schon so geschwächt ist, daß er kein Brot mehr essen kann, nehme ein gleiches Gewicht Hafer und Gerste, gib etwas Fenchel dazu, koche alles in Wasser, seihe ab und trinke anstelle des Brotessens, bis es mit ihm wieder aufwärts geht.**"

Wenn davon sterbenskranke Menschen wieder zu Kräften kommen, so wird auch niemand an Hunger vergehen, solange ein paar Handvoll Hafer und Gerste zu bekommen sind. Diesen Krafttrunk sollten wir schon heute all jenen bereiten, die sich schwach fühlen oder darauf Wert legen, topfit zu sein, wie etwa Sportler.

Das ist unser alkoholfreies "Bier": 1 Eßl. Hafer, 1 Eßl. Gerste und 1 Teel. Fenchelkörner in 1 Ltr Wasser 10 Min. lang stark kochen lassen und dann abseihen. Entweder warm als "Tee", mit etwas Honig gesüßt, oder ausgekühlt wie Bier trinken.

Mit dem Retourgang in die Zukunft?

Die Ereignisse im Nahen Osten haben gezeigt, daß uns die ganze High-Tech noch auf den Kopf fallen wird. Nach dem Computerspiel-Krieg - es mag am Bildschirm noch so imposant wirken - verbleibt als Realität doch nur die "Afrika-Technologie".
Unter Afrika-Technologie meine ich die Arbeitsweise mit einfachsten Mitteln, wie vor hundert Jahren. Dazu gehört mein Alleskönner und Glücksbringer. In jedem Krisen- und Kriegsgebiet wird er zum Helfer in der Not. Man könnte nicht genug davon haben, weil das Ding so vielseitig eingesetzt werden kann.
Wovon die Rede ist? Von meinem Universalfeldkochkessel. Wenn wir uns in den Alltag der Bewohner von Slowenien versetzen, ergibt sich für uns folgender Tagesablauf:

In den Kampfpausen tragen wir Holz aus den zertrümmerten Wohnhäusern zusammen und besorgen mit den verbeulten Blecheimern Wasser. Etwa 50 Liter haben in dem Kessel Platz. Wir machen Feuer und kochen Tee für rund 200 obdachlose Leute. Für jeden 1/4 Liter Fencheltee. Andere haben nicht einmal das, weil die Stromversorgung zusammengebrochen ist.
Kaum ist der Kessel leer, geben wir erneut einen Eimer Frischwasser in den Kessel und legen ein paar Holztrümmer nach. Diesmal werfen wir ein paar Handvoll Leinsamen in den Kochkessel, denn in der Nacht sind einige Leute mit schweren Verbrennungen knapp dem Tode entgangen. Für sie brauchen wir zur Versorgung der Brandwunden das Leinsamenwasser. In eine Blechdose seihen wir das Leinwasser, damit wir gleich wieder weitermachen können. So viele Verwundete warten schon auf die Erneuerung ihres Schafgarben-Verbandes. Wir sieden also gleich darauf etwa 5 Kg Schafgarbenkraut in Wasser für frische Umschläge.
Zwischen den jeweiligen Kochphasen heben wir den Kesseleinsatz heraus und spülen ihn immer ganz sauber aus. Gegen Mittag sitzen schon ein ganzer Schübel Kinder und alte Frauen rund um den Kessel, denn jetzt gibt es eine Suppe. Ein paar Jugendliche haben Petersilienwurzeln und Sellerieknollen organisiert. Salz hat einer in der zerbombten Küche gefunden und in das Allerlei kamen neben hart gewordenem Brot noch ein paar Brennessel-und Beifußblätter vom nahegelegenen Schutthaufen.
Wer glaubt, nach dem Essen sei der Ofen aus, hat sich getäuscht. In der nächsten Charge werden Faschen, Windeln und medizinische Instrumente ausgekocht, weil ja kaum noch mit Nachschub zu rechnen ist. Dann

warten schon so viele auf ganz normales Warmwasser zum Abwaschen des raren Geschirrs. Dazwischen Sirenengeheul -, ab in den Keller! Wenn nach dem Angriff der Kessel noch dasteht, machen wir zur Feier des Tages Kaffee. Der bringt Optimismus in die verzweifelte Lage.

Gegen Abend übernehmen einige Frauen den Kessel, um bis spät in die Nacht hinein einen Berg Wäsche auszukochen.

Nach ein paar Tagen geht das Feuer im Feldkochkessel gar nicht mehr aus, weil sich um ihn immer mehr Menschen drängeln. Sie sehen, daß mit diesem Ding ja allerhand möglich ist. Sogar Krapfen hat man darin schon in Öl gebacken, aus Zuckerrüben Sirup gekocht und vieles andere mehr.

Aber auch in Friedenszeiten leistet er uns wertvolle Dienste. Ein Boiler mit heißem Wasser nützt uns gar nichts, wenn wir Gerstenabsud für ein Bad benötigen. Dazu ist auch der E-Herd mit all seinem Zubehör zu klein dimensioniert. Alte Waschküchen sind längst der Modernisierung zum Opfer gefallen. Bleibt nur die Neuanschaffung eines Kochkessels. Es gibt sie in den verschiedensten Größen. So um die 50 Liter Fassungsvermögen soll er auf alle Fälle haben, wenn wir ihn für Farn-, Zypressen- oder Gerstenbäder verwenden wollen. Mit dieser Investition gehen wir zwar technologisch gesehen mit dem Retourgang in die Zukunft, lösen damit aber viele Probleme.

Löwenzahn
Sauerampfer
Brennessel
Huflattich
Spitzwegerich
Breitwegerich
Kerbel
Schafgarbe

Der Einstieg in die Hildegard-Küche

Die Renaissance der Hildegard-Medizin ist keine Eintagsfliege. Immer mehr Menschen interessieren sich dafür. Viele davon möchten auch ihre Ernährungsgewohnheiten nach der Lehre Hildegards ausrichten. Sie stellen deshalb ihre Küche auf Hildegard um. Welche Vorgangsweise sich dabei bewährt hat, das wollen wir auf den folgenden Seiten darlegen.

Nichts überstürzen

Ich gehe davon aus, daß Sie die Ernährungsrichtlinien der hl.Hildegard kennen. Sie wissen also, welche Nahrungsmittel mehr oder weniger gesund sind. Wenn nicht, dann müßten Sie vorerst Band 1 meines Buches "Was ist Hildegard-Medizin" oder in Dr.Hertzkas "Küchengeheimnisse" nachlesen.
Es genügt zumeist für den Hausgebrauch, über den Wert oder Unwert der am häufigsten in der Küche verwendeten Ingredienzen Bescheid zu wissen. Das sind die gebräuchlichsten Fleisch- und Fischarten, das heimische Obst und Gemüse, sowie die gängigsten Gewürze. Hildegard-Freunde wissen, bei den Nahrungsmitteln kommt es auf die richtige Subtilität an. Danach wählen wir sie aus. So manche Meinung hat sich durch Hildegard geändert. Nun geht es darum, den Umstieg ohne Rebellion jener zu schaffen, für die Sie kochen. Ein rigoroses Vorgehen, womöglich mit ganz ausgefallenen Rezepten, wäre der denkbar schlechteste Weg.
Ehepaare die schon länger verheiratet sind, kennen doch all die Randbedingungen eines harmonischen Familienlebens und wissen, daß alte Gewohnheiten nicht mit einem Schlag aufgegeben werden. Schon gar nicht beim Essen. Wenn der Mann am Abend von der Arbeit nach Hause kommt, so möchte er halt etwas "Gescheites" zum Essen haben und nicht das Versuchskaninchen täglich neuer Spezialrezepterl sein.

Abschußliste nach HB.

Nie mehr Schokolade?

Es hat auch keinen Sinn, den Kindern jede Hoffnung auf ein Täfelchen Schokolade im Namen der Gesundheit zu nehmen, wenngleich wir damit zurückhaltend sind. Die Knirpse müssten ja verzagt und der Mann sauer werden. Schwere Vollkornkekse werden von Kindern einfach nicht als Ersatz empfunden. Ich will damit nicht sagen, es soll alles beim alten bleiben. Es geht darum, jene Fehler zu vermeiden, die eine Umstellung auf Hildegard scheitern lassen. Wir müssen mit viel Liebe und Einfühlungsvermögen und ohne Überrumpelungstaktik vorgehen. Vor allem ohne viel darüber zu reden!

Fast alle Hildegard-Neulinge meinen, wenn sie ihre Küche auf Hildegard abstimmen wollen, dann müssen sie neu kochen lernen. Kochen können Sie doch, oder? Für eine Hildegard-Küche brauchen wir vorerst keine Spezialrezepte. All Ihre Kochkunst, die Sie schon "im kleinen Finger" haben, können und sollten Sie weiterhin einsetzen. Wir beginnen mit der Umstellung auf Hildegard nämlich so:

Gehen in der Küche Mehl, die Erdbeermarmelade oder andere Dinge aus, dann ersetzen wir sie durch bessere und gesündere Lebensmittel. Statt Weizenmehl kommt Dinkelmehl. Die Erdbeermarmelade wird durch Himbeer- oder Brombeermarmelade ersetzt usw. So "hilde-

gardisieren" Sie ihre Küche schön langsam und kochen ohne viel Getue weiter, als hätte sich nichts geändert. Der Kaiserschmarrn bleibt Kaiserschmarrn. Palatschinken bleiben Palatschinken. Omlette bleibt Omlette. Wir brauchen doch auf all die Köstlichkeiten nicht zu verzichten. Ob die Palatschinken mit Marillen- oder Brombeermarmelade gefüllt sind, das ist den Kindern ziemlich gleich. Sie stürmen bei der Tür herein und freuen sich, schon im Stiegenaufgang erschnüffelt zu haben, was es heute zu essen gibt!
Die Freude darf nicht in lange Gesichter umschlagen. Alle essen die Dinkelpalatschinken genauso gerne, wenn nicht sogar lieber, weil sie, mit Dinkelfeinmehl gemacht, ja noch besser munden. So gehen wir auch bei vielen anderen Gerichten vor. Das macht keine Umstände und ohne viel Tamtam ist eines Tages die Küche voll hildegardisiert.

Keine neuen Dogmen in der Küche!

Die Frage, ob man in den Schmarrnteig auch ein Ei hineinschlagen dürfe, soll erst gar nicht auftauchen. Ohne Ei wird er ja so ein Schmarrn, daß ihn keiner mehr mag. Bleibt beim gewohnten Rezept. Und wenn Sie "ihn" servieren, streuen Sie um Gottes Willen keinen Flohsamen darüber, sondern Zucker, wie in den guten alten Tagen. Beim Nachschaffen der ausgehenden Sachen haben Sie doch braunen Rohrzucker gekauft. Den nehmen wir.
Jetzt wär halt noch ein Schalerl Dinkelkaffee dazu Spitze. Schon einmal probiert? Am Anfang müssen Sie ihn römisch machen. Das hat etwas mit Rom zu tun: mit dem A**rom**a! Die Kaffeetanten können wir vom Dinkelkaffee

nur dann überzeugen, wenn sie meinen, den besten Arabia-Kaffee bekommen zu haben. Dazu brauchen wir ein Schauferl echten Kaffee zu unserem Getreidesud. Wenn alle sich dann langsam daran gewöhnt haben, reduzieren Sie den Anteil von echtem Kaffee allmählich. In der Arabia-Dose ist dann der gemahlene Dinkelkaffee.

Apropos mahlen: Es geistert die Meinung herum, Dinkelkaffee dürfe man nicht mahlen. Das stimmt natürlich nicht. "Wie immer gegessen..", heißt es beim Dinkel und von Kaffee als solchen steht bei Hildegard gar nichts. Es gibt diesbezüglich keine Vorschriften. Auch Dr. Hertzka sagte mir darauf angesprochen:

"Selbstverständlich kann den Dinkelkaffee jeder machen wie er will, wie er jedem am besten schmeckt; das ist ganz klar..."

Den gemahlenen Kaffee bereitet man ganz normal wie Filterkaffee zu, während der ungemahlene Dinkelkaffee in einem Topf mit Wasser gekocht wird. Die erste Abkochung sieht noch nach Tee aus. Kocht man ihn mehrmals, so nimmt er allmählich Farbe an. Jeder wie er will. Schmecken soll er, ansonsten laufen wir Gefahr, von Arabia wieder eingeholt zu werden. Des weiteren müssen wir den Kaffe nicht gleich mit Ziegenmilch aufhellen. Vorerst bleiben wir bei der Sahne. Das erspart auch die peinlichen "Unterhosen" am Schalenrand.

Auf den Typ kommt es an!

"Er" hat die Figur einer Zitterpappel. "Sie" gleicht hingegen eher einer stattlichen Linde. Beide sind sehr nette Bauersleute und bei den Kindern sind die Erbanlagen schön gleich verteilt. Der Karli geriet dem Vater nach, der Toni ihr.

Als aufgeschlossene Landwirtin hat sie einen modernen Kochkurs mitgemacht. Seither wird Brot wieder im eigenen Ofen gebacken: saftiges Bauernbrot nach bewährtem Rezept aus Vollkornmehl und mit Sonnenblumen, versteht sich. "Mir san die Semmeln liaba", sagt der Bauer und läßt nach wie vor den Bäcker ins Haus kommen.

Eines Tages hört die Bäurin auch noch von Hildegard.

"Jetzt ist's ganz aus!", klagt der schlanke Vater. "D' Sau soll i alle hergebm und so Puttenzeug fuatan. Grad spinnat kunnt'st wern, mit ernan Biofummel. Andere Bauern schaffen si Turbokühe on, damit´s net ohausn. Und mir ...?"

Aber auch die Bäuerin tut sich schwer. "Was soll i mit all den scheanen Krautköpf mocha? Ham oiwai a so a guats Kraut kriagt. Und die ganzen Zwetschgenbam? I trau mir koa mehr z'essen, wann's so schädli san..."

Eines Tages liest die Bäurin in einem Hildegardbuch, daß der Roggen nur kräftigen Leuten guttut. Genau das ist "typisch" Hildegard: Sie nimmt auch Rücksicht auf die Schwachen:
"Der Roggen ist warm, doch etwas kälter als Weizen und hat viele Kräfte. Das Brot ist gesunden Menschen gut und macht sie stark. Vornehmlich Leuten mit fettem Fleisch ist es ratsam, weil er deren Fleisch mindert und sie trotzdem stärkt. Die aber von einem kalten Magen viel auszustehen haben, vertragen Roggen nicht, da ihre Verdauungsschwäche mit ihm nicht fertigwerden kann, deshalb würde er schwere Stürme in ihnen erregen."

Jetzt weiß die Bäurin, warum ihrem Manne die Semmeln lieber sind. Das Roggenbrot ist ihm zu schwer! Den Schlanken liegt dieses Brot oft schwer im Magen. Nur Hildegard weist uns auf diese unterschiedliche Verträglichkeit hin, weshalb bislang darauf kaum jemand achtete. Wir müssen also bei einer Umstellung ganz besonders auf das schwächste Glied in der Familie Rücksicht nehmen. Nicht jeder verträgt alles.
Im Übereifer mischen viele Hausfrauen allzu viel in den Brotteig. Sesam, Sonnenblumen, Nüsse usw. Lassen Sie das! Brot soll Brot bleiben.

Aus der Hitparade!

Wenn auf die Frage, ob der Schweinsbraten einmal vom Lamm sein darf, alle ja sagen, dann braten Sie eine Lammkeule oder Lammkoteletts genau so, wie Sie das beim Schweinebraten immer schon gemacht haben. Es gibt, wie immer, die beliebten Knödel dazu und eventuell statt dem Krautsalat einmal rote Rüben als Beilage.
Sie werden sehen, es gibt kein Murren und keine "Bemerkungen", denn allen hat's geschmeckt. Wer auf diese Weise schön "soft" vorgeht, ist auf Erfolgskurs.

Wie kann nun ein Leibgericht, wie das bei Kindern so beliebte Schnitzerl mit Pommes frites, hildegardisiert werden?
Nun, gegen ein Kalbsschnitzerl ist nichts einzuwenden. Aber die Pommes möchten wir durch Besseres ersetzen. Die kluge Hausfrau bereitet zuerst einmal das Leibgericht wie gehabt. Als zusätzliche Beilage kommen erstmals Dinkelgrießschnitten auf den Tisch. Das Rezept dazu hat sich die Mutti aus einem Hildegard-Kochbuch in der Hoffnung auserwählt, darin einen Ersatz für die allgegenwärtigen Kartoffeln zu finden. Unserer Erfahrung nach werden die Dinkelgrieß-Schnitten überall mit Begeisterung aufgenommen, was eine Reduzierung der Erdäpfeln erheblich erleichtert, wenngleich sie nicht völlig vom Tisch gefegt werden müssen.

Schnell vergeht ein Jahr. Danach resümieren Sie einmal, was sich inzwischen alles geändert hat. Sie werden staunen! Dabei ging alles so selbstverständlich und problemlos.
Ist die ganze Tischrunde mit viel Fingerspitzengefühl hildegardisiert worden, dann geht man im letzten Schritt

daran, sich aus Hildegard-Kochbüchern noch "Zuckerln" auszusuchen. Auf der Suche nach solchen "Hits" kann man ja einmal an einem Hildegard-Kochkurs*) teilnehmen, oder ein paar sympathische Rezepte aus dem Buch probieren.
Das Hildegard-Kochbuch ist sozusagen das Schlußlicht, nicht der Anfang. Von diesem kleinen Unterschied in der Reihenfolge hängt es ab, ob die Umstellung gelingt oder nicht.
Es ist schon viel gewonnen, wenn die Küche nach den wichtigsten Grundlagen der Ernährungslehre Hildegards geführt wird. Jede Hausfrau weiß heute, daß langfristig gesehen, allein durch eine gesündere Ernährung viele Krankheiten, speziell bei zunehmendem Alter, vermieden werden könnten.

Gut gemeint, aber falsch getroffen!

Vermeiden Sie die Unart, überall "alles" hineinzugeben. Der Löffel soll in der Suppe nicht stecken bleiben und keine Inventur des ganzen Kräutergartens sein. Die Abstimmung der Gewürze und Kräuter muß - und das ist ja die eigentliche Kunst des Kochens - wie die Krawatte zum Anzug passen. Eine klare Rindsuppe soll eine klare Rindsuppe bleiben. Die Charakteristik einer Speise darf nicht durch ein Zuviel an Gewürzen zerschlagen werden:

*) z.B. b. Pension Seefrieden, Weyregg a.Attersee

"Denn die verschiedenen und edlen Kräuter, wie auch die Pulver und die aus edlen Pflanzen bereiteten Gewürze werden gesunden Menschen nichts nützen, wenn sie ordnungslos genommen werden, ihnen vielmehr Schaden bringen dadurch, daß sie deren Blut austrocknen und ihr Fleisch mager werden lassen, weil sie in ihnen nicht diejenigen Säfte vorfinden, an denen sie ihre Kräfte ausüben können." (H.S. 275)

Wenn die Galle hochkommt

Nicht nur bei Ärger nimmt die Galle zu, auch beim Essen. Aber da schadet sie uns nicht, weil wir sie ja zur Verdauung brauchen. Nachteile sind nur von der "**Schwarz**galle" zu befürchten. Von dieser sollten wir möglichst wenig im Blut haben, weil sie schadet. Können wir auf diese Zu- oder Abnahme überhaupt Einfluß nehmen?

"... Die Schwarzgalle nimmt von guten und wohlschmeckenden Speisen ab, dagegen von schlechten, bitter schmeckenden, unsauber und schlecht zubereiteten Speisen zu." (H.S. 222)

Gut, das zu wissen. Das Essen muß also auch schmekken und schön sauber zubereitet werden. Macht schon was aus, wenn mit Liebe gekocht wird und es am Mittagstisch nicht wie auf einer Baustelle aussieht. Davon hängt es ab, ob die gute oder die böse Galle zunimmt. Nicht umsonst sprechen wir von einer Eßkultur.

Wir bringen sie in Gang:
Die Verdauung!

Bei vielen Menschen geht ohne Leinsamen, Dörrpflaumen oder Abführtee gar nichts. Wie kommt es, daß ein so gewöhnlicher Vorgang ins Stocken geraten kann? Falsche Ernährung? Auch. Wo die Fehler wirklich liegen und was bei weiteren Magen-Darmproblemen getan werden kann, das erfahren Sie in diesem Kapitel.

Probleme mit der Verdauung?

Hauptursache für Verdauungsstörungen liegen zumeist darin, daß zu viel durcheinander gegessen und beim Essen nichts getrunken wird. Ein weiterer Grund ist der "kalte" Magen!
Ob ein Magen richtig verdaut oder nicht, hängt nicht von Schmerzen ab. Woran erkennen wir denn, ob der Magen verdaut? Richtig! Am geregelten Stuhlgang und seiner Konsistenz. Auch wenn das Clopapier keine Rolle spielt, soll sich der Bedarf doch in Grenzen halten. Der Stuhl soll nicht "ungekocht" dünn sein, aber auch nicht an Asphalt (verbrannten Stuhl) erinnern. Und Stau wollen wir auch keinen. Über all das entscheidet der Magen.

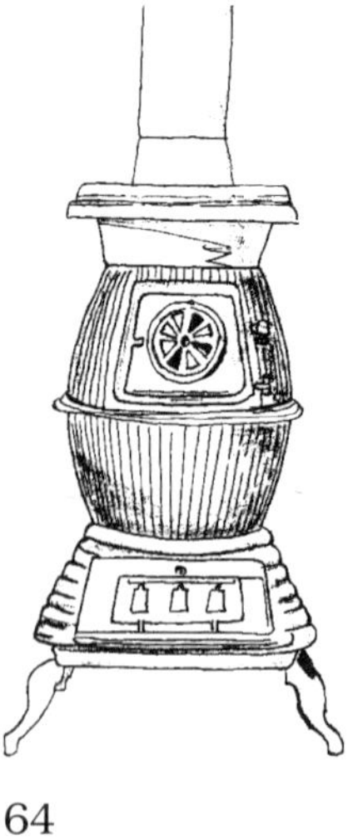

Die Aufarbeitung der Rohstoffe ist ein verbrennungsähnlicher Vorgang. Dabei übernimmt der Magen die Rolle eines Ofens.

"Der Mensch kocht Speise und Brot durch das rechte Maß des Feuers, weil, wenn er der Speise übermäßig brennendes Holz beilegte, er sie zum sieden brächte und den Geschmack des Verbrannten annehmen ließe, oder wenn er zu wenig Holz (Wärme) **zuführte, es diese lau machen würde, oder wenn er den Ofen zu stark heizte, würde das Brot verbrennen..."**

Tips für eine bessere Verdauung:

* Die erste Speise soll warm sein. Eine warme Speise hat mehr Energie und heizt sozusagen den Ofen ein. Lieber eine höhere Stromrechnung in Kauf nehmen, als ständig Geld für Abführmittel ausgeben zu müssen.

* Hildegard rät weiters, die erste Mahlzeit wegen einer besseren Verdauung möglichst spät einzunehmen. Wer kann, frühstücke also erst am späten Vormittag.

* Zum Essen soll man auch trinken! In vielen Familien stehen am Mittagstisch nur Teller, aber keine Gläser! Ein passendes Getränk ist kein Luxus. Die Speisen werden besser verdaut, wenn sie mit Flüssigkeiten (im Magen) vermischt werden.

* Nehmen Sie nur wenige Mahlzeiten pro Tag ein. Wer immer wieder zwischendurch eine Kleinigkeit ißt, unterbricht den geregelten Verdauungsablauf und begünstigt damit nur die Stuhlverstopfung. Dasselbe bewirken unregelmäßig eingenommene Speisen und das viele Durcheinanderessen.

* Fenchelkörner (regelmäßig 1 Tcel.) morgens nüchtern gegessen, sorgen für einen gesunden Teint, eine gute Verdauung und macht den Menschen fröhlich.

Vorsicht! - Darmkiller

Alle Bemühungen werden zunichte gemacht, wenn wir sogenannte Darmkiller verfüttert. Was für den Herd Spanplattenabfälle, Kataloge oder beschichtete Kartons sind, die den Kamin verlegen, das sind für die Verdauung die Rohkost, zu trockene oder zu harte Speisen. Auch zuviel Flüssigkeit kann schaden, denn

"beim Überhandnehmen der Säfte wird der Verdauungssaft abgezogen, somit ist dann der Magen kalt, und deshalb wird die Verdauung im Magen hart und jener Mensch krank."

Das hat noch kein Medizinstudent gehört und ist vermutlich auch für Sie neu. Wenn wir zuviel trinken, wird nicht die überschüssige Flüssigkeit weggeschafft, sondern der Verdauungssaft abgezogen! Immer wieder wird gesagt, so und soviel sollten Sie täglich trinken. Vergessen Sie das!

Selbst die sogenannten Nierenspüler sind letztlich ein Gewaltakt für die Verdauung. Zuviel Flüssigkeit löscht das Feuer. Es schadet der Verdauung und belastet die Nieren mehr als wir glauben. Selbst Kräutertees literweise getrunken ist glatter Unsinn. Wenn Sie Ihrer Niere etwas Gutes tun wollen, löffeln Sie täglich eine Tasse Dinkelgrieß-Suppe, denn sie öffnet - wie Dr.Hertzka sagt - die Magen-Darmschranke.

Vertrauen Sie ruhig Ihrem normalen Durstbedürfnis. Jedes Vieh weiß, wann es genug hat. Es steht Ihnen natürlich frei zu sagen: ich bin doch kein Rindvieh...

Rezepte für eine gute Verdauung:

Gekochte Birnen

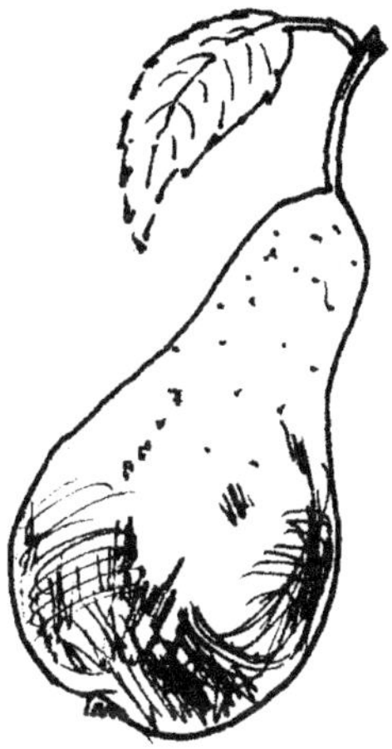

Das geht schnell: Ein, zwei Birnen in Stücke schneiden und die Birnwürfel in Wasser weichkochen. Dabei geht viel Birnensaft in das Kochwasser über, welches wegzuschütten ist. Wir essen nur die gekochten Stücke. Diese **"suchen die Fäulnis auf, mindern und brechen sie und führen sie ab."** Ein wunderbares Darmputzmittel für eine desolate Darmflora. Mach Dir das eine Woche lang jeden Tag einmal, dann ist die innere Mülldeponie entsorgt.

Dinkelkleie?

Ein ehrwürdiger Pater versichert uns, mit Dinkelkleie sein Stuhlproblem zu seiner besten Zufriedenheit gelöst zu haben. Dabei war er, was den Stuhlgang anbelangt, ein schwerer Fall.
Seit etwa einem Jahr rührt sich der Pater zum Frühstück ein paar Eßlöffel voll Dinkelkleie in heiße Milch und gibt auch noch etwas Bertrampulver und sogar ein wenig Galgantpulver dazu. Ich habe das nie probiert, aber er "schwört " drauf. Wenn ich mich hier auch nicht auf Hildegard stützen kann, so wollte ich diese Erfahrung dennoch mitteilen. Vielleicht hilft es auch Ihnen?

Reinigendes Rettichpulver

Auch der Rettich vermindert die **schädlichen Säfte der Gedärme**. Ein Kranker und Schwacher soll ihn getrocknet und pulverisiert mit etwas Salz und Fenchel vermischt auf Brot essen.**"Es reinigt innerlich seinen Wust und kräftigt ihn sehr."**

Rettich
(Raphanus sativus)

Rettich läßt sich schwer trocknen. Damit ihm die Feuchtigkeit entzogen wird, legen wir dünn geschnittene Rettichscheiben auf heiße Ziegelsteine. Gleich nach der Trocknung die Scheiben mit der Kaffeemaschine pulverisieren und mit Fenchelpulver (2 %) vermischen. Das "Windpulver" in gut verschließbare, kleine Gläser füllen und so aufbewahren. Vor Gebrauch kommen noch 2 % Salz dazu. Mit diesem Pulver bestreuen wir uns des öfteren ein Stück Brot. Ob morgens, mittags oder abends, ist egal. Es putzt den Darm von falscher Fäulnis, vertreibt Blähungen und Völlegefühl, ohne abzuführen.

Ein Böhnchen, ein Tönchen...

Wenn man Trockenbohnen stark in Wasser kocht und mit dieser Abkochung (ohne Bohnen) eine Suppe bereitet, dann legt sich die Darmflaute. Es kommt Wind auf und so geht was voran. "Profi" kochen auch noch ein paar Eßlöffel voll Bachbungensaft mit. Das erhöht die Wirkung. Bei chronischer Stuhlverstopfung soll man sich einige Wochen lang täglich eine Tasse "bohnenlose Bohnensuppe" frisch zubereiten. (s. Band 1)

Die Gartenmelde

(Atriplex hortensis)

"Die Melde ist mehr kalt als warm, aber dennoch gemäßigt, und gegessen bewirkt sie eine gute Verdauung."

Die Melde kennen Sie nicht? Doch! Die haben Sie beim Jäten schon oft ausgerissen und verworfen. In fast jedem Garten schießt sie als Unkraut zwischen den Reihen der genehmigten Pflanzen hervor. Lassen Sie einmal ein Beet verwildern! Im Nu ist die geduldige Melde wieder da. Nach ein paar Wochen können Sie schon den ersten "Meldespinat" zubereiten. Dieses lästige Unkraut zählt zu den wenigen verdauungsfördernden Pflanzen, die Hildegard anführt.

Die Krauseminze

(Mentha crispa)

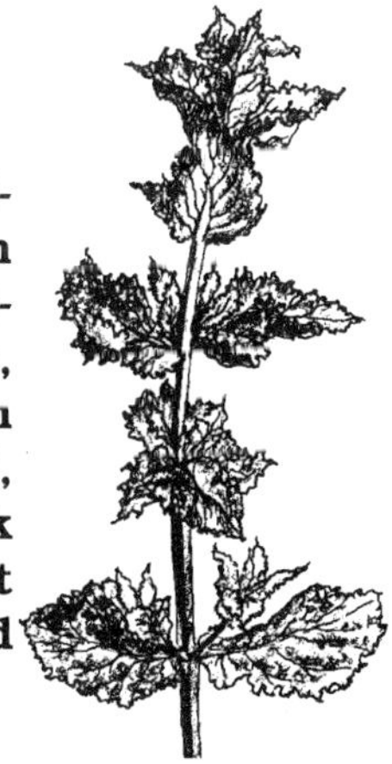

"Wie Salz mäßig beigefügt, jede Speise mäßigt, weil es schlecht ist, wenn zuviel oder zu wenig der Speise beigefügt wird, so gibt die Krauseminze, wenn sie dem Fleisch, den Fischen oder Speisen oder Mus beigefügt wird, jener Speise einen guten Geschmack und eine gute Wärme und so erwärmt sie auch gegessen den Magen und schafft eine gute Verdauung."

Der Hildegardtext bestätigt, daß es die magenwärmende Wirkung ist, die sich positiv auf den Verdauungsvorgang auswirkt. Wer gibt schon Krauseminze in die Speisen? Kaum jemand, weil man sie im Supermarkt nicht zu kaufen bekommt! Ein bißchen Mühe soll uns eine gute Verdauung schon wert sein. Wer einen Garten hat, kann sie dort ansiedeln. (Bezugsquelle im Anhang) So hat die Hausfrau vom Frühjahr bis spät in den Herbst hinein das Verdaugewürz zur Hand. Im Sommer, wenn das Blattangebot groß ist, trocknen wir einen Teil davon für den Winter. Ist das so schwer? Wer keinen eigenen Garten hat, besorge sich das getrocknete Krauseminzenpulver einfach in Hildegard-Läden.
Eine überraschende Erfahrung machte ich mit einer anderen Minze:

Unverhofft kommt oft

Wer geht an schönen Tagen nicht gerne spazieren? Sogar Kranke möchten auch wieder einmal an die frische Luft. An einem herrlichen Sonntag spazierte ein Mann den Bach entlang und setzte sich in unserem Garten auf eine Bank. Als er mich erblickte sagte er sofort: "Hast eh nichts dagegen, wenn ich mich da ein wenig ausruhe. Ich wollte bei dem schönen Wetter ein wenig spazierengehen, aber momentan habe ich so derartige Magenschmerzen, daß ich ein wenig rasten muß."
"Nein nein, keineswegs! Bleibe nur sitzen. Kann ich dir irgenwie behilflich sein?"
Da fiel mir ein, ich habe doch Poleiminze im Garten und die wirkt sehr schnell. Deshalb sagte ich: "Warte ein paar Minuten, ich bringe dir etwas für deinen Magen." Danach pflückte ich ein paar Poleiminzen-Blätter ab, lief in die Küche, schnitt sie klein und mischte eine Prise Salz dazu.

Diese Mischung brachte ich ihm auf einem kleinen Holzbrett. "Nimm das, dann wird dir gleich besser, wirst sehen!", sagte ich. Und er aß es. Mit den Fingern, weil ich die Gabel vergessen hatte.
Nach einer Weile, vielleicht zwei, drei Minuten, sagte er: "Mir wird schon leichter!"
Ein paar (weitere) Minuten drauf: "Also, das hätte ich keinem Menschen geglaubt, wann mir jemand gesagt hätte, daß mit dem bißchen Kräutlzeug, das Magenweh so schnell gut wird. Aber ich spür momentan vom Magenweh überhaupt nichts mehr. Daß es so etwas nur gibt!" - Der Hildegardtext dazu lautet:

Die Poleiminze (Mentha pulegium)

"Wer oft rohe Blätter mit Salz ißt, das heißt ohne Fleisch oder Zukost und einen kalten Magen hat, den wärmts und wäre sein Magen auch voll Gift, das heißt, Eiter, es reinigt und heilt."

Von dieser raschen Wirkung kann sich jedermann überzeugen, dem gerade der Magen weh tut. Wer allerdings sein Magen damit auskurieren will, muß diese Polei-Salz-Mischung "oft" nehmen. Das heißt wochen- oder sogar monatelang frische Blätter mit Salz essen.
Die Poleiminze *) gedeiht zur Not auch in einem Blumentopf am Balkon. Im Spätherbst geben wir sie zu den Balkonblumen in den Keller, weil sie frostempfindlich ist.

*) Bezugsquelle: Fa. Bornträger Offstein

Bertram
(Anacyclus pyrethrum)

"Der Bertram ist von gemäßigter und etwas trokkener Wärme, und diese rechte Mischung ist rein und erhält gute Grünkraft. Einem gesunden Menschen ist er gut zu essen, weil er die Fäulnis in ihm mindert und das gute Blut vermehrt und einen klaren Verstand macht. Aber auch einen Kraftlosen, dem schon fast der Körper versagt, bringt er wieder zu Kräften, und er duldet nicht, daß etwas den Magen unverdaut verläßt, sondern er bereitet gute Verdauung.
Wenn ein Mensch viel Schleim im Kopf hat, mindert sein häufiger Genuß ihm den Schleim im Kopf. Häufig gegessen vertreibt er den Fieberfluß aus dem Menschen, bereitet reine Säfte und klärt die Augen. Wie immer gegessen, nämlich trocken oder in Speise, ist er nützlich und gut einem kranken wie auch den gesunden Menschen. Wenn ein Mensch ihn häufig ißt, scheucht er in ihm alle Schwachheiten und verhindert sogar das Schwachwerden. Beim Essen lockt er im Munde aber deshalb Feuchtigkeit und Speichel hervor, weil er Unsäfte auszieht und so Gesundheit zurückgibt."

Bertram ist das heimliche Bestseller-Gewürz im Kreise der Hildegard-Freunde, weil es ein Garant für die Gesundheit ist. Es kommt in Suppen, Saucen, Braten, in den Brotteig oder wo immer Gewürze angebracht sind, weil aus ihm nur Gesundheit rauszuholen ist.
Als wir über Bertram in unserem Hildegard-Kurier erstmals ausführlich berichteten, schlug dies wie eine Bombe ein. Innerhalb kurzer Zeit war in halb Europa kein Gramm Bertramwurzel mehr zu haben!
In keiner anderen Pflanze finden wir so viele wertvolle Eigenschaften vereint, wie beim Bertram. Es lohnt sich, einige Aspekte näher anzusehen:

Vermehrt das gute Blut

Wie oft vernehmen wir die Klage: "Mein Blutbild ist nicht in Ordnung. Was könnte ich dagegen tun?" Fleissig Bertram essen! Schon beim Frühstück ein Teelöfferl voll Bertrampulver auf das Butterbrot streuen, desgleichen mittags in die Suppe, weil Bertram das gute Blut vermehrt. Nach ein, zwei Monaten einen Bluttest machen lassen, so sehen Sie die Wirkung schwarz auf weiß. Auch bei Blutarmut müßte sich Bertram positiv auswirken.

Klaren Kopf und Verstand

Bei Problemen mit den Stirnhöhlen soll auch an Bertram gedacht werden, vermindert er doch den Schleim, klärt dazu die Augen und macht einen klaren Verstand. Eine Wohltat für den dumpfen Kopf.

Gegen Schwäche

Diesen einen Satz muß man sich erst einmal plastisch vorstellen: "... einen Kraftlosen, dem schon fast der ganze Körper versagt," bzw. "der schon fast in seinem Körper gestorben ist" (nach d. Baseler Übersetzung), bringt er

wieder zu Kräften!
Am meisten erstaunt uns dabei, daß gar nicht danach gefragt wird, warum der Mensch so schwach ist! Die Ursachen können ja grundverschieden sein. Vor zu großer Euphorie muß natürlich gewarnt werden, denn zu ewigem Leben kann auch Bertram nicht verhelfen. Die Grenzen des *"Zu Kräften kommen "* werden spätestens beim "point of no return" erreicht, wenn es eben kein Zurück mehr gibt, wie beispielsweise bei Herz- oder Nierenversagen. Aber bei allen Schwächen und Schwachheiten dürfen wir einiges erwarten.

Die Blankovollmacht

Nur wenige Gewürze sind für einen unbedenklichen Dauereinsatz zu empfehlen. Die meisten haben eine zu spezifische Wirkung, weshalb sie nicht ständig verwendet werden sollten. Dieser Vorbehalt gilt für Bertram nicht. Hier gibt uns Hildegard eine Art Narrenfreiheit, weshalb das bislang kaum verwendete Bertrampulver zu einem Standargewürz für Hildegard-Freunde geworden ist.
"Wie immer gegessen..", das ist Hildegards "Unbedenklichkeitsbescheinigung". Dennoch glaube ich im Hildegardtext zwei unterschiedliche Anwendungsformen erspäht zu haben. Eine medizinische: das Wurzelstückekauen, welches den Speichel lockt und Unsäfte auszieht und so die Gesundheit zurückgibt! Und die "wie immer", also die harmlosere, aber dennoch gesunde Verwendung als Gewürz. Zu den Speisen gibt man ja nicht soviel dazu, daß einem durch den Bertramgeschmack das Wasser im Munde zusammenläuft. Als ich jedoch einmal im Garten ein kleines Würzchen ausriß und diese kaute, da dachte ich, Brennessel im Munde zu haben. So kann ich mir die Auferweckung Halbtoter schon eher vorstellen.

Botanik

Es ist schon vorgekommen, daß jemand Estragon statt Bertram bekommen hat. Auch können manche Leute das giftige Insektenpulver "Pyrethrum" von Bertram nicht unterscheiden und jagen dadurch so manchem einen großen Schrecken ein. Deshalb sehen wir uns die botanische Seite ein wenig näher an:

In die Verwandtschaft der Anthemis- und Chrysanthemum-Arten gehören eine Reihe von Pflanzen, die man früher Pyrethrum (Feuerkraut) nannte, weil die im Munde gekaute Wurzel wie Feuer brennt. Die eigentliche Feuerwurz, (Anacyclus officinarum) hieß deshalb auch Speichelwurzel (Salivaria). Aus dem altgriechischem Namen (Pyrethrum) entstand im Mittelalter durch Abschleifung im Volksmund: Pertheram, Perchtheram und schließlich Bertram, wie der Name zur Zeit Hildegards bereits laute-te. Die zweite Art, der "römische Bertram" (Anacyclus Pyrethrum), welcher in Nordafrika beheimatet ist, wurde zuletzt "deutscher Bertram" genannt, nachdem man ihn in Klöstern kultiviert hat. Seine Strahlenblüten sind auf der Unterseite leicht rötlich, von der "Feuerwurz" hingegen weiß, wie beim Mutterkraut. Hierher gehören nun die zwei giftigen Arten, die das "persische Insektenpulver" liefern, nämlich: *Chrysanthemum roseum Weber et Mohr* und *Chrys. Marshalli Aschers.* Beide Arten haben ein so scharfes Aroma, daß schon ihr Duft kleinere Tiere betäubt, sogar tötet. Auch die an der Adriaküste wachsende Art *Chrys. cinerariae* wurde bereits vom hl. Sangarius zur Vertreibung von Insekten verwendet.

Lassen Sie sich also nicht irritieren. Bertram ist nicht Estragon und auch nicht mit dem Insektenmittel "Pyrethrum" zu verwechseln. Besorgen Sie sich Ihren Bedarf am besten in Hildegard-Läden.

Bettnässen und Harnträufeln

Eine weitere Folge von Magenkälte besteht darin, daß der Mensch den Harnabgang nicht spürt, bzw. sein Ventil nicht dicht genug ist und es deshalb tröpfelt.
"Wer seinen Harn infolge der Magenkälte nicht zurückhalten kann, koche Salbei in Wasser, seih durch einen Lappen und trinke ihn oft warm und er wird geheilt."
Auf die Frage, warum Salbeitee bei Bettnässen nicht immer hilft, sagte mir Dr. Hertzka, das liege daran, weil der Uringeruch nicht immer vollständig beseitigt wird, und dieser das Urinieren im Schlaf erneut auslöst. Man muß praktisch täglich die Bettwäsche und alles, was nach Urin riecht, beseitigen. Im Schlafzimmer des Kindes, welches nicht sauber werden will (Psyche spielt eine Rolle!), soll man stark und gut Riechendes (z.B. Pfeffermizöl) verduften lassen. (Ein paar Tropfen Pfefferminzöl auf Watte geben!)

Wenn es an die Nieren geht

"Leidet ein Mensch zuweilen an Nieren- oder Lendenschmerzen, so kommt dies häufig von einer Schwäche des Magens her."
Wie wir nun sehen, belastet ein schwacher Magen auch die Nieren. Dann tuts in der Nieren- und Lendengegend weh.
Für die Nieren empfiehlt Hildegard die **Bärenfett-Salbe**. Mit dieser soll man sich am offenen Feuer fest einreiben (einmassieren). Das wärmt die kälteempfindlichen Nieren, worauf sie wieder besser arbeiten. Damit auch der hohe Blutdruck runtergeht, zerbeißen und essen die Betroffenen am Morgen ein paar Gewürznelken.

Nierensteine

Vor ein paar Jahren wurde im Fernsehen ein Gerät gezeigt, mit welchem es möglich ist, Nierensteine zu zertrümmern. Pro Behandlung rechnet man mit einem Kostenaufwand von nur 80.000,- Schilling. Das sei, so hieß es, im Vergleich zu einer Operation äußerst kostengünstig. Es ginge aber noch günstiger, ja geradezu spottbillig. Doch diese Methode ist leider nicht wissenschaftlich abgesegnet. Man müßte nur ein paar Klettenblätter in Wein sieden und diesen warm trinken, so löst dieser Wein die Nierensteine sang- und klanglos auf.
"Die Wurzel der Klette ist zu nichts nütze, und die Blätter sind sowohl roh als auch gekocht für den Menschen gefährlich..., außer für jemanden, dem ein Stein im Körper wächst. Jener koche die Blätter in bestem Wein, und diesen Wein... trinke er warm nach dem Essen und nüchtern, und von seiner Stärke wird der Stein zerrieben."
Dieses sanfte Nierenstein-Lösungsmittel verriet ich einem Bekannten, dessen Frau wegen einer Nierenkolik im Krankenhaus war, nachdem er mich fragte, wie solche Probleme zu Hildegards Zeiten gelöst worden sind.
Im Jänner 1991 wurde bei jener Frau nach eingehender Untersuchung ein Nierenstein festgestellt. Er war jedoch so groß, daß ein Abgang durch den Harnleiter aussichtslos erschien. Deshalb überstellte man die Patientin in ein anderes Krankenhaus, um das Ding mit der neuen Maschine zu zertrümmern. Aus irgendwelchen technischen Gründen gelang dies jedoch nicht. Danach wollte man den Stein mit einer Schlinge entfernen, aber auch diese Behandlung blieb ohne Erfolg. So wurde die Dame vorerst einmal aus dem Spital entlassen.

Frau M. Sch. hatte die Einweisung für einen späteren Zeitpunkt natürlich schon in der Tasche, als ihr Mann sie vom Krankenhaus nach Hause brachte und zu ihr sagte: "Wenn die Ärzte den Nierenstein nicht wegbringen, dann probier' halt den Klettenwein!" Gesagt, getan.
Als die Patientin zu dem festgelegten Termin wieder in das Krankenhaus kam, konnte sie nach den Untersuchungen gleich wieder nach Hause gehen, weil kein Stein mehr da war!
Damit sie nicht glauben, ich erzähle Ihnen hier schöne Märchengeschichten, zitiere ich auszugsweise aus den mir in Kopie vorliegenden Befunden:

Befund vom 7. 1. 91

Untersuchung: Sonogramm Nieren- u. Retroperitoneum

Die rechte Niere zeigt ein deutlich gestautes Hohlsystem und einen erweiterten prox. Ureterabgang. Die linke Niere ist unauffällig. Ein zusätzlich angefertigtes Harntraktleerbild zeigt rechts etwa in Spinalhöhe ein haselnußgroßes konkrementdichtes Gebilde - vermutlich Stauungsursache.
Zusammenfassung: Gestaute Niere mit vermutlichem schattengeb. distalen Harnleiterkonkrement.

Befund vom 7. 5. 91

Untersuchung: Sonogramm Nieren- u. Retroperitoneum und Unterbauch

Beide Nieren sind derzeit ohne Stauung dargestellt, keine fassbaren Konkremente im Sonogramm. Auch praevesical rechts keine eindeutige konkrementdichte Veränderung mehr erkennbar, die Blase ebenfalls konkrementfrei. Inneres Genitale ohne Auffälligkeiten. Ein ergänzendes Harntraktleerbild zeigt ebenfalls keine schattengeb. Konkremente mehr, offenbar etwas rechts praevesical früher lokalisierte Konkremente zwischenzeitig abgegangen.

Einfach Bauchweh?

Muß man nicht allein davon schon Bauchweh bekommen, wenn dauernd auf uns eingeredet wird: Gehen Sie zur Gesundenuntersuchung! Lassen Sie sich operieren! Gehen Sie nicht zu lange in die Sonne! Springen Sie nicht überhitzt ins kalte Wasser! Wenn Sie ein Buh drückt, gehen Sie sofort zum Arzt! Nur so können Sie Schlimmeres verhindern. Fragen Sie in den Beratungsstellen, et cetera. Angenommen, Sie haben Bauchweh. Ja, einfach Bauchweh! Was tun Sie dann wirklich? Sie gehen natürlich zum Arzt. Man weiß ja nie... Meist folgt die Überweisung in ein Krankenhaus. Dort werden Sie dann gründlich untersucht. Hat man mittels Scanner, Ultraschall, Endoskopie, Röntgen oder sonstiger Untersuchungsmethoden die Ursache gefunden, z. B. eine Zyste, so wird man Ihnen den Bauch aufschneiden, die Darmzyste entfernen und schon sind Sie wieder "repariert".
Ginge es nach Hildegard, so würde das anders verlaufen.

"Wer in den Eingeweiden Schmerzen hat, koche Mutterkraut mit Wasser und Fett oder Öl und gebe feinstes Mehl dazu, und so bereite er eine Suppe und es heilt die Eingeweide. (viscera)
Denn: **"Das Mutterkraut ist warm und hat einen angenehmen Saft, und dieser Saft ist den schmerzenden Gedärmen wie eine angenehme Salbe."**

Mutterkraut
Chrysanthemum parthenium

Die Mutterkraut-Suppe

4-5 Mutterkraut-Blätter klein schneiden und in ca 1/4 l Wasser und ein wenig Sonnenblumenöl kurz aufkochen. Anschließend gibt man 2-3 Eßlöffel voll Feinmehl (in kaltem Wasser zu einem Brei verrührt) dazu, und bereitet unter Zugabe von etwas Salz, Muskat und Bertrampulver eine cremige Suppe auf kleiner Flamme.
Man kann anstelle der Mutterkrautblätter auch Mutterkrautsaft verwenden (unverdünnter Frischpflanzensaft).

Hilfe bei Myom

Meine erste Erfahrung mit dem Mutterkraut machte ich als Hobbykräutersammler, vor etwa 15 Jahren. Damals kam eine Frau zu mir, bei der man ein Myom festgestellt hatte. Sie fragte mich, ob ich ein Mittel dagegen wüßte, denn sie habe vor einer Operation furchtbar Angst. Ich wußte damals noch keines, wohl aber Dr. Hertzka, und zwar die vorhin genannte Mutterkrautsuppe. In einem Bauerngarten fanden wir das Kräutl und so konnte sich die Dame mehrere Wochen lang täglich brav ihr Süppchen machen. Und siehe da - es half. Das Myom verschwand und so erübrigte sich die Operation.

Die Mutterkraut-Salbe

"Ein Mensch aber, der an stechenden Schmerzen leidet, der vermische Mutterkrautsaft mit Kuhbutter, und er salbe sich, wo es schmerzt, und er wird geheilt werden."
Dr. Hertzka empfiehlt diese Salbe gegen Darmkoliken, Blinddarmentzündung, praemenstruale Schmerzen, Adnexschmerzen, gegen Krämpfe und Bauchschmerzen.

Darmentzündungen

Auch dagegen hilft die Mutterkraut-Suppe. Wir schlürfen dieses Süppchen also auch bei Darmzysten, Darmgeschwüren, **Morbus Chron** und **Colitis ulcerosa**, weil es entzündungshemmend wirkt. Zusätzlich wird gegen die häufigen Durchfälle auch das Durchfall-Ei (siehe Kap. Hausapoth.) nötig sein.

Bei Darmerkrankungen sind Fehldiagnosen nicht selten, weil die gleichen Symptome - wie Fieber, Durchfälle, Gelenkschmerzen, Herzbeschwerden, Krämpfe... - auch bei anderen Krankheiten auftreten. Oft vergehen Monate, in denen der Erkrankte nicht oder falsch behandelt wurde, bis sich herausstellt, woran er wirklich leidet.

Darmentzündungen erfordern natürlich strenge Diät. In schweren Fällen bleibt nur noch die Wahl zwischen Dinkelkost oder Operation, weil andere Nahrungsmittel oft nicht mehr vertragen werden. Die Mutterkraut-Suppe kommt in solchen Fällen täglich auf den Tisch.

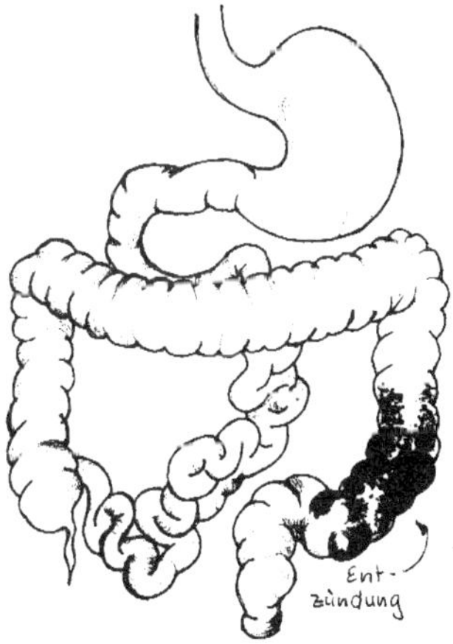

In der modernen Medizin werden akute Krankheitsschübe mit Cortison behandelt oder die befallenen Darmabschnitte operativ entfernt.

Weiters empfiehlt Hildegard die Mutterkraut-Suppe in den Tagen der Menstruation:

"Wenn Frauen den Monatsfluß haben, sollten sie die Suppe, wie vorhin gesagt, bereiten und essen, und dies bereitet eine angenehme und leichte Reinigung des Schleimes und des inneren Unrates und leitet den Monatsfluß hinaus."
Eigentlich sehr einfach, wenn man's weiß. Mit ein, zwei Mutterkraut-Stöckchen im Garten kommt man das ganze Jahr über aus. Für die Wintermonate sollte beizeiten im Sommer der nötige Vorrat an Blättern getrocknet werden.

Die Tannensalbe

"Nimm Rinde und Blätter (Nadeln) dieses Baumes und schneide auch etwas vom Holz in ganz kleine Stükke, wenn der Baum grünt, sodaß er seinen Saft noch nicht verloren hat (März-Mai), gib von diesem die Hälfte Salbei dazu und koch das alles stark in Wasser, bis es dick wird. Gib auch Kuhbutter dazu, welche im Mai bereitet wurde, seih dann durch einen Lappen und mach so eine Salbe."

"Wer im Magen oder in der Milz Schmerzen leidet, der reibe seiner Herzschwäche wegen zuerst sein Herz ein mit dieser Salbe und dann über den Magen, wenn er Magenschmerzen hat, oder über die Milz, wenn es ihm dort weh tut, und die Stärke der Salbe wird durch seine Haut durchdringen, sodaß er rasch geheilt wird."

Magen- oder Milzschmerzen schwächen also auch das Herz. Deshalb wird die Salbe zuerst über dem Herzen eingerieben. Erst dann über dem Magen. Dr.Hertzka setzt sie auch bei Bauchspeicheldrüsenleiden mit Erfolg ein. Diese zuverlässige Salbe, die bei vielen Beschwerden des "Bauchraumes" rasch und sicher hilft, zählt zu jenen Hausmitteln Hildegards, die sich Hildegardfreunde selber zubereiten. Am besten bewahren wir sie im Kühlschrank (Gefrierschrank) auf, weil Kräutersalben leicht zu schimmeln beginnen und Butter ranzig wird.

Der ideale Zeitpunkt für die Herstellung dieser Salbe ist dann gekommen, wenn es die erste "gelbe" Butter gibt. Also mit Beginn der Grünfütterung oder wenn die Wiesen vom blühenden Löwenzahn gelb leuchten.

Das Iris-Bier

Wie sagt der Volksmund? "Manchmal findet auch das blinde Huhn ein Körnchen." So erging es mir damals, als ein "gestandenes Weibsbild" keuchend wie eine Dampfmaschine, ihren Corpus des Weges schleppte und flehentlich nach Hilfe suchte: "I schaff des nimma! Krieg keine Luft, aber - dazwischen Atempause - in der Lunge fehlt nix, sagen die Doktoren. Geben sie mir was, wenigstens zur Erleichterung..." Die Frau war "dämpfig", wie Hildegard dazu sagt. Die Lunge ist organisch gesund, dampft aber wie eine Waschküche. Das Kondensat kommt von den Gedärmen oder vom Magen...

"Die Lilie ist warm. Welcher Mensch von der Milz oder vom Magen oder von schwachen Gedärmen dämpfig ist, das heißt seinen Atem mühsam ein und aus zieht, als wäre er um seine Brust wie eingedämmt, und doch in der Lunge keine Schmerzen hat, der nehme Lilie (Iris germanica), koch sie in etwas Bier unter mäßigem Honigzusatz und trinke den durch einen Lappen geseihten Sud oft morgens, mittags und abends und er schafft ihm Erleichterung und guten Auswurf, so daß er sich bei dem genannten Leiden besser befindet."

Dieses Rezept traf meinem Gefühl nach für die Dame genau zu. Also opferte ich meine paar Schwertlilienblätter, indem ich sie in 2 Liter Bier und 1/4 Kg Honig aufkochte und in neue Flaschen abfüllte.

Nach ein paar Wochen kam die Dame wieder, um sich zu bedanken und "vorzuzeigen", wie problemlos sie nun atmen konnte. "Jetzt kann ich wieder alles tun und vorher war mir alles zu viel." Diese Beispiel zeigt, wie viel Unbehagen von der Schaltstelle Magen/ Darm ausgeht.

Iris germanica
Blaue Schwertlilie

Wenn man "aus der Haut fahren" möchte!

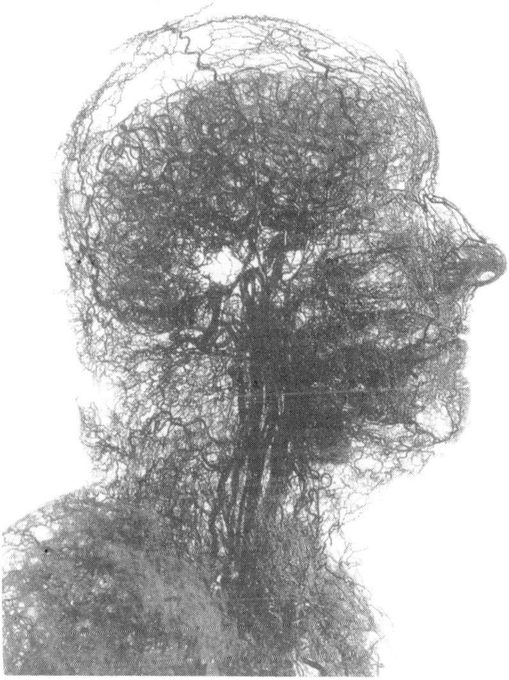

Ist Ihr Hauptproblem ein Hautproblem? Lesen Sie nach, welche Ratschläge uns Hildegard dazu gab.

Neurodermitis:

> Aus dem klinischen Wörterbuch: "...Ekzem, erheblich prädisponierte Erkrankung. Beginn meist in früher Kindheit mit Juckreiz, Rötung, Schuppung, Nässen und Krustenbildung besonders an den Wangen, Stirn und am behaarten Kopf.
>
> Nach dem 2. Lebensjahr entspricht das Bild der Neurodermitis im wesentlichen des Erwachsenen, jedoch sind im Kindesalter meist die Gelenkbeugen und nicht selten das Gesäß befallen.
>
> Seelische Traumen können Neurodermitis verschlimmern. Hauptsympton: quälender Juckreiz, Juckkrisen, besonders nachts. Talg- und Schweißdrüsen arbeiten auffallend träge. Die erkrankte Haut ist glanzlos, trokken, ihr Oberflächenrelief ist vergrößert...
>
> Mit zunehmendem Alter nimmt die Neurodermitis an Intensität ab und verschwindet oft um das 60. Lebensjahr..."

Ein Alptraum für alle Eltern, wenn ein Kind daran erkrankt ist und womöglich bis zur Pensionierung darunter leiden sollte!
Verzweifelte Eltern laufen dann von "Pontius zu Pilatus", um die Heilung ihres Kindes, oder wenigstens eine Erleichterung dieser schweren Krankheit zu erlangen. Gibt es wirklich keine Hilfe?

Wenn's überall juckt und beißt

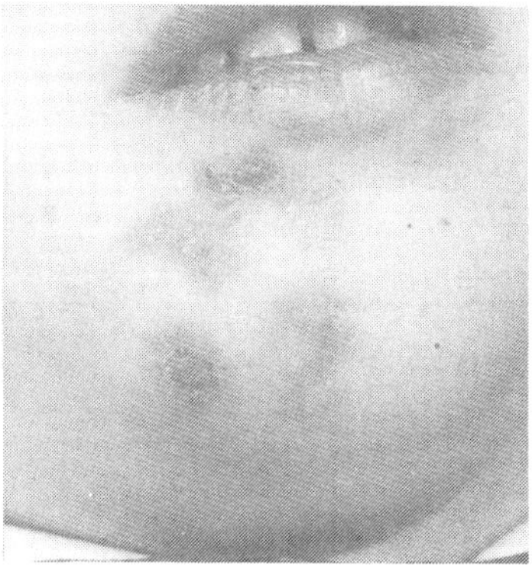

Sein Sohn ist heute gut vier Jahre alt. Im Alter von 14 Monaten bekam er Neurodermitis. Dazwischen lag eine Zeit "... die ich nicht einmal meinem ärgsten Feind wünsche! Keine Nacht durchschlafen können, neben dem weinenden Kind sitzen und eigentlich nicht helfen können. Das macht einen mit der Zeit auch selber fertig. Kein Urlaub, weil er mit den Fahrereien von einem Spezialisten zum andern Doktor aufgeht.
Am ganzen Körper findest kaum eine heile Stelle, weil 's den Buben überall juckt und beißt, und er sich natürlich immer wieder (auf-)kratzt. Wer dies nicht mitgemacht hat, weiß nicht, was es heißt, an Neurodermitis zu leiden."
Jener Mann, der dies sagte, war vor etwa einem Jahr bei uns und fragte mich, was es nach Hildegard dagegen gibt? Ich riet ihm damals, für den Buben Ziegenmilch zu besorgen, die Küche auf Hildegard umzustellen und sich einen Amethyst mitzunehmen.

Vor kurzem rief er - in einer anderen Angelegenheit bei uns an und erzählte mir so nebenbei, daß es mit dem Sohn inzwischen kaum noch Probleme gibt. "Mit der Goaßmüli, der Dinkelkost samt den Hautgewürzen und dem Amethyst haben wir alles weggebracht!"
Darüber war ich - ehrlich gesagt- selber völlig überrascht. Nun schauen wir uns Details noch genauer an:

Nicht lange meckern - Ziegenmilch!

Ohne Einhaltung einer hautfreundlichen Kost, bzw. der Vermeidung all jener Nahrungsmittel, die für neue Schübe sorgen könnten, wird man keinen dauerhaften Erfolg erzielen. Zu den wichtigsten diätetischen Nahrungsmitteln für die Haut zählt die Ziegenmilch.

Hildegard schreibt: **"Wer Ausschläge hat, der trinke oft Ziegenmilch und die Ausschläge gehen vollständig weg."**

Das Problem dabei ist nicht die Beschaffung von Ziegenmilch, sondern ihr Geschmack. Wenn die Milch "goaßelt", also einen strengen Beigeschmack hat, dann bringt man sie den Kindern nicht hinter den Gaumen. Unserer Erfahrung nach schmeckt die Ziegenmilch jedoch fast völlig neutral, wenn kein Ziegenbock im Stall ist und der Stall samt den Ziegen peinlich sauber gehalten wird. Nur daran liegt es!
Im Notfall muß man sich halt so eine Eisenbahnerkuh anschaffen. Sie kommt in der Erhaltung ohnehin billiger als so manches Haustier und gibt dafür eines der besten Hautkosmetika jeden Tag gratis ab.

Ziegenmilch und Asthma

von Dr. med. Gottfried Hertzka

Viele von uns wissen es schon, daß Hildegard in ihrem medizinischen Lehrbuch schreibt, (Bronchial-) Asthma und Migräne sind die von allen Krankheiten am schwersten heilbaren; nicht Krebs, nicht Schlaganfall.
Uns Ärzte mit Naturheilverfahren erstaunt das nicht mehr, weil unter den Ungeheilten, die zuletzt bei den Naturheilmethoden Hilfe suchen, die Asthmatiker einen erheblichen Prozentsatz ausmachen. Wer wüßte von den Medizinern nicht, daß auch mit Cortison und vielen anderen Wundermitteln noch kein einziger Patient geheilt worden ist? Man muß sich mit einer gewissen Erleichterung der Beschwerden zufrieden geben, meist nicht ohne Nebenwirkungen in Kauf zu nehmen.
Was können wir nach Hildegard tun, um wenigstens nebenwirkungsfrei Erleichterung zu finden, wenn wir schon Heilungen nur schwer erreichen? Zum "klassischen" Asthmamittel Hildegards brauchen wir frische Alantwurzel. Aber wer hat schon eine solche im Garten?

Da kommt uns die Erfahrung zu Hilfe. Es hat sich nämlich gezeigt, daß man neben Einhaltung der generellen Hildegard-Diät die Zahl der Asthmaanfälle ganz wesentlich herabsetzen und die Schwere deutlich mildern kann, wenn man fleißig Ziegenmilch trinkt.

Von Hildegard-Freunden wurde ich mehrfach gefragt, wieso die Ziegenmilch helfen kann, wo doch dieses Leiden eine Erkrankung (Verkrampfung) der Atemwege (Bronchien) sein soll. Nun, liebe Freunde, es heißt tatsächlich bei Hildegard:

"Wenn einer in der Lunge leidet, trinke er fleißig die Milch von Ziegen und er wird geheilt." (BL 1325B)

Nun findet sich bei Hildegard das Lungenasthma tatsächlich bei den Leiden der Lunge (CC 96,23 ff) und zwar sogar unter dem Namen Asthma. Es wird dort ganz richtig und mit unserem Wissen übereinstimmend beschrieben, daß dabei die Atemwege (Bronchien) erkranken, (Canalis gutturis) aber auch, daß als Ganzes das Lungenorgan davon mitbetroffen ist. Unser Motto: Daß die von Hildegard gegen Lungenerkrankungen als heilsam genannte Ziegenmilch helfen kann, hat die Erfahrung bestätigt. Wenn es gelingt, die anderen Medikamente allmählich abzusetzen, das Leiden noch nicht zu sehr veraltet ist, und der Hildegard-Arzt auch die so wichtige Psychokomponente berücksichtigt (eventuell Schröpfen!), kann meiner Ansicht nach bei entsprechender Hartnäckigkeit wahrscheinlich sogar mit einer Heilung gerechnet werden.

Zudem hat es sich jüngst ergeben, daß ich einem Asthma-Patienten raten konnte, er soll doch Caramel-Ziegenmilch trinken! Denn caramelisierter, also getrockneter Rohrzucker (siehe Küchengeheimnisse) hat seinerseits ausgezeichnete Wirkung auf das Bronchialsystem (Auswurf). Durch den Zusatz des caramelisierten Zuckers wird der Geschmack außerdem noch besser. Ich bin der Meinung, daß abgekochte Ziegenmilch das gleiche leistet wie die rohe Ziegenmilch, weil sonst bei Hildegard fast sicher der Hinweis stünde, daß man die Ziegenmilch roh trinken soll.

Wir wollen hoffen, daß künftig in Hildegard-Höfen Ziegen ihre Heimat finden werden. Die meisten Ziegenhalter bieten auch Ziegenkäse und Ziegenbutter an und wahrscheinlich auch Ziegenfett, welches nach Hildegard besonders heilsam ist. Dagegen ist Bockstalg nur für Medikamente, und nicht als Backfett oder Brotaufstrich geeignet.

Weil das Asthma den allergischen Krankheiten nahe steht, gilt als ergänzende Diät alles, was zur hautfreundlichen Ernährung zählt. Daß wir die Küchengifte bei allen chronisch Kranken peinlich meiden, wissen alle Hildegardfreunde. Bei Erkrankungen der Atemwege (u. Lunge) meidet man zusätzlich noch Nüsse, Erbsen, Blutwurst und Birnen.

Soweit der Bericht von Dr. med. Hertzka. Zur Vervollständigung dieses Themas möchte ich hier noch das Rezept gegen Asthma anführen.

Wacholderbeer-Elixier

"Nimm Wacholderbeeren und doppelt soviel Königskerzen (-kraut) **und Bertram doppelt soviel als Königskerze und koche es in reinem, guten Wein. Dann schütte es in einen Topf und lege rohen, in Stücklein geschnittenen Alant** (wurzel) **dazu. Und so seihe durch ein Tuch und trinke zwei bis drei Wochen lang ein wenig nüchtern. Ebenso kannst du auch nach dem Essen trinken, solange, bis du wieder gesund sein wirst."** (H.S. 263 H.A. 291)

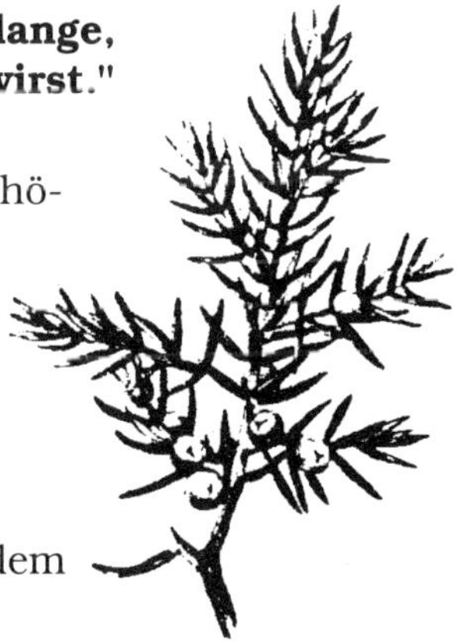

Zur Behandlung von Asthma gehören vier Dinge:

a) Ziegenmilch,
b) die Asthmadiät,
c) das "Asthma-Elixier"
d) allmähliche Loslösung von Cortison.

Nun wenden wir uns wieder dem Thema Haut zu.

Weiteres über die <u>Haut-Diät</u>

Zu meiden sind: Erdbeeren, Pfirsiche, Zwetschken, Porree, Kohl, Rohkost, Schweinefleisch, Wurstwaren, Enten- und Gänsefleisch, Aale, Mineralwasser, Meersalz oder angereichertes Salz, Kunstfette sowie Kunstaromen und die übliche Süßigkeiten.
Erwachsene sollten darüber hinaus 1-2 Mal pro Woche bei Fencheltee und Brot fasten, damit der Körper von seinen Reserven zehren muß, wobei "schlechte Säfte" abgebaut werden.
Schwere chronische Hautleiden und Allergien heilen nicht, solange nicht <u>alle</u> Weizenprodukte radikal durch Dinkelprodukte ersetzt werden!
Eine ebenso wichtige Rolle bei Hautleiden nehmen die (roten oder weißen) **Rüben** (geschält und gekocht) ein. Es soll mindestens 2-3 x pro Woche Rotrübengemüse mit Quendel gekocht, geben. Zur Abwechslung kann man dazwischen auch (Knollen-) Fenchel mit Quendel kochen (dünsten).
Unser Haupt-Hautgewürz aber ist der **Quendel**, den wir, wo es nur paßt, mitkochen, wofür sich die Haut **glatt** bedankt.
Angenehm beruhigend wirkt weiters der Mohn, weil

" das Essen seiner Körner den Schlaf herbeiführt und den Juckreiz unterdrückt."

Er sorgt - roh gegessen - für ruhige Nächte und mindert den Juckzeiz, das unwiderstehliche Kratzbedürfnis. Kindern gibt man 1-2 Eßl. Mohnkörner am besten in eine (fertige) Suppe.

Amethyst

"Wenn ein Mensch in seinem Gesicht Flecken hat, befeuchte er den Amethyst mit seinem Speichel und bestreiche damit sein Gesicht...
Wenn ein Mensch irgendwo an seinem Körper von einer frischen Geschwulst anschwillt, benetze er diesen Amethyst mit seinem Speichel und berühre mit dem also befeuchteten Stein alle Stellen der Geschwulst. Es wird kleiner werden und verschwinden."

Also einen schönen Amethyst anschaffen. Spucke drauf und mit dem so befeuchteten Stein fleißig über die Flecken streichen. In einem - vermutlich leichten - Fall von Neurodermitis genügte allein diese Amethystanwendung. Leider nicht in allen Fällen. Mit "Flecken im Gesicht" könnten auch Muttermale oder andere Hautveränderungen gemeint sein.
Die hautfreundliche Wirkung des Amethysten wird noch mit dem folgenden Gesichtswasser unterstrichen:

"Mache auch noch Wasser am Feuer warm und halte den Amethyst über dieses Wasser, und eine aus diesem Stein ausschwitzende Kraft vermischt sich mit dem (Kondens) Wasserdampf. Leg diesen Stein schließlich selbst (eine Weile) in das Wasser und wasche mit diesem Wasser das Gesicht. Oft getan, wird die Gesichtshaut zart und der Teint schön."

Die Karde

Dipsacus silvestris

"Wenn jemand Ausschläge an seinem Körper hat, dann mische er dieses Pulver (aus Blütenkopf, Blättern und Wurzeln) **mit frischem** (Schweine-) **Fett, und damit salbe er sich, und er wird geheilt werden."**

Diese Distel bringt man fast nicht mehr an, wenn sie einmal im Garten seßhaft geworden ist. Sticht man die unwillkommenen Pflanzen aus, so wehren sie sich, wie junge Katzen. Sie kratzen und beißen. Wehe, man berührt sie mit bloßen Händen, so quält einem mit ziemlicher Sicherheit am nächsten Tag von der Hand bis zum Arm ein toller Ausschlag.
Nur gezähmt läßt sich dieser Wildling zu nützlichen Dingen einspannen. Man muß ihr beißendes Wesen eben mit Kopf und Kragen in heißem Schweinefett auslassen, dann erreicht man bei ihr genau das Gegenteil: Sie leckt die Ausschläge ohne Knurren einfach weg. Man muß ihr dazu natürlich auch die Gelegenheit geben. Also massieren wir diese Hautcreme (Distelsalbe) über dem Hautausschlag ganz sachte ein.

Hildegard fragt nicht, woher der Aussschlag kam und welchen Namen ihm die Mediziner gaben. Sie sagt: Wer Ausschläge an seinem Körper hat, der salbe sich damit und er wird geheilt werden. Wenn sich auch nicht alle Hautprobleme mit dieser Salbe lösen lassen, so kann jedenfalls ein Versuch nicht schaden.

Die Futterwicke
(Vicia sativa)

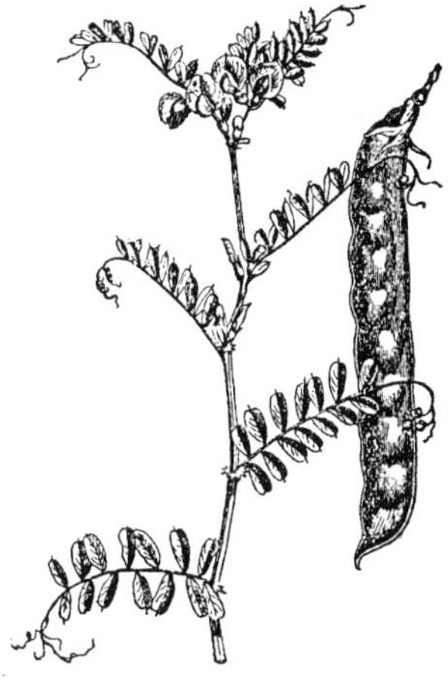

"Wenn das Gewebe zwischen Haut und Fleisch aufbraust, dort gleichsam Räude entstehen läßt, dann soll Wicke in Wasser gekocht und so warm auf die Stelle gelegt werden, und die entstehende Räude verschwindet, die dort von schlechten Säften zu gerinnen begann."

Futterwicken werden von Landwirten großflächig angebaut, daher treten sie - ein Jahr später - als Unkraut auch gerne in Getreidefeldern wieder in Erscheinung. Wild finden wir sie an einmahdigen Wiesen, am Waldrand oder unbeachteten Böschungen.

Dem Hildegardtext nach kommen die warmen Futterwicken-Umschläge bei Furunkel, Karbunkel, Abszeß, Gürtelrose, Bart und Haarflechte, bei Hühneraugen, Warzen und unter Umständen sogar bei Beingeschwüren in Frage. Wo immer sich zwischen Haut und Fleisch schlechte Säfte (Entzündungen, Eiterungen, Schwellungen) erheben und eine "räudige" (faulige) Stelle bilden, kann mit solchen Umschlägen nichts vertan werden.

Bislang weiß ich leider nur, daß diese Umschläge Warzen zum Verschwinden bringen. Sicherer als das Schöllkraut. Dennoch wollte ich diese Mittel anführen, weil es erstens leicht zu beschaffen ist, und schließlich nur dann erprobt werden kann, wenn es den Leuten bekannt ist.

Immer häufiger - Allergien!

Das Thema Allergie wurde bereits in einigen Hildegard-Büchern ausführlich behandelt. Dennoch möchte ich kurz darauf eingehen, da es nun einmal zum Thema Haut gehört.
Allergische Reaktionen können auf die verschiedenste Weise erfolgen. Über die Atemwege - wie z.B. Hausstaub-Allergien, Blütenpollen-A. - oder über den Magen-Darmtrakt, wobei die unterschiedliche Verträglichkeit der Nahrungsmittel eine wesentliche Rolle spielt. Bei manchen Menschen genügt bereits ein Sonnenbad, um sich einen schönen Hautausschlag zu holen.

Diese mimosenhafte Überempfindlichkeit wird bei Hildegard unter die Fieberkrankheiten eingereiht. Das innere Säftegleichgewicht wird gestört und es kommt zu einer Art Schubumkehr, wobei diese (scharfen) Säfte - mit oder ohne merklichem Temperaturanstieg - ausgeschwitzt werden. Das ist dann der Allergie-Ausschlag.
In den meisten Fällen genügt die folgende Behandlung:

"Wer Fieber im Magen hat, koch Psillium (Flohkraut) in Wein, gieße den Wein ab und binde jenes Kraut in einem Tuch warm über seinen Magen und die Fieber werden aus seinem Magen flüchten."
Das Flohkraut bekommt man nicht im Handel, jedoch den Samen (Semen psillii). Man kocht 1 Eßl. Flohsamen in 1/4 l Wein kurz auf, seiht die Samenkörner ab und bindet sich diese über den Magen. Der Wein wird ebenfalls warm getrunken. Er hilft generell gegen Fieber, macht auch ein frohes Gemüt und verhilft dem Gehirn zur Gesundheit, was ja auch nicht schaden kann.

Liegt das Hauptproblem am Hautproblem?

"Ißt jemand Kubeben (Fruct. Cubebae) **so dämpft es jene unwürdige Hitzigkeit, die in ihm steckt. Sie machen seinen Geist fröhlich und seinen Verstand und sein Wissen rein. Denn seine nützliche und mäßige Wärme mäßigt unwürdige Brände der Libido, in der stinkende und sumpfige Geilsäfte schlummern; diese verlodernd klärt er des Menschen Gedankengut."**

Eine unreine Haut kann auch von unreinen Gedanken kommen, denen man eben nicht freien Lauf geben darf. Man wird die Dinge zwar nicht verallgemeinern, zu viele Faktoren spielen dabei mit, aber in manchen Fällen kommen Hautprobleme von geilen Säften, wie Hildegard sie nennt. So können auch Zysten und Myome durch ein zu intensives Sexualleben hervorgerufen werden.

Wird das Fleisch von einer unreinen Geisteshaltung ständig angestachelt und genährt, so helfen oft die besten Hautmittel nicht, weil das Hauptproblem wo anders liegt. Deshalb halte ich es für notwendig, auch auf diesen Passus hinzuweisen.

Keine Sorge: von den Kubeben ist noch niemand impotent geworden und zuviel muß man davon ja auch nicht essen. Schon ein paar Stück am Tag genügen, um die Gedanken ein wenig nach oben zu richten. Damit wäre bereits viel gewonnen, wie uns der Hildegard-Text verheißt.

Schön wie eine Lilie!

Zu einem gesunden Menschen gehört auch ein gesunder Teint. Eine ganze Industrie lebt von diesem allzu menschlichen Wunsch, nach gutem Aussehen und makelloser Haut. Ein besonderes Schönheitswässerchen läßt sich aus dem Saft der Lilie bereiten:

"Wer im Gesicht eine rauhe Haut hat, wie eine Rinde, oder wer dort (eitrige) **Blasen hat oder wer eine schlechte Gesichtfarbe hat, der presse den Saft der Irisblätter aus und gieße ihn in einem Gefäß mit dem Wasser sprudelnder Quellen oder dem von großen Flüssen zusammen. Diese Mischung mache er lauwarm und wasche damit oft sein Gesicht. Das macht die Haut glatt und gibt ihm eine gute und schöne Farbe im Gesicht."**

Madame, was wollen Sie noch mehr? Dieses Schwertlilienwasser bügelt alle Falten und Fältchen glatt und verleiht Ihnen den Zauber eines jugendlichen Aussehens. So werden Sie ungeschminkt am schönsten!

Krebs

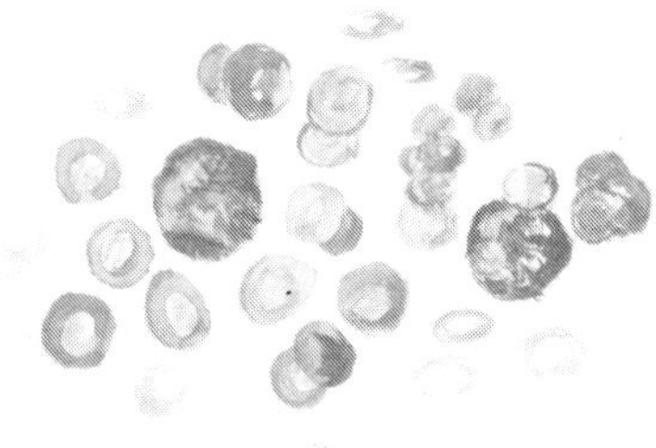

Seit Jahrzehnten forschen Wissenschafter aus der ganzen Welt nach einem Heilmittel gegen das ebenso gefürchtete wie häufige Krebsleiden. Trotz beachtlicher Teilerfolge ist das Problem nach wie vor noch aktuell.

Wenn es stimmt, daß Hildegard ihre medizinischen Aufzeichnungen aufgrund visionärer Schauungen erhielt, woran für mich kein Zweifel besteht, dann müßten wir doch dankbar dafür sein, wenn uns auch in dieser Sache Hilfe zuteil wird.

Im folgenden Kapitel beschäftigen wir uns mit diesem Thema aus der Sicht Hildegards. Ohne es darauf angelegt zu haben, ergab es sich, daß ich Hildegards Krebsmittel einmal fabrizieren und eine erste Erfahrung damit machen konnte. Seien Sie auf Überraschungen gespannt.

Am Stammtisch

So hin und wieder sitze ich bei Kaffee und Zeitung im "Grünen Baum", um ein wenig die Schlagzeilen zu überfliegen und - wie das am Stammtisch halt üblich ist - über die Alltäglichkeiten in der Runde zu plaudern, belanglos und unverbindlich. Wie's dem Schwiegervater jetzt geht, frag ich meinen Nachbarn, von dem erzählt wird, daß er an Kehlkopfkrebs leide und vor wenigen Tagen vom Krankenhaus heimkam? "Schlecht! Wird's nimmer lang schaffen. Sag, Du kennst dich eh ein wenig aus. Gibt's da wirklich nichts?" Hmm! Alle spitzen die Ohren und warten auf mein Zugeständnis, daß man mit Kräutern halt auch nicht alles kurieren kann.
"Wissen tät ich schon, was vielleicht noch helfen könnte, aber dieses Mittel habe ich leider nicht. Ich komme an die Rohstoffe nicht heran."
"Was brauchst? Ich besorg Dir alles, wenn ich meinem Schwiegervater nur helfen könnt! Was fehlt Dir?"
"Ich bräuchte schätzungsweise an die tausend Aale. Eigentlich nur die Galle davon."
"Was? Die Galle vom Aal?"
"Genau!"
"Müss' ma Aale fangen gehen. Oder vielleicht hat einer eine Zucht?
Paß auf: Morgen fahr' i von da Frua (Frühe) meinetwegen bis in die Nacht hinein zu alle Fischer im Salzkammergut und wann nötig, bis zum Neusiedlersee, und i kum (komme) erst hoam, waun i des Zeug hab. Klar?"

So verblieben wir. Daß es der Bursche ernst meinte, war mir klar. Na, wir werden ja sehen.
Der Zustand des Krebskranken war medizinisch aussichtslos. Er wurde zum Sterben nach Hause geschickt. Man kann einem an Kehlkopfkrebs Erkrankten ja nicht den Hals abschneiden. Wie ich erst später erfahren hab', waren die Schleimhäute völlig verwuchert, so daß er nur noch mit einem Strohhalm Nahrung zu sich nehmen konnte. Der ganze Gaumen war deformiert und auch schon die Zunge befallen. Fürchterlich.
Schon um 10 Uhr des nächsten Tages rief mich mein Nachbar an: "Dreimal darfst raten, wieviel Aale ich hab!"
"Keine Ahnung, vielleicht hundert?"
"Den ersten Kübel (Eimer) voll Eingeweide aus den Aalen kannst dir schon holen!"
"Das darf doch nicht wahr sein! Von wo sprichst Du? Wo bist Du? Ich komm' sofort!"
Unglaublich: Ein Fischer am Attersee hatte gerade 3000 Aale aus der Nordsee importiert und etwa die Hälfte bereits verarbeitet. Von den restlichen können wir ohne weiters die Innereien haben: ca. 1500 Aalgallen! Welch ein Zufall?

In der "Hexenküche"

Nun ging es in meinem Kopf wie in einem Bienenstock zu. Zuerst brauche ich ein paar Wegwerfspritzen, um die Gallenblase punktieren zu können. Danach verwandelte sich der Packtisch in eine Schlachtbank. Zu zweit entzogen wir in stundenlanger Arbeit einer Gallenblase nach der anderen ihren wertvollen Inhalt. Die giftgrüne Flüssigkeit kam in kleine Fläschchen. Nach ein paar Tagen kam endlich der letzte Eimer voller Aaleingeweide an die Reihe. Alles in allem sammelten wir dabei etwa 500 ml reine Aalgalle!

In weiser Voraussicht hatte ich mir die Schnäbel der vor Jahren importierten Geier (wäre heute nicht mehr möglich) aufbewahrt. Das "Geschabsel" vom Geierschnabel ist nämlich der zweitwichtigste und ebenso schwer zu besorgende Rohstoff für das Hildegard-Krebsmittel. Also verschwand ich im Keller und feilte an der Werkbank am Geierschnabel, den Atem anhaltend, um kein Stäubchen zu verpusten. Auf einem Blatt Papier trug ich den kostbaren Staub zur Waage. Könnte reichen! Mit einem elfenbeinernen Armreifen bewaffnet kam ich erneut an die Werkbank, dieses Material ist die dritte Wirkstoffkomponente, wie wir noch hören werden. Wiederum begann ich zu feilen und fast zeremoniell sammelte ich die feinen Elfenbeinspäne für das Krebsmittel.

Dann noch ein paar Gewürze in Apothekermanier peinlichst genau auf die Waage bringen, und nun kann's losgehen. Ich wollte bei dieser Tätigkeit ungestört sein und verlegte die eigentlich Zubereitung des Krebsmittels auf die Abendstunden. Da kam ich mir denn doch wie in einer Hexenküche vor: Zur giftgrünen Galle im Topf gab ich die Späne von Elefantenstoßzähnen und Geierschnabel hinzu und kochte das Ganze. Alltäglich ist das also wirklich nicht. Hinzu kamen noch Feinstpulver von heilsamen Gewürzen und ein Schuß schärfsten Essigs. "Gottlob, daß mir dabei keiner zusieht! "Diese "Uraufführung" hielt mich in Spannung. So, jetzt nur noch mit Wein aufgießen und fertig ist der Zauber.

Am nächsten Tag übergab ich dem Schwiegersohn des Krebspatienten ein Steingutfläschchen mit jener Flüssigkeit, von der Hildegard sagt, daß davon die “Würmer” sterben.
An diese Begebenheit denke ich jedes Mal, wenn ich den Landwirt, zumeist mit einer Zigarette im Mundwinkel, auf dem Traktor fahrend, sehe. Jener Mann war es nämlich, dem ich damals das Fläschchen bringen ließ. Ich glaube, er hat das gar nicht so recht mitbekommen.
Inzwischen sind schon über acht Jahre vergangen. Er weiß natürlich nicht, wie sehr ich mich jedes Mal freue, daß ausgerechnet "er" noch lebt.
Solche Erlebnisse haben meinen anfänglich mörtelweichen Glauben an die Hildegard-Medizin zu einer felsenfesten Überzeugung werden lassen.

Das Milieu entscheidet!

In der Regel ist es so: Sie gehen zum Arzt und dieser verschreibt Ihnen - angenommen - irgendwelche Pillen. Davon sollen Sie nun 3 Mal täglich eine einnehmen. Also nehmen Sie in blindem Gehorsam 3 Mal täglich diese Pillen brav ein. Ich kenne Leute, die schon über ein Jahrzehnt einmal verordnete Pillen nach wie vor brav einnehmen, ohne eigentlich zu wissen, wofür. Das nenne ich blinden Gehorsam. In der Naturheilkunde, speziell bei Hildegard, ist das anders. Wir bemühen uns, eine Sache so klarzulegen, daß die Menschen von sich aus die richtige Entscheidung treffen können. Nicht blinder Gehorsam ist am Platz, sondern Sachkenntnis. Das gilt ganz allgemein für dieses Buch, insbesonders auch bei unserem jetzigen Thema.

Wenn wir begreifen wollen, wieso Krebs entsteht, dann müssen wir ganz kurz einen Blick in die Welt der Mikroorganismen machen. Louis Pasteur war hier ein Vorreiter. Er empfahl z. B. das Erhitzen von Milch und anderen Dingen, um Keime abzutöten, denn "die gefährlichen Keime lauern in der Luft und können den Organismus jederzeit befallen!" Ihm zu Ehren nannte man diesen Vorgang pasteurisieren. Weniger Nachahmung fand hingegen der berühmte Satz, den er am Sterbebett sagte:

> "Le microbe nést rien, cést le terrain qui est tout."
> (Die Mikrobe ist nichts, der Nährboden ist alles.)

Trotz dieser Aussage tobt bis in unsere Tage ein Mikrobenkrieg. Wo immer man sie vermutet, dort müssen sie sofort ausgerottet werden. Mit falschen Mitteln, wie bezeichnender Weise aus dem Namen Anti-bio-tika ersichtlich wird.

Etwas überspitzt formuliert könnte man sagen: Der im feucht-stickigen Keller aufbewahrte Laib Brot muß "3 x tägl." mit Antibiotika besprüht werden, damit sich der Schimmel nicht noch weiter ausbreiten kann. Bewahrt man hingegen das Brot in einem trockenen und luftigen Raum auf, so stellt sich das Problem der Schimmelbildung gar nicht ein. Mit anderen Worten: Man muß das Augenmerk auf das Milieu richten.

Noch ein kleines Beispiel:
Wenn wir in ein Museum gehen, so sehen wir teilweise sehr gut erhaltenen Gegenstände aus längst vergangener Zeit. So ist zum Beispiel ein uraltes Buch tadellos erhalten. Wieso? Weil man schädliche Einflüsse möglichst fern hielt. Hingegen verrottet die heutige Tageszeitung innerhalb kürzester Zeit, wenn wir sie in den Kompostbehälter werfen. Unsere Formel ist also sehr einfach:

1. Alles ist vergänglich
2. Die Gesundheit (u. Lebensdauer) hängt vom Milieu ab.

Der Zeitung im Heimkomposter geht es eben den Umständen entsprechend und der alten Bibel im Heimatmuseum auch. Das eine "erkrankt", das andere bleibt "gesund", je nach Milieu.

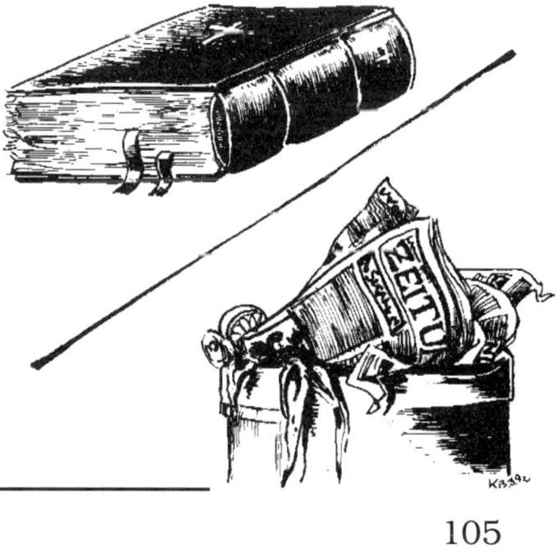

Die schlechte Mischung

Wenn Hildegard von Würmern und Würmchen spricht, so sind damit Bakterien, Viren, Keime und dergleichen gemeint. Es ist garnicht so einfach, die von Hildegard benützten Begriffe zu verstehen. Die richtige Übersetzung ergibt sich jedoch aus der Entstehungsgeschichte. Hiebei geht sie immer von der Säftelehre aus. Zugegeben, das ist keine klangvolle Bezeichnung. Man könnte sie aber genausogut Milieulehre nennen, denn sie geht von den vier Säften aus, die der Mensch aus den vier Elementen hat.

Wenn bei jemandem diese vier Säfte im richtigen (Mischungs-) Verhältnis stehen, dann ist dieser Mensch gesund, sagt Hildegard. Kippt hingegen dieses Verhältnis in eine Dyskrasie, in eine schlechte Mischung, so entstehen je nach dem Gemisch, ganz bestimmte Krankheiten! Im Grunde genommen sind solche Aussagen eine Sensation.

Warum? Weil bis heute niemand in der Lage ist, so etwas vorherzusagen! Schlagen Sie ein x-beliebiges Gesundheitslexikon auf und Sie werden immer wieder lesen: "Die Ursache dieser Krankheit ist noch unbekannt."

Hildegard sagt hingegen ganz konkret voraus, welches Leiden durch welche Mischung entsteht! Das ist eine klassische Milieulehre!
Fische fängt man nun mal im Wasser, in ihrem Milieu, und nicht auf trockenem Boden. Jene hätten also die Nase vorn, die ihre Köpfe in eine Milieuforschung stecken würden. Ein noch völlig unbedachter Nebeneffekt dabei wäre eine bislang noch völlig unbekannte, aber enorm effiziente Präventivmedizin; eine Gesundheitsvorsorge, von der wir heute nur träumen können.

Wie kommt die Made in den Speck?

Gesunde Säfte - gesunder Mensch! So könnte man eine der wichtigsten Grundregeln Hildegards auf den Punkt bringen. Damit ist ein intaktes Immunsystem inbegriffen. Demnach müßten wir weniger nach speziellen Abwehrkräften, seltenen Vitaminen und Spurenelementen aus sein, sondern auf ein gesundes Stoffwechselmilieu achten.
Aus verschiedenen Textstellen bei Hildegard kann man den Schluß ziehen, daß Mikroorganismen allein aus dem Milieu hervorgehen. Genau das hält die Wissenschaft aber für unmöglich. Ohne Ei kein Huhn! Für alle höheren Lebewesen ist dies schon richtig, aber bestimmte Mikroorganismen entstehen ganz von selbst, wenn sie die geeigneten Milieubedingungen vorfinden. Wir werden dies anhand der Krebsviren beweisen und auch erklären, wie das geht! Ansätze zu dieser Auffassung liefert Hildegard zur Genüge. Zwei Textstellen mögen dafür gelten:

"**Schmutz und Fäulnis fließen** (durch den Regen) **in das Innere der Erde herab. Daraus wachsen dann in ihr die giftigen Würmer, wie denn auch Würmer aus der Wundjauche des Menschen in ihm entstehen (!).**" (H.S. 60)
Oder: **"Wenn aus den schädlichen und schlechten Säften, die wie Gift im Menschen wirken, Würmer hervorgegangen sind."**

Wie entsteht Krebs?

Was sagt Ihnen diese Stelle aus dem Lehrbuch Hildegards?

"Von den Krämpfen.
Solche Menschen, die entweder zu fett oder zu mager sind, besitzen oft einen Überfluß an schlechten Säften, weil sie die richtige Beschaffenheit und das mittlere Verhältnis der Säfte nicht in sich haben. So erheben sich denn zuweilen schlechte Säfte vom Herzen, der Leber, der Lunge, dem Magen und den Eingeweiden aus, gelangen zur Schwarzgalle, lassen diese aufdampfen und im Menschen einen ganz schlimmen Schleim entstehen. "

Ohne "Erleuchtung" käme wohl kein Mensch auf die Idee, hinter diesen Worten die exakte Vorgeschichte des Krebs zu vermuten. Dr. Hertzka hatte eines Tages diesen Lichtblick, obwohl er diese Textstelle schon viele Male gelesen hatte, ohne sich etwas Besonderes dabei zu denken. So ist das bei Hildegard. Man liest von Säften und Schleim, von Würmern und Läusen und kann damit nichts anfangen. Mittelalterliches Geplänkel mit medizinischen Vorstellungen, die längst überholt sind, denkt mancher. Ich würde sagen, eine versiegelte Schrift. Jetzt, da Hertzka dies erkannt hat, ist alles sonnenklar.
Damit es jeder Laie versteht, vereinfachen wir die komplizierten Vorgänge im menschlichen Organismus. Eine Hilfe dabei wird uns sein, daran zu erinnern, daß sich bis heute die Mediziner nicht erklären können, warum das körpereigene Immunsystem die Krebsgeschwulst nicht bekämpft. Die Antwort ist einfacher als jedermann vermutet. Ich formuliere hier mit eigenen Worten, was uns

Dr. Hertzka im Rahmen eines Seminares dazu sagte: Es werden Eiweißkörper vom Herzen, der Leber, der Lunge, dem Magen und den Eingeweiden abgegeben und miteinander verbunden. "Erheben" schreibt Hildegard. Geklont würde man heute sagen. Eine Klonung aus den lebenswichtigen Organen wie Herz, Leber, Lunge, Magen und Darm ergibt ein autarkes Lebewesen! Die zusammengeklonten Eiweißmoleküle haben vom Herz den nötigen Kreislauf, von der Lunge die nötige Atmung und vom Magen- und Darmeiweiß den Stoffwechsel. Es ist körpereigenes Eiweiß, weshalb das Immunsystem nicht eingreift. Diese Minibausteine sind autark, also lebensfähig, obwohl sie viel kleiner sind, als eine Zelle.

Hildegard schildert, welche Wege dieser Schleim (Eiweißkomplex) im Körper einschlägt und daß er vorerst harmlos ist. Eben im präekancerösen Stadium, welches sie "Vicht" nennt. "**Es hat den Lebensgeist** (noch) **nicht, zeigt sich aber wie Knospen."** (Herde!) Der kalte Knoten ist also noch nicht virulent. Gefährlich wird er erst nach einer weiteren Entwicklungsphase, nach dem sogenannten Krebssprung. Nun sehen wir uns den gesamten Hildegardtext dazu an:

Hildegards Krebsgenese

"Solche Menschen, die entweder zu fett oder zu mager sind, besitzen oft einen Überfluß an schlechten Säften, weil sie die richtige Beschaffenheit und das mittlere Verhältnis der Säfte nicht in sich haben. So erheben sich denn zuweilen schlechte Säfte vom Herzen, der Leber, der Lunge, dem Magen und den Eingeweiden aus, gelangen zur Schwarzgalle, lassen diese aufdampfen und im Menschen einen ganz schlimmen Schleim entstehen. Es ist etwa so, wie zu-

weilen bei einem stehenden, nicht fließenden Gewässer fauliger Schlamm das Ufer überwuchert und überschwemmt. Dieser Schleim gelangt nun entweder an den Magen oder zwischen die Eingeweide oder auch an irgendeine andere Stelle zwischen Haut und Fleisch, bleibt dort haften und quält den Menschen mit vielem Ungemach, als bisse er und fräße er an ihm. Er hat aber den Lebensgeist nicht, der nötig ist, den Menschen anzubeißen, sondern nur eine Art von herber Bitterkeit. Es zeigen sich in ihm sozusagen Knospen, und er liegt im Fleisch wie die Made im Fleisch (Speck). In einzelnen Fällen streckt er sich auch in die Länge, dann wieder zieht er sich kugelig zusammen, wie ein Eidotter ist, und liefert manchmal eine Art von Schaum, der sich durch den ganzen Körper hin verbreitet und dem Menschen Schmerzen macht."

Der "Krebssprung"

"Wenn dieser Schaum einmal den Magen durchdringt, läßt er eine Art von Würmern hervorsprudeln, und ebenso verursacht er im Fleisch das Wachstum einer Art sehr bösartiger, dünnleibiger Läuse (=Virus). ***Da, wo der Schleim im menschlichen Körper liegt, wachsen aus dem eben erwähnten Schaum zuweilen äußerst dünne Würmchen,*** **welche Speckmaden genannt werden, wie auch manchmal kleine Würmchen in solchem Wasser aufkommen, das an einer Stelle steht und nicht fließt. Bleiben dann solche Würmchen im Menschen zurück und verlassen ihn nicht wieder, so schaden sie ihm sehr."**

(H.S. 237, 238)So entstehen also Mikroorganismen! Die schlechten Säfte aus Herz, Leber, Lunge etc. bilden einen zähen "Schleim", den Hildegard mit dem Schlamm ste-

hender Gewässer vergleicht. Wer jemals einen Tropfen Wasser aus einem Tümpel unter dem Mikroskop betrachtet hat weiß, daß sich darin allerlei Lebewesen befinden. So auch in diesen Säften. Diese kleinen Wesen jucken und beißen zwar schon ganz schön, stellen aber vorerst weiter nichts an. Durch eine Art Überschwemmung gelangen diese Kollagen zu den verschiedensten Stellen in unserem Zwischengewebe.
Wo immer sich auch solche klebrigen Pfützen gebildet haben, sie bilden später die ebenso berühmten wie gefürchteten Geschwulstherde. An diesen Stellen bilden sich nicht nur die Geschwülste, dort siedeln sich auch die Ableger (Metastasen) an. Hildegard verwendet dafür den treffenden Ausdruck Knospen. Auch die verschiedenen Krebsformen werden bereits geschildert, ihr Aussehens und ihre Verhalten beschrieben. An sich eine Sensation, wenn man bedenkt wieviele Wissenschafter nach jahrzehntelanger Forschung noch immer weit von diesen Erkenntnissen entfernt sind!
Der Krebssprung: Aus diesem sumpfigen Milieu entstehen über Nacht auf einmal gefährliche Krebsviren. Hildegard nennt sie "allerkleinste Würmchen", ohne jemals in ein Mikroskop geblickt zu haben. Unter ganz bestimmten Bedingungen (Wirtesystem?) gelangen diese Stoffe aus dem Zwischengewebe in den Magen und Darm. Dort verwandeln sich die harmlosen Lebewesen zu tödlichen Krebsviren. Sie werden sozusagen im Magen geboren und verursachen im Fleisch <u>eine Art Wachstum</u>. Nun sehen wir klarer: Die Zellen teilen sich und teilen sich...

Die verschiedenen Veranlagungen für Krebs:

Typ 1 **"Es gibt Menschen von grazilem Knochen- und Gliederbau, mit dünnen Gefäßen, aber fettem, gesundem und gut entwickeltem Fleisch, das weder zu sehr verschlossen noch zu durchlässig ist. Sie haben volles Mark von der richtigen Wärme und deshalb auch eine vollwertige und leistungsfähige Gesinnung, allerdings hier und da etwas zur Prahlerei geneigt, und sind leicht zu beeindrucken und zartfühlend. Weil sie ein so volles Mark besitzen, haben sie auch ein dichtes, aber zartes Fett, weiß, gesund und frei von Ungeziefer. Scheidet aber dieses Fett einmal Schweiß aus, so läßt dieser Schweiß an der Außenseite der Haut vereinzelt Läuse entstehen und ernährt sie."**

Die grazilen Damen und Herren mit der makellosen Haut - frei von Ungeziefer - neigen also zu Hautkrebs. Dieser entsteht und lebt vom körpereigenen Schweiß. Hildegard nennt mehrere Mittel zur Behandlung dieser Krebsform. Bekannt dafür ist die Veilchensalbe. (Man wundert sich, mit welch einfachem Mittel ein scheinbar so schweres Leiden zu behandeln wäre!)

Typ 2 **"Andere Menschen aber haben grobe Knochen, plumpe Gliedmaßen und dicke Gefäße, dagegen nur mäßig entwickeltes und nicht sehr warmes Mark und, wegen der Schwäche ihres Markes, nur einen mäßigen Verstand, sind gefräßig, essen oft, können auch eine kurze Zeit gewaltig arbeiten, aber bei der Arbeit nicht lange aushalten. Denn ihr Fleisch ist ziemlich durchlässig, gewissermaßen lauwarm, und ihre Gefäße sind reichlich eng. Weil sie ein**

mageres Mark haben, ist auch ihr Fett um so dünner und schwächer. Wenn solche Menschen einmal schwitzen, dringt der Schweiß rasch durch das Fleisch hindurch, weil es ziemlich durchlässig ist, und erzeugt so im Fleisch eine Menge Läuse, die unmäßig aus dem Menschen hervorquellen. Solche Menschen sind aber nicht sehr schwächlich und können eine ganze Zeitlang leben." (H.S. 239)
Grobe Knochen, mäßiger Verstand, gefräßig, leicht schwitzend und bei Schwerarbeit rasch müde, da könnte ich mich durchaus betroffen fühlen. Wenn unsereins diese Läuse überfallen, dann kommt es gleich zu einer Invasion, womit massive Tumorbildungen gemeint sind.

Typ 3 **"Noch andere Menschen haben derbe Knochen und Gliedmaßen und dicke Gefäße, dabei festes, fettes Mark. Weil ihre Knochen mit heißem Mark gefüllt sind, wie auch wegen der Dichte, Fettigkeit und Menge des Markes sind solche Leute klug und rechtschaffen. Ihr Fleisch ist kräftig, ziemlich derb und wenig durchgängig, weil es von straffen Gefäßen umschnürt wird. Denn wie bei cinem Netz die einzelnen Fäden miteinander verbunden sind, so hängen auch die Gefäße im ganzen menschlichen Körper untereinander zusammen. Weil bei diesen Menschen das Fleisch ziemlich kräftig und hart ist, liefern sie nur wenig und dünnen Schweiß, weil dicke und kräftige Gefäße ihr Fleisch so umgeben, daß sie nur wenig Schweiß ausscheiden können. Durch die große Menge wie auch die Wärme des Markes und das Übermaß an Säften in ihnen und weil sie nicht austreten können, wird das Fett in ihnen ein wenig in die Röte des Blutes gewandelt und ist schwach und nicht gesund. Dann**

wachsen in ihm reichlich Läuse, die durch das Fleisch nicht nach außen kommen können, sondern in dem Fett verbleiben und dies allerorts durchbohren und verzehren. Als Folge davon haben diese Menschen in ihrem Leibe viele Schmerzen und wissen nicht, weshalb sie leiden. Sie sind (dann) träge, haben an nichts Freude, essen wenig und leiden oft an Anfällen von Herz- und Körperschwäche, haben auch eine bleiche Gesichtsfarbe, die aber mehr grün wie wachsfarben erscheint. Solche Menschen können nicht lange leben, sondern sterben früh, weil ihr Fett, wie eben auseinandergesetzt wurde, inwendig von Läusen vertilgt wird."

Letztlich kann also jeder Mensch an Krebs sterben. Der zuletzt beschriebene, gesetzte Typ mit festem Fleisch, schwitzt nach innen. Wenn alle Faktoren beisammen sind, die den Läusen die Lebensbedingungen schaffen, dann verzehren sie das Fett. Die Betroffenen magern ab, werden blaß und träge und wenn ihnen nicht zu Hilfe geeilt wird, müssen sie sterben.
Krebs ist demnach keine neue Krankheit, die erst in unserer Zeit in Erscheinung trat. Es hat ihn schon immer gegeben und kein Mensch ist gefeit davor. Deshalb muß nicht gleich jederman daran sterben. Bei vielen Menschen kommt diese Krankheit, trotzt der grundsätzlichen Veranlagung dazu, nie zum Ausbruch. Also kann man sie, sei dies bewußt oder unbewußt, verhindern oder fördern. Bei der Suche nach der Ursache zur Krebsentstehung gibt uns Hildegard völlig neue Denkanstößе.

Fassen wir nochmals kurz zusammen:
Schlechte Säfte erzeugen **zwischen Haut und Fleisch** Läuse, womit Krebsviren gemeint sind.

Typ 1: Schweiß erzeugt **auf der Haut** Läuse

Typ 2: Schweiß erzeugt **im Fleisch** Läuse.

Typ 3: Schweiß erzeugt **im Fett** Läuse.

Bei allen Typen ist ein krankhaftes Kondensat Mitursache für den Krebs. Ganz allgemein sind es schlechte Säfte. Demnach wäre es ratsam auf gesunde Säfte und gesunde Schweißabsonderung Wert zu legen.
Bezüglich des Milieus schreibt Hildegard: "**Sie besitzen einen Überfluß an schlechten Säften, weil sie die richtige Beschaffenheit** (Mischung) **nicht in sich haben.**"

Und nun passen Sie gut auf, was Hildegard über das Schröpfen sagt: "**Schröpfen ist zu jeder Zeit gut und nützlich, damit die schlechten Säfte und Schleime, die sich im Menschen befinden, vermindert werden.**"

Werden endlich Zusammenhänge sichtbar? Regelmäßiges Schröpfen wäre eines der besten Vorbeugungsmittel gegen Krebs! Doch fast niemand machts, weil's in unserer modernen Zeit nicht "in" ist. Mehr dazu im Kapitel Schröpfen.

Eine weitere Ursache für die zeitliche Vorverlegung dieser Krankheit ist unter anderem auch die Krebsangst. Alle haben Höllenangst vor Krebs, jedoch keine Angst (mehr) vor der Hölle. Angst schwächt das Immunsystem und verändert die Magensäfte. Angstschweiß ist daher ein beinah gesundheitsschädigender Schweiß.

Der Schlangenwind

In alten Bauernhäusern, die zumeist ohne Bodenisolierung errichtet wurden, erkennt man an den Bodensteinplatten jeden Witterungsumschwung. Wird das Wetter schlecht, dann beschlagen sich diese Platten mit Kondenswasser. Sie schwitzen. In schlecht belüfteten Räumen kommt es im Laufe der Zeit auch am Mauerwerk zu einer Schimmelbildung. Nun läßt uns ein Satz in Hildegards "Notizbuch" aufhorchen:

"Dieser "Schlangenwind" berührt die Lenden; ist er in feuchter Luft übermäßig feucht, dann bewegt er die Säfte in der linken Seite und in den Lenden; dort entstehen (dann) **Würmer und Läuse in den Eingeweiden."**
(BF 28)
Salopp gesagt bedeutet dies: Extrem feuchtwarme Schwüle erhöht das Krebsrisiko, ja läßt Krebs entstehen! So, wie der Schwamm im alten Gemäuer von dieser Feuchte entsteht, so entstehen die "Krebshefen" im Menschen. Zuerst sieht man nur schwarze Pünktchen in der Mauer. Beim Krebs fängt es auch mit so kleinen Knospen an. Das Gemeinsame dabei: eine ungesunde Feuchtigkeit, ein muffiges Kondensat oder Schwitzwasser.
Schwammerlsucher kennen das Schwammerlwetter. Wenn Wärmegewitter niedergegangen sind und es im Wald vor Feuchtigkeit nur so dampft, ja dann wachsen die lieben Eierschwammerl. Aber leider nicht nur im Wald. Auch an den Wänden des alten Gemäuers, am Baumstumpf und im Menschen. Nur nennt man das Gebilde beim Menschen nicht Schwamm, sondern Krebs. Bei so schwülem Wetter schwitzt man bekanntlich auch

ohne viel zu arbeiten. Nun kommen die Säfte in Bewegung! Aha, jetzt beginnt sich "Schwamm" zu bilden, weil wir keine Fenster zum Lüften haben, um diese drückende Schwüle und Feuchtigkeit in uns abzubauen. Deshalb atmen wir schwerer. Ältere Menschen ringen nach Luft. Trockene Luft müßte man kriegen...
Vergleichen wir die Lebensgewohnheiten früherer Generationen mit unserer modernen Freizeitgesellschaft, so fallen uns gravierende Unterschiede auf.
Was tun die Menschen heute, wenn es schön heiß ist? Sie gehen auf Urlaub, essen und trinken, was ihnen beliebt und dann liegen sie bei der größten Glut in der prallen Sonne.
Uralte Linden, Kastanien oder andere Schattenbäume zeugen von den Gewohnheiten früherer Generationen. Sie saßen an solchen Tagen im Schatten, verlegten die Arbeit auf die frühen Morgen- und kühleren Abendstunden und aßen karg. Vielleicht ist diese Veränderung der Gewohnheiten mit ein Grund für die heutige Krebshäufigkeit?
Nach Hildegard spielen aber auch die veränderten Umweltbedingungen eine Rolle, insbesondere die Radioakti vität, wie im Buch "Der Mensch in der Verantwortung" zu lesen ist. Weiters die ganze Chemie, die es so früher nie gegeben hat und welche heute von der Tierhaltung (Wachstumshormonc) bis zum fertigen Nahrungsmittel unser ständiger Begleiter ist.
Früher war der Krebs - auch Auszehrung genannt - eine Art Alters-

erscheinung. Wenn der Baum alt geworden ist, wird er eben morsch. Dr. Hertzka sieht weiters eine Ursache darin, daß heute die Kleinkinder keinen Fieberschweiß mehr produzieren, weil jedes kleine Fieber gleich mit Antibiotika kaschiert wird. Ein bedenklicher Faktor, dem viel zu wenig Beachtung geschenkt wird.

Vier Phasen Wirkung

Geht es Ihnen auch so? An sehr heißen Tagen will man gar kein warmes Essen. Am liebsten ist mir da eine Essigwurst. Ist es nicht ein Signal des Organismus, hier das Richtige zu tun?
Früher wurde noch beim Kalken der Wände Essig beigegeben. Es desinfiziere, verhindere die Schimmelbildung und reinige die Luft, hieß es.
Nun lesen wir bei Hildegard, wie das Krebsmittel wirkt: In vier Phasen wird diesen Würmern der Garaus gemacht: Die Aalgalle **schwächt** die "Läuse", die Wärme des Essigs **zermürbt** sie, die Wärme und Trockenheit des Elfenbeins läßt sie **verdorren** und der Geierschnabel **tötet** sie mit seinem Gift.
Essen wir an schwülen Tagen getrost eine unbiologische Essigwurst, als in uns biologische Würmer entstehen zu lassen. Der Essiggeschmack soll aber nicht vorschmekken. Hildegard-Freunde verwenden natürlich den Weinessig, weil dieser - nach Hildegard- besser ist, als Essig aus anderen Rohstoffen.

Das Amethyst-Dampfbad

Nach all den vermutlich völlig neuen Aspekten über die Krebsentstehung gewinnt die Schweißbehandlung im Dampfbad einen neuen Stellenwert. Demnach darf es uns nicht wundern, wenn wir bei Hildegard ein Krebsmittel finden, welches über die Schweißregulation einwirkt. Es fand bisher - vermutlich mangels Beachtung der so deutlichen Hinweise auf das Schweißverhalten - keine Anwender. Wir lesen im Edelsteinbuch von Dr. Hertzka:

"... Die Brüsseler und offenbar auch die Wolfenblütteler Handschrift fügen hier noch eine Amethystwirkung an, die ich nicht auslassen möchte, weil sie von den 'Läusen' handelt. Eine Stelle im Medizinlehrbuch Hildegards (C&C) erklärt die 'Läuse' als gracillimi vermiculi, als allerkleinste Lebewesen und zwar in eindeutigem Zusammenhang mit der Bildung der Krebsviren im Menschen. Es spricht viel dafür, daß auch diese Stelle nicht nur die Läuse an sich, sondern die 'Läuse' im Körper, die Verkrebsung, meint. Es heißt da:
Ein Mensch, der sehr viele pediculi hat, lege einen Amethyst fünf Tage lang in kaltes Wasser, und nachdem er den Stein herausgenommen hat, wärme er das Wasser am Feuer und halte ihn (den Amethyst) darüber, damit sich (das Kondenswasser) diesem Wasser beimische, und dann lege er ihn auch noch schließlich für eine Stunde in dieses Wasser und nehme ihn dann wieder heraus. Mit diesem Wasser mache er ein **Dampfbad**, betrete den Baderaum und lasse sich von dem Wasser(dampf) durchnässen, in dem der Amethyst gelegen hatte. So wird er durch die Kraft des Steines durch vier oder fünf Wochen von den Läusen (pediculi) frei. Wenn er wieder pediculi (Läuse) in sich oder an sich bemerkt, mache er das wieder, und sie werden verschwinden.
Die perdiculi wachsen nämlich vom kranken Fett und krankhafter

Feuchte des Schweißes, und darum muß dieser Stein, der keine schädliche Feuchte in sich hat, in das Wasser gelegt werden, damit dieses Wasser mittels Kraft und Wärme des Steines durch ihn wirksam werde... (Basler Ausgabe, Cap. 4-15, A8)
Krebs oder Läuse - oder beides, das ist hier die Frage! Wenn wir uns die Entstehungsgeschichte der Hildegardmedizin und auch dieses Steinbuches vor Augen halten, so wurde Hildegard der Perdiculi-Text im wesentlichen so "diktiert", wie er da steht. Und Hildegard hat ihn niedergeschrieben. Die Visionärin hatte sicher keine Ahnung vom Doppelsinn und der Doppelbedeutung für die Krebskrankheit, so wenig wie sie eine Ahnung hatte von der Krebskrankheit, als sie jene andere Perdiculi-Stelle im Lehrbuch niederschrieb.
Gewiß ergibt dieser Text auch einen Sinn für die "Läuse außen am Körper" und wäre in diesem Sinne leicht nachprüfbar. Auch die Wiederholung schon nach fünf Wochen kann im Sinne der Bekämpfung der neu ausgeschlüpften Läuse-Eier (Nissen) verstanden werden. Genausogut könnte aber auch eine neue Krebsviren-Generation in dieser Zeit sich entwickelt haben, "im Inneren", wie es im Text heißt."

Soweit ein Auszug aus dem Edelsteinbuch von Dr. Hertzka. Also für mich ist klar: Das Amethyst-Dampfbad ist eindeutig ein Mittel gegen Krebs, und dazu noch so einfach. Es paßt haargenau in die Krebsgenese. Auf demselben Weg, wie das kranke Fett durch die krankhafte Feuchte (Schweiß) entartet, werden die Wirkstoffe durch künstliche Feuchte (Dampf) und künstliches Schwitzen zu diesen Stellen geführt. Der Text: Man "lasse sich von diesem Wasserdampf durchnässen" weist darauf hin, daß die Wirkung über das Einatmen des Amethystdampfes erfolgt. Über den Atem gelangt der Wirkstoff auf dem arteriellen Blutweg in jede Zelle des Körpers. Die Saunahitze läßt uns innerlich "aufkochen" und den Schaum ausschwitzen. Auf diese Weise wird man die anhänglichen Fettschmarotzer also los.

So wird's gemacht:

Man besorgt sich einige rohe Amethyst-Halbedelsteine und legt sie z. B. am Montag morgen in ein mit ca. 10 Liter normalem Leitungswasser gefülltes Gefäß. Zudecken, damit keine Verunreinigungen dazukommen können. Nach fünf Tagen, also am Samstag morgen, nimmt man die Halbedelsteine heraus und stellt den Topf auf den Herd. Wenn das Wasser zu "rauchen" beginnt, also fast kocht, hält man die Amethyste über diesen Dampf, damit sie sich (mit Kondenswasser) beschlagen und diese Tröpfchen in den Topf fallen. Das macht man 10 -15 Minuten lang. Anschließend legt man die Amethyste noch eine Stunde in das heiße Wasser hinein, zieht aber den Topf vom Herd weg, weil es weiter nicht mehr erwärmt zu werden braucht.

Nun muß dieses Wasser in einem dafür geeigneten Raum verdampft werden. Ideal wäre ein kleiner, warmer Raum, in dem man das Wasser auf einem (E-) Herd zum Kochen bringt. In dieser "Waschküche" läßt man sich dann etwa eine halbe Stunde so richtig einnebeln.

Man kann das an 2-3 Tagen hintereinander machen und dann ein Monat mal abwarten, bevor wir das Ganze nochmals wiederholen.

Dazu ein Kommentar von Dr.med Hertzka:

"Welch ein Arzt kennt nicht das lähmende Gefühl der Ohnmacht, wenn er machtlos dem Verhungern eines Krebskranken zusehen muß? Die sogenannte Auszehrung der Krebskranken ist zumeist ein Verhungern vor der vollen Schüssel. Warum verhungern? Weil die **Per**diculi, jene verdammten Läuse, wie diese Viren bei Hildegard heißen, sein Fett verzehren, seine Polsterstoffe und Nahrungsreserven. Ich nenne diese allerkleinsten Würmchen" darum **Per**diculi, das heißt die kleinen Verderber (von p**er**dere d.h. verderben). Daß es ein virusartiges, lebendiges Eiweiß sein muß, geht aus der Schilderung bei Hildegard eindeutig hervor. Ihre Beschreibung ähnelt in manchem den Beobachtungen des seinerzeit recht bekannten Krebsforschers von Brehmer.

Der Hildegardtext kommt zweimal auf die Entstehung der Tumore zu reden; einmal beim Brustkrebs, den es schon immer gab und der auch bei Hildegard Krebs heißt (CC 154,20 ff) bzw. in der deutschen Übersetzung v. H. Schulz, Basler Ausgabe (Seite 233 u. 237). Gleiche Entstehungsvorgänge lassen auf ähnliche Krankheiten schließen. Das hat sich bestätigt. Die Perdiculi/ Läusekrankheiten sind die innerlichen Krebsformen, der Krebs die bekannte Entartung der weiblichen Brustdrüse.

Das Anfangsstadium, die Vorkrebskrankheit, bei Hildegard Vicht genannt, ist ein in der Arztpraxis gar nicht so seltenes Krankheitsbild, wenn man darauf aufmerksam gemacht wird. Anfallsweise Herzbeschwerden - für welche kein Arzt oder Apparat eine Erklärung findet; Rheumatisches Reißen: meist "überall"; Bauchzwicken oder ähnliches. Der moderne Arzt kann es noch nicht diagnostizieren, weil er davon an den Universitäten heute noch nichts zu hören bekommt. Und auch ich hätte keine Ahnung davon gehabt, wenn mich nicht das Studium der Hildegardtexte darauf aufmerksam gemacht hätte. Mit dem Wachstum des eigentlichen Tumors (Geschwulst) hören diese oft jahrelangen Beschwerden meist auf.

Wenn man davon weiß, tut man solche Patientenklagen nicht mehr mit einem hysterisch oder rheumatisch kurz ab, sondern fragt gezielt: Kommen in ihrer Familie Krebskrankheiten vor?
Haben Sie selbst Angst vor Krebs?
Wurde eine dieser Fragen mit Ja beantwortet oder beide, dann habe ich das Hildegardmittel gegen die Vorkrebskrankheit verordnet, das **Wasserlinsen-Elixier** (siehe "Was ist Hild. Med." Band 1).

Und siehe da! Sehr oft erklärten die Patienten beim Wiederkommen nach 2-4 Wochen: Herr Doktor, die Herzbeschwerden sind weg und überhaupt fühle ich mich viel besser.
Das Mittel wird 3 Monate lang eingenommen und nach einer Pause von 3 Monaten nochmals angewendet.
Ich bin kein heuriger Hase und weiß sehr wohl, daß Selbsttäuschungen möglich sind. Aber warum haben diese Patienten bei den früher verordneten Mitteln nicht dieses Gefühl gehabt? Und wenn man das oft und oft erlebt, dann kanns kein Zufall mehr sein. Ich warte also keine perfekte Tumordiagnostik ab, die in diesem Stadium sowieso nichts bringt, sondern behandle gleich. Ich tat das mit reinem Gewissen und kann nur jedem Kollegen raten, in ähnlichen Fällen ähnlich vorzugehen. Ich habe zwar schon versucht, diesen meinen Verdacht objektiv zu verifizieren, ob wirklich eine Vorkrebskrankheit vorliegt. Aber wieviel kann schon ein armer Wald- und Wiesen-Doktor Experimente machen? Immerhin meine ich einige für die Praxis brauchbare Erfahrungen gesammelt und meinem Nachfolger in Konstanz weitergegeben zu haben.
Viel schwieriger ist die Lage bei einer schon ausgewachsenen und diagnostizierten Krebsgeschwulst. Für den Arzt ergeben sich da Überlegungen, ob man nicht besser noch operieren soll oder kann, ob Bestrahlen oder Zytostatika und Ähnliches mehr. Oder ob man eine alternative Behandlung, z. B. nach den Angaben Hildegards wagen darf, ohne Gott zu versuchen oder den Vorwurf eines Kunstfehlers riskieren zu müssen. Der Arzt ist nur seinem Gewissen - und den an-

erkannten Regeln der ärztlichen Kunst verpflichtet. Ja eben. Darin steckt der Pferdefuß! Wie soll ich Erfahrungen mit einer noch unerprobten Methode machen - wenn sie praktisch verboten ist? Aber da gibt es desolate Fälle, wo kein Arzt den modernen Behandlungsmethoden auch nur eine Chance gibt. Dann ist man frei, aber die Aussichten sind dann minimal. Dies gilt vor allem bei ausgedehnten Töchtergeschwülsten (Metastasen). Auch gibt es Patienten, welche eine Alternativbehandlung wünschen.
Ja, aber... Wir wissen, daß die Lehrbuchmittel bei Hildegard - und die Krebskrankheiten gehören dazu - unter dem eigentümlichen Gesetze stehen: Nisi deus nolit - Oder Gott will nicht! (Siehe das Buch: Wunder der Hildegardmedizin).
Praktisch läuft es bei jeder Geschwulstbehandlung nach Hildegard darauf hinaus, daß der Patient **zwei Bedingungen** erfüllen muß:
1. er muß **wissen, daß es auf Leben und Tod geh**t.
2. Er muß die **Entscheidung in die Hand Gottes legen**.

Therese Neumann vom Herrn befragt antwortete: "*Gesundwerden oder nicht - wie Du willst, Herr!*"
Zusätzlich stelle ich den Patienten noch die Frage: Was würden Sie - zum Dank - tun, wenn Sie gesund würden?
Ist der Kranke dazu fähig und entschlossen, dann kann eine Behandlung mit dem Hildegard Lehrbuchmittel erfolgen zusammen mit der reinen Dinkeldiät und allen sonstigen Regeln der Küchengeheimnisse Hildegards. An die von Posch angegebene Möglichkeit einer Saunabehandlung habe ich bisher nie gedacht. Ich halte einen Versuch für lohnend, würde aber trotzdem bei obigen Bedingungen bleiben. **Denn dazu wird man schwer krank**, um wieder an die vier letzten Dinge - Tod und Gericht, Himmel und Hölle - zu denken, welche heute total verdrängt werden. Auch Gott zu danken vergessen heute fast alle Kranken, weil die Krankenkasse ja dafür bezahlt, und zumeist sind sie überzeugt, daß allenfalls unsere wissenschaftlichen Fortschritte sie geheilt haben - nicht Gott.
Hierin muß der Hildegardpatient umdenken lernen."

Das Krebsmittel nach Hildegard

Das am Anfang dieses Kapitels geschilderte Mittel aus Aalgalle, "Geschabsel" von Geierschnabel, Elfenbein usw. lautet bei Hildegard konkret so:

> "Wenn Läuse innerlich einen Menschen im Leib schädigen, so daß sie nicht aus ihm herauskommen, soll er Aalgalle nehmen, ihr dreimal weniger an stärkstem Essig zusetzen, soviel Honig, wie die zwei zusammen ausmachen, und in einem Tiegel kochen. Dann soll er Ingwer nehmen, zweimal soviel langen Pfeffer (Piper longum) und ungefähr soviel Basilienkraut, dies zu Pulver stoßen und außerdem Elfenbein, ein Drittel soviel wie von dem Basilienkraut nehmen, ebenso die Hälfte vom Gewicht des Elfenbeins von einem Geierschnabel und dem vorgenannten Pulver das Geschabsel von ihm hinzufügen. Gleich darauf soll er dies Pulver in den oben erwähnten Essig tun und noch einmal aufkochen lassen. Hat er dies getan, so soll er das Ganze in ein kleines Säckchen gießen, damit es wie ein Lautertrank durchfließt, und so in einem neuen, tönernen Geschirr auffangen.
> Dann soll der Mensch, den die Läuse innerlich schädigen, so daß sie nicht von ihm fortgehen, **diesen Trank täglich nüchtern trinken, ebenso zur Nacht**, wenn er sich zu Bett legt. Die Läuse in seinem Leibe werden krank werden und sterben, und das Fett wird in ihm wieder nachwachsen... ."
> (H. S. 310)

Woraus man diesen "Klartrunk" macht, darüber läßt Hildegard den Hersteller entscheiden. Man wird den sich ergebenden Gallebrei in der Regel mit Wein oder Alkohol aufgießen. In Deutschland ist dieses Mittel unter dem Namen "Anquilan" erhältlich. Nach den bisherigen Erfahrungen hilft dieses Mittel, (auch bei genauer Einhaltung des Rezeptes), leider nicht in allen Fällen. Siehe oben: Nisi deus nolit! Bei vielen schweren Krankheiten behält sich also der liebe Gott ein Mitspracherecht vor. Man kann's ignorieren, sollte aber Gott lassen, was Gottes ist!

Was kann man sonst noch tun?

a) Sümpfe trocken legen

Nach Hildegard metastasieren die Krebszellen in die schon Jahre zuvor angelegten "Sümpfe". Diese Vorkrankheit nennt Hildegard Vicht und wird mit Wasserlinsen-Elixier behoben. Wenn also keine Tümpel mehr da sind, dann bilden sich auch keine Metastasen. Somit bliebe der Krebs ein regionales Problem, womit schon sehr viel gewonnen wäre. Deshalb empfehlen wir selbst dann noch das Wasserlinsen-Elixier, wenn sich bereits virulente Zellen gebildet haben. Also auch für Krebspatienten. Die logische Schlußfolgerung daraus heißt: Laß es nicht so weit kommen, sondern lege Deine Sümpfe trocken, bevor sich "Frösche" darin tummeln. Hildegard-Freunde beugen dem mit einer Wasserlinsen-Kur vor.

b) Operation mit Schafgarbenschutz

Wir raten niemandem davon ab, sich einen bösartigen Tumor operieren zu lassen. Doch geben wir dazu den Rat, schon einige Tage vorher und auch nachher, etwas Schafgarbenpulver (1 Tl) in Wasser, später in Wein (1/8) zu trinken. Dies ist die innere Wundbehandlung, womit Komplikationen bislang immer ausgeblieben sind.

c) Richtige Ernährung

Der Unterschied zwischen einem gesunden und einem schwerkranken Menschen läßt sich vergleichen mit einem am Boden und einem am Hochseil befindlichen Akrobaten. Durch eine Unachtsamkeit kann der Akrobat abstürzen. Dasselbe gilt für einen schwer Kranken. Auch er darf die Balance nicht verlieren. Bei falscher Ernährung kann man sehr schnell das Gleichgewicht verlieren.

Für Gesunde und Kranke gut zu essen!

Das ist unsere Faustregel. Wo immer Hildegard in ihrem Naturmittelbuch schreibt: "für Gesunde und Kranke gut zu essen...", sind diese Lebensmittel grundsätzlich erlaubt. Wenn sie sich daran halten, dann besteht keine Gefahr, die Krankheit dadurch negativ zu beeinflußen.

d) Aufbaumittel

Bei Krebskranken gilt es, den rapiden Kräfteverfall so gut wie möglich zu unterbinden. Neben sehr kräftigenden Nahrungsmitteln - wie Dinkel, Butter usw. - müssen wir auch mit speziellen Mitteln nachhelfen. Es sind dies der Krafttrunk (aus Hafer, Gerste und Fenchel), weiters der Nelkenwurztee, die Dinkelganzkörner-Suppe und die Gerstenbäder.

Nicht selten fehlt den geschwächten Personen letztlich der nötige Appetit, ja sogar die Fähigkeit, die Nahrung richtig aufzuspalten und zu verwerten. Deshalb müssen wir den Kranken in eine Nährlösung legen. Zum Beispiel in ein Gerstenbad. Eine Zusammenfassung all dieser Mittel finden Sie unter dem Stichwort "Schwäche".

e) Betroffene Organe unterstützen

Liegt der Gedanke nicht nahe, dem betroffenen Organ zu Hilfe zu kommen? Ist der Darm betroffen, so muß man eben den Darm mit geeigneten Mitteln unterstützen. Ist es die Lunge, dann eben die Lunge usw. Es würde hier zu weit führen, all die organspezifischen Mittel anzuführen. Wir nehmen nur einen "Fall" heraus, damit sie sehen, wie man da vorgeht. Beispiel Darmkrebs.

Nachdem wir wissen, daß ein Bohnenabkochwasser eine äußerst darmfreundliche Suppengrundlage ist, werden wir den Betroffenen dies bieten. Weiters Bachbungenspinat, Beifußgemüße, Mutterkraut-Suppe und all die guten Sachen. Das kann sich nur positiv auf das Geschehen auswirken. So gehen wir auch in anderen Fällen vor. Freilich muß man dazu wissen, welche Mittel wofür gut sind, und sie danach auswählen.

f) Reinen Wein einschenken

Ab einem bestimmten Stadium spricht man vom "Point of no return", das ist jener Punkt, ab dem es kein Zurück mehr gibt. Beim Krebsleiden naht er, wenn das Blut in Wasser zerfällt und sich im Bauch sammelt. Dann soll man dem Kranken nicht mehr vielversprechend auf die Schulter klopfen und sagen: "Deine Blinddarmreizung wird bald wieder gut werden!" Spätestens zu diesem Zeitpunkt muß man den Betroffenen reinen Wein einschenken. So mancher Krebskranke hat sein Leiden nur deshalb überwunden, weil man ihm rechtzeitig die Wahrheit gesagt hat.

g) Vieles wäre noch zu sagen...

Es gibt organspezifische Krebsmittel, etwa für den Leberkrebs. Bei diesem hilft interessanter Weise das Anquilan nicht. Andererseits ist nach Hildegard nicht alles Krebs, was heutzutage als solcher bezeichnet wird. Bei der seltenen Krebsform Plasmozytom z. B. genügte in einem Fall die Umstellung auf "Hildegard total" plus Zedernwein. Die Werte der Blutsenkung fielen von 89/136 zuerst auf 71/105 und waren nach einem Jahr bei 36/54. Selbst der Arzt sagte zu der betroffenen Dame: "Das war das Beste, was Sie machen konnten!" Die Frau dachte auch an die vier letzten Dinge und änderte ihre ganze Lebensphilosophie. Sie geht wieder zur hl.Messe,

hat sich sogar einer Gebetsgruppe angeschlossen und ist (über-) glücklich! Immer wenn sie bei uns Dinkelprodukte kauft, sagt sie: "Das war eine Fügung von oben".
Manchen konnte also mit "Hildegard" schon geholfen werden, womit doch deutlich wird, daß auch dieses medizische Problem lösbar wäre. Stünden uns ein Forschungsinstitut und nur ein Bruchteil jener Unsummen zur Verfügung, die heute weltweit für die Krebsforschung ausgegeben werden, so könnten wir uns einen Fortschritt in dieser Sache schon vorstellen. Solange jedoch nur eine handvoll Leute sich mit Hildegard ernstlich beschäftigen und dazu auch noch andere Sorgen haben, wird sich an der gegenwärtigen Situation nicht viel ändern.
Das Thema wurde auch deshalb etwas ausführlicher behandelt, weil wir annehmen, daß es nicht nur Hausfrauen interessiert.

Geheimnisvolle Wärmestrahlen

Das Element Feuer ist noch lange nicht vollständig erforscht, sondern birgt noch große Geheimnisse in sich, wie wir erstmals bei Hildegard erfahren. Speziell in der physikalischen Therapie stellt sich der Erfolg nur dann ein, wenn der Anwender zumindest eine Ahnung von Hildegards "Wärmelehre" hat. Anhand einiger Beispiele wollen wir den Schleier dieses Geheimnisses ein wenig lüften.

S' Kleim-Sackerl! (Kleiesäckchen)

Wußten Sie, daß es ganz unterschiedliche Wärmequalitäten gibt, die weder mit dem Heizwert bestimmt, noch mit den Grad Celsius eines Thermometers gemessen werden können? Ein Beispiel:
"Wer durch Geschwüre der Gedärme Schmerzen leidet, nehme Weizenkleie und mach sie mit “Boberellen” in einer Schale warm, legs auf ein Tuch und so warm über den ganzen Bauch und Nabel und er wird geheilt."

Was muß das für eine spezifische Wärme sein, die Darmgeschwüre heilt? Es dürfen nicht einfach Heublumen sein. Nein, ausgerechnet Weizenkleie entfaltet zusammen mit den Früchten der Judenkirsche diese Wirkung. Vielleicht kennen Sie die Lampionsblumen (Physalis alkekengi), welche im Herbst so blasenartig aufgetriebene Fruchtkelche bildet und im Volksmund "Laterndlblumen" genannt werden. Als Zierpflanzen finden wir sie oft in Gärten, während die Pflanze medizinisch kaum verwendet wird, weil bislang niemand wußte, wofür sie zu gebrauchen ist. Näht man etwa 1 Liter Weizenkleie und eine Handvoll solcher Früchte in ein Leinensäckchen, so hat man ein wunderbares Heilmittel gegen Darmschmerzen, Darmzysten- und Geschwüre. Dazu erwärmt man dieses Kleiesackerl im Backrohr und legt es sich anschließend auf den Bauch.

Kritikern der Hildegard-Medizin stehen bei solchen Rezepten natürlich die Haare zu Berge. Es könnte ja jemand auch an Darmkrebs leiden und dadurch sein Leben gefährden, weil er eine rechtzeitige und wirksame Behandlung der Schulmedizin versäumt oder nicht in Anspruch genommen hat.
Auf eine medizinische Diagnose soll und braucht natürlich niemand zu verzichten. Man kann sich schon durchchecken lassen, wenn man das Gefühl hat, daß irgend etwas nicht in Ordnung ist. Ob ich mir die entdeckte Darmzyste, das offiziell diagnostizierte Darmgeschwür nun operativ entfernen lasse oder doch lieber eine sanftere Variante auswähle, darüber darf bislang noch der Patient selbst entscheiden. Dem Eindrucke nach würde man uns nicht ungern in all diesen Dingen zwangsbeglücken. Die Mehrzahl der Patienten läßt sich ohnehin widerspruchslos den Bauch aufschneiden, wie der böse Wolf, nachdem er eingeschlafen ist. Das ist nämlich die STANDARD-Behandlung. Über eine sanftere Medizin wird scheinbar gar nicht nachgedacht. Auch nicht über die weise Aussage dieses uralten Märchens von den sieben Geißlein. Wieviele Leute mußten schon operiert werden, weil sie sich - auf Gassendeutsch gesagt - überfressen haben? Gehen doch zahlreiche Erkrankungen auf dieses Konto.
Hildegard schreibt nicht, erwärme die Weizenkleie und Judenkirschen auf so und soviel Grad Celsius. "Machs warm", sagt sie. Es kommt gar nicht auf eine bestimmte Temperatur an, sondern auf einen ganz spezifischen Wärmeton, wenn ich mal so sagen darf. Sobald die beiden Komponenten erwärmt werden, strahlen sie eine bestimmte Wärmequalität ab. Diese heilt nun mal Darmgeschwüre.

Der Dioptrienregler

Bei der Judenkirsche wird noch ein weiteres Rezept angeführt, dessen Wirkungsbereich ebenfalls im Wellenbereich liegen dürfte:
"Und wem die Augen trüb werden, der nehme ein rotes Seidentuch, streiche Boberellen darüber und wenn er schlafen geht, lege er das Seidentuch über seine Augen; oft getan wird es die Trübung der Augen scheuchen."

Wenn jemand anfängt die Zeitung vor sich hinzustrekken, weil er bei schlechtem Licht den Text nicht mehr so richtig lesen kann, dann wäre mit diesem Mittelchen wohl noch was zu machen.
Dioptrie ist die Maßeinheit für die Brechkraft der Linsen. Das Auge kann den kleingedruckten Buchstaben nicht mehr scharf auflösen. Der Augenarzt spricht von pathologischen Veränderungen und korrigiert den "Augenfehler" mit der Brille. Hildegard korrigiert das Auge!
Die Schwingung oder Strahlung der Judenkirsche muß ausgerechnet durch ein rotes Seidentuch gefiltert werden. Und was da noch durchstrahlt auf das Auge, das stellt die Lichtbrechkraft wieder auf scharf! Freunde, wer hier nicht den Intellekt des Schöpfers sieht, dem nützt keine Brille mehr.

Nicht jeder Pelz ist warm!

Vor kurzem wurde im Fersehen ein Zobelmantel mit einem Preis von 3 Millionen Schilling (!) gezeigt. Sie können sich vorstellen wie, stolz die Vorführdame damit am Laufsteg dahinschwebte. Dabei ist **"sein Fell ungut für menschliche Kleider, denn durch seine Wärme wecken sie in ihm einen bösen Saft."**
Auch ein Hermelinmantel ist seinen Preis nicht wert, denn **sein Fell ist für Kleider nicht gut, weil es kalt ist.** Hingegen hat das Fell vom Dachs, Marder, Otter und Fuchs eine gesunde Wärme.
Nicht nur krankmachende Säfte können durch ungesunde Kleidung (z.B. Zobelmantel) aufgewühlt werden, sondern auch die Libido. Und das ausgerechnet von den lieben Katzen! Wenn die Katze **"Kätzchen in sich trägt, erregt ihre Wärme den Menschen zur Sinngier. Zu einer anderen Zeit wird ihre Wärme einen gesunden Menschen nicht schaden."**
Schaffelle (Wolle) hingegen sind gesund, **weil sie weder Übermut noch Sinngier noch Seuche einbringen. Daher übergab Gott dem Adam Kleidung aus Fellen der Schafe.** (Gen.3) Wir sehen also, Wärme ist nicht gleich Wärme!

Erinnerung an die Kindheit

Eigenartig, an welche Kleinigkeiten man sich oft erinnert. Wenn wir Kinder uns einmal weh getan hatten,so wurde nicht viel herumgedoktert. Kleinere Wunden wurden einfach luftgetroknet, ohne anderweitige Behandlung. Interessant dazu ist, daß sich die Tetanusbazillen nur unter Luftabschluß entwickeln können, also bei verklebten Wunden oder Dornenverletzungen.

Als ich einmal mit aufgeschlagenen Knien zu den Nachbarkindern ging, leckte mir ihr Hund zu meinem Erstaunen die wunden Knie! Daran erinnerte ich mich, als ich bei Hildegard las:

"Die Wärme seiner (des Hundes) **Zunge bringt Wunden und Geschwüren Heilung, wenn er sie mit** (der Wärme) **seiner Zunge anrührt."**

Also wiederum eine spezifische Wärmequalität!

Rätselhaftes Holz?

Seit der Ölkrise erleben die Ofensetzer einen Kachelofenboom. Auch Brennholz schätzt man wieder. Vor allem Buchenholz, weil es einen guten Heizwert hat. In unserem Kachelofen brennt hingegen Ulmenholz. Wieso? Weil wir uns mit dieser Wärme so nebenbei auch die Gicht vom Leibe halten, denn

"Wer von der Gicht geplagt wird, soll von ihrem Holz ein Feuer anzünden und sich sogleich am Feuer wärmen, und die Gicht wird weichen"

Läßt es uns ahnen, welche Feinabstufungen es zwischen Feuer und Feuer geben muß? Jedes Holz brennt, aber nur Ulmenfeuer nimmt dem Menschen die Gicht. Demnach muß es Unterschiede geben, die wir noch gar nicht so richtig erklären können, weil bestimmte Eigenschaften mit dem Heizwert oder einem Thermometer einfach nicht meßbar sind. Die etwas dunkelroten Flammen lassen wiederum auf eine Wärmequalität in einem bestimmten Wellenbereich schließen. Der eigentliche Grund, warum ich mir Ulmenholz (per Inserat in einer Landwirtschaftszeitung) besorgt habe, ist eine weitere Ulmenfeuer-Anwendung, die sich fast unglaublich anhört:

Das Feuerwasser-Bad

"Wer bloß aus diesem (Ulmen) Holz Feuer anmacht und damit Wasser wärmt und in dem Wasser badet, dem nimmt es seine Mißgunst und Bosheit und verleiht ihm Wohlwollen und macht ihn fröhlich."

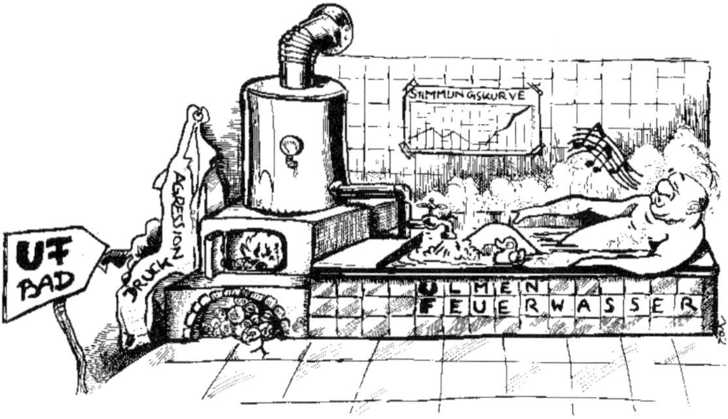

Wie funktioniert das? Dazu ein Beispiel: Als unser ehemaliger Bundespräsident Dr. Kurt Waldheim nach Bagdad reiste, kam er, dank seiner Persönlichkeit, mit allen bislang im Irak festgehaltenen (österr.) Geiseln nach Hause. Hätte hingegen ein Wiener Taxifahrer dieses Unternehmen gewagt, so wäre er wahrscheinlich alleine - wenn überhaupt - nach Hause gekommen.
Auf unser Feuerwasser-Bad übertragen heißt das: trotz gleichem Aufwand (Wien Bagdad) an Energieeinsatz ein völlig anderes Ergebnis! Auch im Elektroboiler wird Wasser warm, hat aber nicht denselben Effekt, wie jenes Wasser, welches durch Ulmenfeuer erwärmt wurde.

Die fehlende Dimension

Wir denken - ohne es zu merken - nur in Quantitäten. "Viel" wird gedanklich mit gut oder gesund assoziiert. Obst hat viel Vitamine, also muß es gut und gesund sein. Auch Qualität assoziieren wir fälschlicherweise mit Quantität. Deshalb wird ein großer Apfel - mehr Quantum - dem kleinen Zwutschkerl vorgezogen. Alles, was gezählt, gemessen und gewogen werden kann, bezieht sich auf Quantitäten und nicht auf Qualität. Die kann nicht gewogen und gemessen werden.

Von Qualität haben wir nur eine - von der Wahrheit weit - entfernte Ahnung. Prüfen wir uns kurz:

Welche Früchte sind gesünder? Äpfel oder Pfirsiche, Birnen oder Pflaumen, Walnüsse oder Mandeln?

Wer nicht heimlich bei Hildegard nachgesehen hat, weiß es nicht! Wir können Apfel und Birne nur nach äußeren Kennzeichen, wie Aussehen, Geschmack und Duft unterscheiden, nicht aber aufgrund ihrer Qualitäten. Eben diese Dimension wurde Hildegard offenbart:

"Sind doch in der ganzen Natur, in den Tieren, den Reptilien, Vögeln und Fischen, in den Pflanzen und Fruchtbäumen bestimmte verborgene Geheimnisse Gottes verhüllt, die kein Mensch, auch kein anderes Geschöpf, kennen oder empfinden kann, es sei denn, daß es ihm Gott offenbart." (WM 175)

Wir brauchen uns also nicht zu schämen, noch lange nicht allwissend zu sein. Hildegard bringt "NEWS", tolle Neuigkeiten, mit vielen Aha-Effekten. Dadurch läßt sich besser und vor allem gesünder leben. Und siehe da: Wir brauchen nicht immer nur Materie (z. B. Pillen) zu schlukken, um etwas zu bewirken. In manchen Fällen genügt allein die Ausstrahlung einer bestimmten Qualität.

Direktübertragung

Am Weihnachtstag schalten wir mittags immer den Fernseher ein, weil der Segen des Papstes - URBI ET ORBI - der Stadt (Rom) und dem Erdkreis erteilt wird. Dieser Segen ist mit einem Ablaß verbunden und wirkt auch über Radio und Fernsehen. Man muß also gar nicht in Rom am Petersplatz stehen, um diesen Segen empfangen zu können. Ich finde das großartig, wie die Vermittlung in jedes Wohnzimmer funktioniert. Und ich glaube, es zweifelt niemand daran, daß das so ist.

Wie nun dieser Segen aus dem Munde des Papstes über Lautsprecher, Filmkamera, Kabel, Satelliten und Fernsehschirm in unser Wohnzimmer gelangt und sogar unsere Seele beeinflussen kann, so ähnlich stelle ich mir auch eine problemlose Übertragung des Ulmenfeuer-Effektes vor. Hildegard sagt nämlich:

"Vom Herzen des Menschen geht ein Weg zu den Elementen des Weltenbaues."

Die Anwesenheit genügt

Vom Herzen geht ein Weg zu den Elementen, also auch zum Element Feuer. Sind Gemütsangelegenheiten nicht eine Herzenssache? Kommt Mißgunst und Bosheit nicht aus dem Herzen? Na also. Und das vom Ulmenfeuer gewärmte Wasser bringt Licht ins Dunkel des verschlossenen Herzenskämmerchens. Es verleiht ihm Wohlwollen und macht den Menschen wieder fröhlich!
Spüren wir allmählich, daß in unserem materialistischen Denken eine Dimension fehlt?
Nicht nur Substanzen - die üblichen Pülverchen - können in uns etwas bewirken, sondern allein das Vorhandensein einer bestimmten Sache. Hier die Ulmenfeuer-Wärme, in Bagdad die Anwesenheit Waldheims.
Beeinflußt uns nicht schon allein das Schild "Vorsicht scharfer Hund!", oder der Gendarm auf der Straße? Verhalten sich Kinder nicht anders, wenn der "Herr Papa" zu Hause ist?
Machen wir uns keine Sorgen über die Übertragungsmöglichkeiten. Ein Lächeln kommt auch drahtlos an. Und wie uns Worte "treffen" können, ebenso beeinflussen uns viele Dinge, für die es scheinbar keine wissenschaftliche Erklärung gibt, was uns letztlich auch "berührt".
Hildegard geht vom Ganzen aus, von der ganzen Wirklichkeit. Zu ihr gehört eben nicht nur die Materie, sondern Leib und Seele, Schöpfer und Geschöpf. Wenn die Wissenschaft nur einen Teil der Wirklichkeit anerkennt, so ist das ihr Problem. Wer an einem echten Fortschritt interessiert ist, der muß die Scheuklappen ablegen und sein Herz - weniger das Hirn - weit machen, offen sein, dann wird er durch Hildegard reich beschenkt. Das wollte ich mit diesem Kapitel andeuten.

Probleme mit den Nerven

Hinter dem Begriff Nerven und der damit verbundenen Probleme verbirgt sich eine ganze Palette verschiedener Erkrankungen. In den seltensten Fällen meint der Laie tatsächliche Nervenleiden wie multiple Sklerose oder Schizophrenie, wenn er über Probleme mit den Nerven spricht. Genau genommen meinen alle dasselbe: Sie fühlen sich den alltäglichen Anforderungen nicht mehr gewachsen.
Um eine klare Linie in diesem großen Bereich zu bewahren, unterteilen wir das Nervenbündel in fünf Gruppen:

1. Depressionen	2. Streß und Schwäche
3. Angst und Panik	4. Psychische Konflikte

5. Sexualverhalten

Gruppe 1
Depressionen

Depressionen stehen an erster Stelle aller "Nervenleiden". Sie treiben ihre Wurzelausläufer auch in alle anderen Gruppierungen hinein. Dieser Sammelbegriff für Melancholie, Schwermut, manisch depressive Verstimmungen und alle anderen "Spielformen", welche Spezialisten zu unterscheiden wissen, haben eines gemeinsam: Solchen Menschen ist "schwer ums Herz" und sie leiden wirklich sehr unter der niederdrückenden Gemütsverfassung.

Genau genommen unterscheiden wir von ihrer Entstehungsursache her zwei Arten. Die erste hat mehr oder weniger organische Ursachen und entsteht aus der Schwarzgalle. Mit dieser beschäftigen wir uns auf den folgenden Seiten. Die zweite Art von Depressionen geht aus den Lastern - wie z.B. dem Weltschmerz - hervor. Solche Menschen reden sich ständig ein, nur zum Unglück geschaffen worden zu sein. Da hilft kein Nervenkekserl, kein Elixier. Ihnen fehlt das Gottvertrauen, welches nur durch eine Hinwendung zu einem geistigen (religiösem) Leben aufkommen kann. Solchen Menschen ist schwer zu helfen, weil sie zu niemandem Vertrauen haben.

Die organisch bedingten Gemütsveränderungen werden von äußeren Veränderungen, wie z. B. durch den Tod einer nahestehenden Person, persönliche Enttäuschungen oder Versagen, Scheidung, Wechsel des Arbeitsplatzes, des Wohnsitzes und ähnlichen "Eingriffen" ausgelöst. Das Gemisch aus unterdrücktem Zorn, Wut, Ohnmacht und Resignation nährt die "Schwarzgalle" im Blut und diese schlägt dann schwer auf das Gemüt.

Die Schwarzgalle

ist also die stoffliche Ursache für dieses schwere Leiden. Seit Adams Fall haben wir sie im Blut. Mal mehr, mal weniger. Steigt dieser "Schwarzgallenspiegel", dann bekommt der Mensch Probleme. Hildegard schildert dies so:
"So geschah es mit Adam, als nach dem Erlöschen des himmlischen Lichtes in ihm die Schwarzgalle in seinem Blut sich zusammenballte und Trauer und Verzweiflung von ihr aus in ihm sich erhoben. Denn der Teufel hat bei Adams Fall die Schwarzgalle in ihm zusammengeblasen, die den Menschen manchmal zum Zweifler und Ungläubigen macht...
Er ist traurig, verfällt in dieser Trauer oft in Verzweiflung und glaubt nicht, daß Gott ihn behütet...
Oftmals arbeitet sich des Teufels Eingebung in die Schwarzgalle hinein und macht den Menschen traurig und verzweifelt, so daß viele derartige Menschen in ihrer Verzweiflung sich selbst ersticken und nach und nach zugrunde richten.
Viele aber wehren sich gegen sich selbst so kräftig in diesem Leid, daß sie wie die Märtyrer in diesem Kampf dastehen." (H.S. 218)

Noch deutlicher hätte Hildegard die Dramatik dieses Leidens nicht hervorheben können. Der Selbstmord ist in schweren Fällen demnach keine Seltenheit, falls den Leidenden nicht geholfen wird.
Leider wird zumeist sogar von den engsten Familienmitgliedern der Ernst dieser Krankheit unterschätzt. Sie tun nichts, um dem Erkrankten wirklich zu helfen. In seiner verzweifelten Lage ist er aber nicht mehr imstande, sich selbst zu helfen. So kommt manchmal jede Hilfe zu spät.

Es will schon etwas heißen, wenn Hildegard schreibt, daß die Betroffenen **wie Märtyrer** dastehen, falls sie den psychischen Kampf gegen dieses Leiden nicht aufgeben. Demnach ist diese Krankheit ein wahres Martyrium.
Depressionen zählen zu den schwersten Leiden, die einen Menschen treffen können. Jedes noch so schmerzhafte Leiden wäre ihnen lieber, als bei "gesundem Leib" unendliche Seelenqualen durchstehen zu müssen. In ihren schweren Phasen darf man sie nicht aus den Augen lassen, weil sie jederzeit zum Schlußmachen bereit sind.

Auf raffinierte Weise ist hier auch der Böse im Spiel. Er hat dieses Gebräu zusammengeblasen und haucht bis zum heutigen Tage weiterhin seine trüben Gedanken in diese Medien hinein. Derart bedrängte Menschen fühlen sich dann auch von Gott verlassen und können nicht glauben, daß Er ihnen helfen kann.
Die Schwarzgalle ist sozusagen ein mögliches Betätigungsfeld des Bösen. Aufgrund des Ungehorsams von Adam und Eva hat er sich nämlich das Recht erworben, negativen Einfluß ausüben zu können. Angehörige des Betroffenen spüren förmlich diesen dämonischen Anhauch und meiden den Leidenden, anstatt ihn zum Durchhalten zu ermutigen. Wir sollten sie auf ihre Lieblingsspeise zum Essen einladen und mitnehmen, wo immer es geht: Zum Wandern, Schwimmen, Skifahren usw. Aber wir haben noch mehr Möglichkeiten.

"Wenn jemand durch Melancholie und Verdruß im Sinn beschwert wird und so die Lunge schädigt, der koche Veilchen in reinem Wein, und er seihe es durch ein Tuch, und diesem Wein gebe er Galgant bei, sowie Süßholz soviel er will, und so mache er einen Klartrunk und trinke, und es unterdrückt die Melancholie und macht froh, und seine Lunge heilt es."

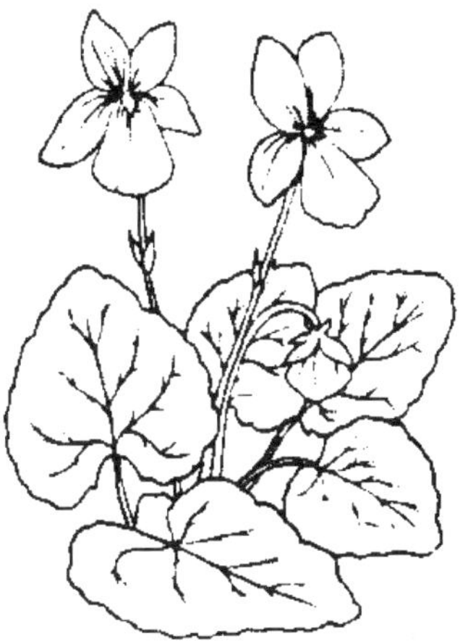

Veilchen
Viola odorata

Macht froh! Wie froh und dankbar sind wir für die frohmachenden Mittel, die uns bei Hildegard angeboten werden. Wir sollten reichlich davon Gebrauch machen, sei es Fenchel, Dinkel, Edelkastanien, Nervenkekse und so weiter. Dinge, die Hildegardfreunde alle längst kennen und schätzen gelernt haben. All unser Wohlstand kann nicht darüber hinwegtäuschen, daß die Zahl der Gemütsprobleme eher im Zu- als im Abnehmen ist. Das frohe, unbekümmerte Herz finden wir ja nicht einmal mehr bei allen Kindern. Hausfrauen und Mütter wären gut beraten, die froh machenden Stoffe in der Küche fleißig zu verwenden.

Der Depressive bekommt also das Veilchen-Elixier, um nach kurzer Zeit wieder ein normales Leben führen zu können. Dieser Wein baut den Melanchestoff, die sogenannte Schwarzgalle wieder ab und bald ist der Niedergeschlagene wieder der "Alte".

Die Schlüsselblume

Primula veris

"Wenn sich die Gallsucht im Menschen erhebt, macht sie den Menschen traurig, sein Gehabe verworren und läßt ihn Worte gegen Gott ausstoßen. Das sehen die Luftkobolde, eilen ihm zu und durch ihr Geflüster wandeln sie ihn oft zu einem Wahnsinnigen. Darum lege ein solcher Mensch dieses Kraut auf sein Fleisch und an sein Herz, bis er davon erwärmt wird und die Luftalben, die ihn plagen, vernehmen mit Mißbehagen die sonnige Innkraft dieser Pflanze und stehen davon ab, ihn weiter zu belästigen."

Hab' Sonne im Herzen...! Die Schlüsselblume schöpft ihre "Innkraft" aus der Sonne. Die gespeicherte Sonnenenergie geht in Form einer spezifischen Wärme auf den Körper über, wenn wir das Kraut auf die bloße Haut - insbesondere über das Herz - legen, und löst den bösgeistigen Gedankennebel auf.
Schlechte Gedanken kommen nicht vom lieben Gott sondern aus dem eigenen Herzen und der geistigen Unterwelt. Sie will den Menschen zur Verzweiflung bringen und hält ständig Ausschau, wen sie "kassieren" kann.

Es ist schon erstaunlich, daß Gott neben den geistlichen Hilfen, wie etwa Bußsakrament oder Krankensalbung, ganz natürliche Mittel anbietet, die in den geistigen Bereich hinein wirken. Die Himmelschlüsselblume ist eines von diesen Mitteln, bei denen Hildegard auf den leib-seelischen Zusammenhang hinweist.

"Wer im Herzen Schmerzen hat und immer traurig ist, nehme Storchschnabel und weniger Poley, Raute weniger als Poley, pulvere es und eß dieses Pulver oft mit Brot; so wird sein Herz gestärkt und er wird froh."

Storchschnabel
Geranium pratense

Poleiminze (Mentha pulegium) und Weinraute (Ruta graveolens) haben Hildegard-Freunde längst in ihrem Garten. Den blau blühenden Wiesen-Storchschnabel pflücken wir im Frühsommer, vor der Heumahd in den Wiesen oder kaufen uns das getrocknete Kraut in der Apotheke. (Herb.Geranii prat.)

Die getrockneten Kräuter pulverisieren wir in der Kaffeemaschine und mischen sie 4:3:2 zusammen (40 Gr. Storchschnabel, 30 Gr. Poleiminze und 20 Gr. Raute).

Alle, die nicht schon am Morgen wie die Lerchen fröhlich trillern, bekommen einen Teel. von diesem Stimmungspulver auf das Frühstücksbrot, damit ihnen das Trübsalblasen vergeht. Wenn nötig wochen- ja monatelang.

Flohsamen-Wein

Hildegard-Freunde kennen den Flohsamen (Semen Psyllii) als Verdauungsmedizin anstelle des unerwünschten Leinsamens. Diesen Samen säen wir in ein gut vorbereitetes Mistbeet unter Glas aus und pikieren später die kleinen Pflänzchen in ein Eckerl im Garten. So wächst unser Flohsamenkraut, eine Wegerichart - heran. Haben sich die Pflanzen schön entwickelt, so schneiden wir einen Teil ab und kochen das Kraut in gutem Wein. Ob rot oder weiß, ist Geschmacksache. Wir nehmen 1-2 ganze Pflanzen für 1 Liter Wein und kochen ihn 5-10 Minuten lang. Abseihen und noch heiß in dickwandige Flaschen füllen.
"Wer 'Flohsam' in Wein kocht und so warm den Wein trinkt, dem nimmt er die starken Fieber, er erfreut einen bedrückten Menschen durch seine süße Stimmung und hilft dem Gehirn zu Gesundheit und stärkt es.
Das sind Rezepte! Flüssige Gehirnnahrung für einen verwirrten Kopf. Ich trau diesem Wein sehr viel zu. Bei all den geistig verkomplizierten Personen wäre das meine Standardverordnung: Täglich vor dem Schlafengehen 1 Achterl warm und schluckweise trinken.

Mal sehen, ob da aus den Griesgrämer-Seelen nicht Kerle werden mit Pfiff und Humor. Jedenfalls zählt auch dieses Mittel zu den Aufhellern des Gemütes. Vielleicht hilft dieser Wein sogar bei der Alzheimer-Krankheit? Die meisten heimtückischen Leiden gehen bekanntlich ja vom Gehirn aus und dieser Wein verhilft zur Gesundheit des Gehirns! Wäre er demnach nicht vielen Menschen zu empfehlen?

Probleme mit Psychopharmaka

Wenn sich ein depressiver Mensch zu einer Kur in einem Hildegard-Sanatorium entschließt oder ihm dazu geraten wird, so ist das Hauptproblem die sorgfältige Umstellung von schweren Psychopharmaka auf natürliche Mittel. Zumeist werden ja solche Patienten mit Antidepressiva stabilisiert. Der Bedarf liegt derzeit in der Bundesrepublik bei mehreren Millionen Tagesdosen pro Jahr. Das sagt eigentlich schon alles.
Nun kann man diese Mittel nicht einfach von heute auf morgen absetzen, weil dadurch der Patient sehr instabil werden kann. Eine Kombination mit Veilchen- oder Aronstab-Elixier ist wegen der Unverträglichkeit mit dem Alkohol nicht möglich. Der Wein würde die Wirkung der Psychopharmaka potenzieren. Also bleiben uns nur noch alkoholfreie Mittel für den Anfang.
Es ist dann schon ein beglückendes Gefühl, wenn man erlebt, wie Kurgästen mit einfachen Mitteln geholfen werden kann. Während der Arzt die mögliche Reduzierung der Medikamente überwacht, stopfen wir den Patienten mit Fenchelgemüse voll. Er erhält 3 mal täglich verschiedene Fenchelgerichte. Schon am Morgen gibt es Fenchelsamen zu kauen und Fencheltee. Bei der physikalischen Therapie werden Stirn, Schläfe, Brust und Magen mit Fenchelsaft eingerieben, weil Hildegard schreibt:

Fenchelsaft

"Wie immer man ihn genießt, macht er den Menschen fröhlich, gibt ihm eine schöne Farbe und angenehmen Geruch und gute Verdauung... Wen die Gallsucht (Melancholie) **plagt, zerstoße Fenchel zu Saft und reibe damit Stirne, Schläfe, Brust und Magen häufig ein und die Gallsucht wird von ihm lassen."**

Weiters bekommt der Kurgast rohe Maroni, die er so zwischendurch ißt. Ysop und Bertram sind die unterstützenden Gewürze für alle Menüs. Und nach dem Essen gibt es noch ein paar Weinrautenblätter als Nachtisch:
"**Denn die Wärme der Weinraute schwächt die unrechte Wärme der Melanche** (= Schwarzgallenstoff) **und gleicht die unrechte Kälte der Melanche aus. Darum wird es einem melancholischen Menschen besser gehen, wenn er Weinraute nach anderen Speisen verzehrt."** (H.A. 371)
Ab der dritten Woche sind die Psychopharmaka so weit reduziert, daß Aronstab- oder Veilchen-Elixier angewendet werden kann. Dies nimmt der Kurgast auch zu Hause noch längere Zeit ein.
In schweren Fällen kommen noch die Schlafschwierigkeiten dazu. Eines der wenigen Schlafmittel finden wir beim Fenchel:
"Wer von irgendeiner Widerwärtigkeit befangen im Sommer nicht schlafen kann, koche Fenchel und zweimal soviel Schafgarbe etwas in Wasser und lege nach Abpressen des Wassers diese Kräuter warm um seine Schläfen, Stirn und Haupt und binde ein Tuch darüber. Er nehme auch grünen Salbei, besprenge ihn etwas mit Wein und leg ihn so auf sein Herz und seinen Hals und er findet erquickenden Schlaf." *)

Eine etwas mühsame Sache im Vergleich zum Einnehmen einer Schlaftablette. Mit dieser ist man zwar auch "weg", aber nur der Hildegard-Umschlag bringt **erquickenden** Schlaf. Vom "künstlichen" Schlaf erwacht man wie benebelt und müde, vom Umschlag hingegen ist man morgens frisch. Der Unterschied liegt also in der Qualität des Schlafes.

*) Im Winter nimmt man Fenchelsamen und getrockneten Salbei.

Streß und Schwäche

Der Begriff Streß steht für jene Schwelle, an der das innere Gleichgewicht verändert wird. Ursache sind die unterschiedlichsten Stressoren.

Ein und dieselbe Situation kann bei den Menschen ganz verschiedene Wirkungen haben. Die rote Ampel ist unter Umständen für den, der schon im Büro sein sollte, ein Stressor, während ein ebenfalls im Stau Wartender völlig ruhig bleibt. Was den einzelnen Menschen streßt oder nervt, hängt davon ab, wie er den verschiedenen Gegebenheiten innerlich gegenübersteht.

So kann z. B. jemand sogar in der Hängematte liegen und dennoch unter Streßeinfluß stehen, weil er in Gedanken ständig zu Hause ist, also nicht abschalten kann.

Die Unfähigkeit den alltäglichen Anforderungen mit einer neutralen oder positiven Haltung gegenüber zu treten, streßt. Das verschleißt Kräfte, laugt aus, erschöpft und geht auf Kosten der Lebensenergie. Die Schwäche ist unter anderem auch eine Folge des unnötigen Energieverbrauches. Aber es gibt auch noch andere Ursachen.

Immer matt und müde

Das sind die richtigen: Beim Essen schwitzen, bei der Arbeit frieren und beim Beten schlafen. Am Morgen brauchen sie Aufputschmittel, abends Schlaftabletten. Müde sind sie dennoch immer. So richtig arbeiten können sie nur mehr ein paar Stunden, dann ist die Batterie schon wieder leer. Weder Vitaminpräparate noch die vom Arzt empfohlenen Aufbaumittel schlagen an. Auch wenn sie viel essen, können sie daraus keine Kräfte schöpfen.

Frau Monika S. schreibt:
"Ich wende mich aus voller Verzweiflung an Sie. Was soll man bei ständiger Müdigkeit tun? Die letzten Jahre waren sehr anstrengend, da wir in 3 Jahren zwei Häuser gebaut haben. Ich bin in der Zeit auch noch arbeiten gegangen. Meine drei Kinder bekam ich auch in dieser Zeit. Vor dem Hausbauen hatte ich vor Kraft gestrotzt und jetzt ist mir alles zu viel. Ich fühle mich leer und ausgepumpt.... " usw.

Die Krankheit der 90er Jahre

In einer Fachzeitschrift war zu lesen, daß in den USA die große Müdigkeit - als Krankheit der 90er Jahre bezeichnet - sich wie eine Seuche verbreitet. Die Betroffenen, vornehmlich jüngere, grundsolide und leistungsorientierte Menschen, schlafen tagsüber mehrmals zwangsläufig ein. Die Ärzte stehen vor einem Rätsel. Was man bisher fand, sind zahlreiche Namen für dieses Phänomen: Yuppie-Influenza, Chronisches Müdigkeits-Syndrom, epidemische Neuromyasthenie, Lake Tahoesche Erkrankung, nervöse Erschöpfung, Schlafattacken, sowie die altmodische Neurasthenie.

Die Uhr geht falsch

Organisch sind die Betroffenen zumeist kerngesund, also zählt die große Schlappheit zunächst noch gar nicht als Krankheit, obwohl als Begleiterscheinung auch der Verlust des Muskeltonus auftritt, bei dem die Leute einfach zusammenklappen. Weiters wurden in diesem Zusammenhang auch Krämpfe, Halluzinationen sowie Veränderungen des Bewußtseins angegeben. (Mehr dazu im Kapitel "Angst und Panik", zu dem diese Krankheit gehört und bei dem auch das Heilmittel angeführt wird.) Leider, so heißt es weiter in diesem Bericht, weiß man noch nicht, wie die große Müdigkeit behandelt werden könnte. Und offenbar forschte man bislang auf völlig falschen Fährten nach den Ursachen. Seit kurzem tauchen neue Hypothesen auf, wonach dieses Müdigkeits-Syndrom die Folge einer Asynchronisierung unserer "inneren Uhr" sei. Also ein gestörter Biorhythmus. Beinahe erleichtert wird dann festgestellt, wenn es die "innere Uhr" ist, die entgleist, so kann niemand einen Impfstoff oder Pillen dagegen erwarten. Die einzige Chance bestünde nur in der Rückkehr zu jenem Lebensstil, der den Menschen wieder richtig in Takt bringt.
Diese These paßt genau in das Gesamtbild der Hildegard-Medizin, denn der Mensch steht nicht außerhalb der Naturordnung, sondern ist mit Leib und Seele damit eng verbunden. Deshalb wäre er gut beraten, sich an diese Ordnung zu halten. Welche? Sehen wir uns den Biorhythmus des Menschen aus der Sicht Hildegards einmal an.

Hildegards Biorhythmus

Die moderne Lebensweise entspricht nicht unserem Naturell. Wo liegen die Fehler? Fragen wir lieber so: Was war früher anders?
Es gab zum Beispiel kein elektrisches Licht, kein Fernsehen und das Lampenöl war teuer. In den Wintermonaten, wenn es um halb fünf Uhr schon finster war, dann verrichteten die Leute mit ihrem Wachslicht halt gerade noch die nötigsten Arbeiten im Haus und saßen vielleicht noch eine Weile gemütlich beisammen, aber dann legte man sich auch schon auf den Strohsack.
Also schliefen die Leute in den langen Nächten eben lang. Und das war gut so, denn dadurch setzten sie Winterspeck an und erholten sich von den Strapazen des Sommers. Einer Bauernregel zufolge konnte der Knecht ab Lichtmeß (Febr.) bereits wieder von sechs Uhr morgens bis sechs Uhr abends Holz hacken.
Wir verlängern - klick - nach Belieben den Tag und das ist falsch:
"Wie Gott die Natur im Menschen vorgebildet hat, so hat Er auch die Zeiten des Jahres in ihm durchgeordnet. Mit dem Sommer gab Er einen Hinweis auf den wachenden Menschen, mit dem Winter auf den Schlaf. Wie der Winter in seinem Schoße verbirgt, was dann der Sommer mit Freuden hervorbringt, so wird der schlafende Mensch im Schlummer gekräftigt, damit er bereit sein kann, mit wachen Kräften jedwedes Werk durchzuführen. " (WM 153)

Gesunde Kälte

Uns fehlt der "Winterschlaf", deshalb erholen wir uns nicht mehr so richtig. Die Wintermonate wären eine Zeit zum Abschalten, zum Nachdenken, Planen, Besinnen und Regenerieren. So erleben wir gar nicht, "was dann der Sommer mit Freuden hervorbringt...". Bei uns geht es das ganze Jahr im gleichen Trott dahin. Der Mensch braucht aber den Wechsel der Jahreszeiten, wie das Meer Ebbe und Flut. Wir weichen aber allem aus: der Kälte, der Hitze, der Näße usw. Kneipp hatte schon recht mit der kalten Dusche! Wir Mitteleuropäer sind "Frostkeimer", wir brauchen den Kälteschock, damit wir gesund bleiben:

"Im Winter, wenn der Mensch innerlich kalt ist, schafft es ihm Gesundheit und macht ihn (außerdem) **fett, wenn er viel ißt."** (H.S. 180)

Schlafen Sie ruhig auch im Winter bei offenem (gekipptem) Fenster. Lieber eine rote Nasenspitze wegen der frischen Luft, als trotz einer Heizdecke kalte Füße! Und von Allerheiligen bis Lichtmeß spätestens um 21 Uhr ab in die Falle, denn

"wer viel und über Gebühr wacht, verfällt in Körperschwäche, kommt danach zuweilen von Kräften und büßt auch etwas an Verstand ein." (H.S. 135)

Höre auf die Signale!

Zu unserem Biorhythmus gehören nicht nur die Jahreszeiten, sondern auch Tag und Nacht, sowie der wöchentliche Ruhetag. Ein zum Sporttag gewordener Sonntag bringt nur Nachteile. Es ist wie beim Rauchen: Mit ein paar Zigaretten fängt man an. Es werden aber immer mehr und eines Tages ist man glimmstengelsüchtig geworden. In ähnlicher Weise entfernen wir uns auch von unserem Biorhythmus. Mit der Zeit wurde aus dem Ruhetag ein Sporttag.
Ist es nicht sonderbar, daß Magenleidende ausgerechnet jeweils im Frühjahr und im Herbst Schmerzen bekommen? In nicht wenigen Fällen seit Jahrzehnten! Wenn wir die Krankheit als Signal (informatio) betrachten, so hätte uns dies etwas zu sagen:
"Mann! Schalte im Herbst Dein übertriebenes Streben auf ein erträgliches Maß zurück! Dafür wäre jetzt die richtige Zeit."
Doch der Mensch schuftet anstelle der winterlichen Ruhephase weiter Tag und Nacht, weil er keine Zeit mehr für Ruhe hat. Im Frühjahr kommt erneut die Mahnung: "Treibe es nicht zu bunt, denn Du gehst nicht gestärkt, sondern geschwächt in den flotten Sommer!" Auch diese Mahnung wird mit Pillen zum Schweigen gebracht. Aber sie kommt regelmäßig im Frühjahr und Herbst wieder und der Mensch sagt jedesmal: "Keine Zeit, keine Zeit!"

Haben wir uns den langen Winter über regeneriert, so daß sich über die blanken Nerven eine Isolierschicht bilden konnte, dann kann uns nun nichts mehr halten. Die Natur ist anders geworden. Was sich im Herbst verkrochen hat, kommt wieder hervor. Die ersten Frühlings-

boten würzen die milde Luft, die nun wieder mit Vogelgesang erfüllt wird. Nun gehen auch wir unsere Aufgaben wieder mit neuem Elan an. Nun verspüren wir einen Arbeitsdrang, fühlen uns den Aufgaben gewachsen und merken, daß uns die Arbeit nicht schwächt sondern stärkt. Ja, die Arbeit macht Spaß, selbst wenn uns der Schweiß über die Stirn läuft.
So wäre es also richtig, wie auch Hildegard dazu sagt:

"...ähnlich stößt auch das Fleisch den Schweiß aus, wenn es seiner leiblichen Funktion Genüge tut. **Dadurch gewinnt der Mensch Lust und beginnt im Geschmack dieser Lust zu schaffen."** (W.M. 97)
Wer sich an den natürlichen Rhythmus hält, dem schadet die Arbeit nicht. Im Gegenteil: **"je mehr er arbeitet, desto stärker wird er."** (B.F. 43) Alles zu seiner Zeit. Dieses Maß und diesen Rhythmus müssen wir wieder finden.

Rezepte gegen Schwäche

Die Ursachen für körperliche Schwäche können sehr verschieden sein. Manche Menschen sind schon von Natur aus schwach, andere überarbeiten sich und nicht zuletzt zehren auch Krankheit und Leid an den Kräften.
Obwohl Hildegard bei vielen Stärkungsmitteln nicht nach der Ursache ihrer Schwäche fragt, so müssen wir dennoch einige Unterschiede bei der Anwendung beachten.
Galgant zum Beispiel hilft sehr rasch und zuverlässig bei Herzschwäche. Nicht selten liegt die Ursache für Abgeschlagenheit und leichte Ermüdbarkeit am müden Herzen. Es mag organisch gesund sein, ist aber dennoch gewissen Anforderungen nicht mehr gewachsen. Hier hilft Galgant. Hildegard-Freunde wissen das längst und haben Galgant-Tabletten zu Hause und auch bei sich. Fühlt man sich "geschlaucht", so lutscht man 1-2 Galgant-Tabletten und schon geht es einem wieder besser.
Ähnlich funktioniert auch der **Herzwein**. Wer 1-2 Wochen lang jeden Tag 2-3 Mal täglich ein ordentliches Likörglas voll davon trinkt, der merkt nach Ablauf dieser Zeit schon eine deutliche Besserung des allgemeinen Wohlbefindens.
Und so wird dieser Wein gemacht: 1 Bund (6-8) frische Petersilienblätter unter Beigabe von 2 Eßl. Weinessig in 1 Ltr. Weißwein stark (5-10 Min) kochen, den Topf vom Feuer ziehen, 200 Gr. Honig dazugeben, nochmals kurz aufkochen und dann abseihen.

Die Gundelrebe

Glechoma hederacea

"Ein Mensch, der matt ist und dessen Vernunft hinschwindet, esse die Gundelrebe oft als Gemüse oder Tunke gekocht oder mit Fleisch oder Mehlspeisen und es wird ihm besser gehen."
Hier ist eine Schwäche aus geistiger Überanstrengung und Überdrehtheit gemeint. Dr. Hertzka übersetzte das Wort matt mit "verstumpft", womit eine geistige Abstumpfung und Ermüdung zu verstehen wäre. Wir werden also das frische Kraut wie ein Gewürz für allerlei Speisen verwenden, hingegen die getrocknete und pulverisierte Pflanze in einen Butterkeks-Teig mischen (Anteil ca 5 %) und davon gute Antistreß-Kekse backen.
Die Pflanze wächst fast unter jeder Hecke und ist somit leicht zu beschaffen.
Vermutlich dürften auch Gundelreben-Bäder eine stärkende Wirkung haben. Leider ist diese Textstelle in den überlieferten Schriften verstümmelt dargestellt, weshalb wir darauf nicht näher eingehen.

Zur Traumlegulierung

Eine sehr häufige Ursache für Abgeschlagenheit sind schlechten Träume, wie Hildegard-Freunde längst wissen. Wer von schweren (Alp-)Träumen geplagt wird , lege sich ein **Betonika**-Schlafkissen in die Nähe des Kopfpolsters. Auch der **Jaspis** (Scheibe) hilft, wenn man ihn (nachts) auf der Haut anliegen läßt.

Die medizinische Kopflauge

"Wenn ein Mensch mit einer aus Gundelrebe bereiteten Lauge sein Haupt fleißig wäscht, scheucht es viele Schwachheiten aus seinem Kopf und verhindert daß er krank (schwach) **wird."**
Eine höchst aufschlußreiche Stelle! Also entstehen so manche Krankheiten durch die fehlende Kopfgesundheit. Hier hilft die Gundelreben-Lauge. Dazu müssen wir eine genügende Menge des getrockneten Krautes ohne andere Beimengung verbrennen. Was dann noch übrigbleibt - die Asche - kochen wir stark in Wasser und so erhalten wir die gewünschte Lauge. Diese füllen wir in Flaschen (0.5 Ltr), um die Lauge gleich portioniert zur Verfügung zu haben. Alle nervlich belasteten Leute sollten zu deren Genesung davon fleißig Gebrauch machen. "Scheucht viele Schwachheiten aus dem Kopf.." Zählt dazu auch die Alzheimer-Krankheit und multiple Sklerose?
Wie die Gehirnforschung nachweist, kommt es bei allen Phobien und Panikattacken zu einer Spannungsentladung im Gehirn. Solche Leute "verlieren den Kopf", wie der Volksmund sagt. Ich traue es diesem Kopfwaschmittel zu, hier wieder Ordnung zu schaffen, obwohl in Hildegard-Kreisen dazu Erfahrungen noch fehlen.
Wenigstens eine Erfahrung haben wir bisher gemacht: Einer älteren Dame sind nach häufiger Anwendung dieser Lauge die immer weniger gewordenen Haare allmählich wieder nachgewachsen. Heute hat sie keine Haarprobleme mehr.

Nelkenwurz

Geum urbanum

"Ist warm. Nimmt sie einer in Getränken ein, entzündet sie zu Liebesglut. Wenn aber einem Menschen die Körperkräfte gänzlich vergehen, koch Nelkenwurz in Wasser und dieses warme Wasser trinke oft und sein Körper wird die Kräfte wieder erhalten. Wenn es seinem Körper besser geht, meide er sie!"

Die Nelkenwurz ist die "Wildsau" unter den Pflanzen. Sie schürt das Feuer der Sinnlichkeit, gibt dem Menschen aber auch wieder seine Kräfte zurück. Vermutlich bewirkt der Nelkenwurz-Tee auch eine bessere Aufschließung der Nahrungsmittel. Bei zunehmendem Kräfteverfall ist der Körper nicht mehr in der Lage, die Nahrung richtig aufzuspalten, so legt sich dann nichts mehr an.

Dieses Beispiel zeigt, welche Wirkmechanismen hier genützt werden, um Körperschwäche zu beheben. Es ist eine Art Hormonbehandlung. Weder Vitamine, noch Spurenelemente sind gefragt. Lebenslust und Lebenskraft (viriditas) haben etwas mit einem intakten (Sexual-) Hormonhaushalt zu tun. Wenn es mit dem Patienten wieder aufwärts geht, setzt man den Nelkenwurz-Tee wieder ab. Dr. med. Hertzka empfiehlt in der Hildegard-Apotheke den Tee bei Asthenie, Körperschwäche, Kreislaufschwäche, Rekonvaleszenz, Blutarmut, Osteoporose und als Aphrodisiakum.

Schwein gehabt?

Derselbe Wirkmechanismus wie beim Nelkenwurz-Tee wird auch beim Schwein zur Behebung großer Schwächen genützt.

"Das Schwein ist ein unsauberes Tier, weshalb sein Fleisch nicht gesund sondern quälend und weder Gesunden noch Siechen gut zu essen ist. ...
Aber ein stark heruntergekommener Mensch, der an seinem Leibe hinfällig und dürr ist, esse etwas vom Jungschweinernen, solange er kraftlos ist, damit er von dessen Wärme sich Wärme erwerbe. Ist er genesen, esse er weiterhin nicht mehr davon, weil es schließlich doch nur das Siechtum in ihm mehrte...

Wer am Leib schon fast dahin ist, esse oft von gekochter Schweinsleber und es belebt ihn, labt und stärkt."
Wenn die Kräfte bei einem Menschen wie Schnee in der Sonne dahinschmelzen, dann verdörrt auch die Grünkraft. Es fällt auf, daß Hildegard gegen Schwächezustände nicht selten hormonell stimulierende Mittel anführt. Dazu gehört auch das Schwein. Wie vermehrungsfreudig das Schwein ist, sieht man daran, daß es gleich ein Dutzend nackte Ferkel wirft. Ein Schaf hingegen gebiert zumeist nur ein Lamm, welches bereits schön artig, mit einem Schurwoll-Pullover bekleidet, zur Welt kommt. Es ist ein "keusches" Wesen.

Besonders kräftigende Eigenschaften hat die Schweins**leber**, die jedermann mit ruhigem Gewissen essen darf. Manche fürchten heute die Rückstände (Schwermetalle) in der Leber aufgrund der Umweltverschmutzung. Wenn wir danach gingen, dann dürften wir ja schon lange nichts mehr essen. Zu große Ängstlichkeit ist fehl am Platz.
Hautempfindliche Leute sollten jedoch Schweinernes gänzlich meiden, weil sie ansonsten von ihren Unreinheiten nicht loskommen. Dazu gehören auch die meisten Wurstwaren, die doch überwiegend aus Schweinefleisch und Schweinefett hergestellt werden.
Ein Problem bei der heutigen Massentierhaltung ist freilich der nicht unbedenkliche Einsatz von zusätzlichen Wachstumshormonen und Medikamenten, die wir mitessen. So gesehen hat jener, der das Fleisch von einem Biobauern bekommt, noch einmal "Schwein gehabt".

„. . . die da nicht, Doktor, die essen wir selber!“

Feigen

"Die Frucht taugt einem Gesunden nicht zum Essen, weil sie ihn angeheitert und täppisch macht, sodaß er genießerisch und lüstern wird, ehrgeizig und habgierig und ganz wankelmütig und unbeständig.
Auch dem Leib selber ist der Genuß dieser Frucht nicht zuträglich, weil sie das Fleisch zur Auflösung bringt und allen Säften widersteht und so zum Bösen reizt, als wäre sie sein Feind.
Einem Schwachen aber, dessen Leib dahinsiecht, ist diese Frucht gut zu essen, weil es ihm an Körper und Geist gebricht. Der soll sie essen, bis es ihm wieder besser geht, sie nachher aber meiden."
Die Äpfel und Nüsse hat uns der Nikolaus gebracht. Die Feigen muß wohl der Krampus dazugelegt haben. Kann man Kindern noch mehr schaden als durch Feigen? Sie schwächen das gesamte Immunsystem umd machen die Kinder alles andere als brav.
Nur dem Kranken und Schwachen helfen die raffinierten Wirkstoffe dieser Frucht. Hormonell, wie sich denken läßt. Deshalb ist auch hier wieder die Mahnug, davon zu lassen, sobald es ihm wieder besser geht. Sehen wir nicht gerade an diesem Beispiel, wie wenig wir erst wissen? Jeder "Schmarrn" ist rezeptpflichtig, um nur ja keinen Mißbrauch zu ermöglichen. Die Feigen, die in den Giftschrank kommen müßten, bringt ausgerechnet der Krampus.

Das Zypressenbad

"Wer kraftlos ist und dem der ganze Körper dahinwelkt, der koche die Zweige mit den Blättern der Zypresse in Wasser und nehme in diesem Wasser ein Bad. Das mache oft und er wird geheilt und wieder zu Kräften kommen."

Woher nehmen? Sind Sie nie dabei, wenn sich die Blechlawine Richtung Süden in Bewegung setzt? Ab dem Gardasee zieren Öl- und Lorbeerbäume, Zedern und Zypressen die Straßen und Gassen. Da schlägt das Hildegardherz höher. Auf dem Heimweg reift ein verwegener Gedanke: Runter von der Autobahn und schön gemütlich an den Zypressenwäldern entlang. Dann machen wir einen kleine Pause und nehmen uns ein paar Zweige als Souvenir mit.
Zu Hause werden diese Zweige klein gehackt und getrocknet. So kommen sie bei Bedarf in den Kochkessel. Auf 10 Liter Wasser nehmen wir eine Hand voll Zypressenholz, welches gut eine halbe Stunde lang stark gekocht wird. Das Wasser bekommt allmählich eine braunrote Farbe. Nun schütten wir es in die Badewanne und kochen die Zweige nochmals mit frischem Wasser, denn die Zweige sind noch längst nicht ausgelaugt. So erhalten wir mit einigen Abkochungen ein kräftigendes Bad.

Wer die Möglichkeit hat, setze anstelle der Thujenhecke eine Zypressenhecke an. Keine Sorge, Zypressen gedeihen auch bei uns. Die Hecke wird dann alle Jahre ein wenig gestutzt, damit sie schön dicht wächst. Mit dem Abfall machen wir uns die herrlich stärkenden Bäder.

Wenn es sich machen läßt, so probiere ich jedes Rezept aus, bevor ich meinen (Hildegard-) Freunden darüber berichte. Mein erstes Zypressenbad genoß ich nach einem Kurzurlaub in Italien. Das mitgebrachte "Souvenir" (Zypressenzweige) kam schon am nächsten Tag in den (Feld-) Kochkessel. Er faßt 50 Liter Wasser. Nach der ersten Abkochung füllte ich ihn gleich noch einmal, weil das Holz ohne weiteres 2 Mal ausgekocht werden kann, ohne ausgelaugt zu sein. Das ergab ca. 90 Liter herrlich rotbraunes Zypressenextrakt. Bei meiner Größe reicht das in der kleinen Badewanne für ein Vollbad.
Es muß wohl noch etwas zu heiß gewesen sein, denn ich bekam Riesendurst. Eine Halbe Bier ließ ich mir schon im Bad reichen. Die zweite sogleich danach. Es floß wie Wasser hinunter.
Im Sanatorium getrauen sich die Ärzte, nachdem ich ihnen dies berichtet habe, gar kein Vollextraktbad mehr verordnen. Aber "Halbe-Halbe" tuts auch. Die Kurgäste sind voll des Lobes über dieses südländische Gehölz und jeder möchte in diesem weinroten Wässerchen seine Schlappheit abwaschen, was nach einigen Bädern auch gelingt.

Die Nährlösung

"Aber ein ganz Kraftloser, dem es schon überall fehlt, koche kräftig die Gerste in Wasser, gieße dieses Wasser in ein Faß und bade darin. Das tue er oft, bis er gesundet, sein Körper sich mit Fleisch wieder füllt und er zur Gesundheit zurückkehrt."

Gentechnologen erhalten Zellkulturen in einer Nährlösung am Leben. Eine ähnliche Wirkung hat das Gerstenextrakt für kranke und schwache Menschen. Man legt sie sozusagen in eine Stammwürze. Die Kraftstoffe daraus werden vom Körper über die Haut aufgenommen.

Die Verheißungen bei Hildegard sind groß. Sie verspricht einem abgemagerten Menschen wieder die Fülle des Fleisches! Demnach muß der Gerstenabsud im wahrsten Sinne des Wortes wie eine Nährlösung auf den Körper wirken. Nur noch die Haut vermag den nicht mehr intakten Stoffwechsel wieder herzustellen. Das wäre unter anderem auch ein Mittel gegen die Magersucht. Zumeist setzen wir die Gerstenbäder aber zur allgemeinen Kräftigung bei rekonvaleszenten, kränklichen und schwachen Leuten zu deren Kräftigung ein.

Und so wird's gemacht:

Ein kräftiges Bad erhält man, wenn Gerste und Wasser im Verhältnis 1:10 zubereitet werden. Ideal dazu wäre ein Waschkessel. Darin läßt man dann 7 Ltr. Gerste in 70 Ltr. Wasser mindestens eine Stunde lang (zugedeckt) stark kochen. Das abgeseihte Wasser in die Badewanne geben und abkühlen lassen, bis es angenehm warm ist. In dieser Nährlösung soll der Patient etwa eine halbe Stunde lang baden. Wer auf diese Weise aufgepäppelt werden soll, der muß schon einige Monate lang mehrmals pro Woche so ein Gerstenbad bekommen.

Hildegards "Schwedenbitter": Das Lattich-Mischpulver

"Nimm eine gleiche Gewichtsmenge Aloe und Myrrhe und vom Kampfer etwas weniger als eines der beiden wiegt. Das lasse zusammen in einer Pfanne zerlaufen. Dann füge etwas Waldlattich hinzu und mache aus diesem Gemisch unter Zusatz von Feinmehl Kekse und trockne sie an der Sonne oder über einem von Feuer heiß gemachten Stein. Wenn sie ganz trocken sind, zerreibe sie zu Pulver.
Von diesem Pulver nimm oft nüchtern etwas in warmer Honigwürze ein. Wenn du gesund und kräftig bist, wirst du erstaunlicherweise noch gesünder und kräftiger, und deine Kräfte werden auf diese Weise gefestigt. Und wenn du krank bist, richtet es dich auf wunderbare Weise auf und macht dich stark, wie wenn die Sonne an einem trüben Tag durchbricht." (H.A. 75)

Bei so großen Verheißungen steht dieses Mittel natürlich auf der Wunschliste aller Hildegard-Freunde. Einer davon hat es sich selbst zubereitet und mir eine Kostprobe gegeben. Mich hat schon ein kleines Krümelchen davon ordentlich "ausgeräumt". Daraufhin habe ich mir das Rezept angesehen und promt einen Fehler entdeckt:

Im Buch "Große Hildegard-Apotheke" wurde vermutlich irrtümlich der Hasenlattich (Hb.Chondrillae) anstelle des Lactuca serriola (Wilder Lattich) und auch noch eine falsche Menge angegeben. So konnte ich mir die purgierende Wirkung dann erklären. Im Einvernehmen mit Dr.Hertzka nehme ich hier eine kleine Korrektur des Rezeptes vor. Hildegard schreibt ja: "füge **etwas** Waldlattich hinzu".

Pulvis Aloe vera	10,0 g
Pulv. Myrrhae	10,0 g
Pulv. Camphora offic.	5,0 g
Herba ~~Chondrillae~~	~~10,0 g~~ ⇒ weg
Herba **Lactucae silv.**	**3,0 g** ⇐ dafür
Farina spelta 100,0 – 200,0 g	

Die Selbstherstellung dürfte einige Schwierigkeiten bereiten, weil im Gegensatz zu Myrrhe und Kampfer das Aloepulver nicht ohne weiteres zu beziehen ist. Es sei denn, jemand kauft sich in einer Gärtnerei gleich einen Aloe-Stock. So fehlt dann noch der **Wilde Lattich** (Lactuca Serriola), auch Zaunlattich genannt, weil er gerne an Zäunen, Mauern, Hecken, Weinbergen und wüsten Plätzen wächst. Er sieht dem Giftlattich ähnlich, weshalb Pflanzenunkundige wegen der Verwechslungsgefahr ihn erst gar nicht suchen gehen sollten.
Am besten kauft man sich in Hildegard-Läden das Lattich-Mischpulver und nimmt zwei Messerspitzen voll in einem Glas warmer Honigwürze*) 2-3 Mal am Tag ein.
Dieses universale Kräftigungsmittel stärkt das Immunsystem, wie aus dem Text eindeutig hervorgeht, kräftigt ganz allgemein, insbesonders aber den Schwachen. Wir werden es bei Erschöpfungszuständen, Müdigkeit, Schwäche, Rekonvaleszenz, Wetterfühligkeit, bei niederem Blutdruck (Hypotonie), sowie als gesunderhaltendes Mittel einsetzen.

*) Honigwürze = 1 El. Süßholzsaft und 1 El. Honig auf 1/4 l Wasser

Wilder Lattich, *Lactuca Serriola.*

Wermut: Meister über alle Erschöpfung

Über den Wermut schreibt Hildegard, er sei **warm, von großer Kraft und Meister über alle Erschöpfung!** Viele Hildegard-Freunde schätzen inzwischen den **Maitrank**, der nach einem Hildegard-Rezept (s. Band Eins), aus frischem Wermutsaft, Honig und Wein zubereitet wird. Viele machen diese Maikur von Jahr zu Jahr.
So könnten wir noch zahlreiche Mittel anführen, aber ich glaube, daß die bisher genannten Rezepte in der Regel ausreichen, um sich von einer Schwäche wieder zu erholen.

Wermut
Artemisia absinthium

Gruppe 3

Angst & Panik

Nach Depressionen, Streß und Schwäche wenden wir uns einem Heer anonymer Panikpatienten zu, die in keiner Statistik aufscheinen, von Arzt zu Arzt laufen, nirgends wirkliche Hilfe finden und selbst von den Angehörigen als Hypochonder geschmäht werden. Sie verschwinden unbemerkt aus dem gesellschaftlichen Leben und fristen in ihren vier Wänden ein Dasein in Angst und Panik.

Die Attacke

Wie ein Blitz aus heiterem Himmel überfällt sie in einer ganz alltäglichen Situation eine Panikattacke. Die Betroffenen verspüren einen plötzlichen Zusammenbruch ihrer Kräfte, welcher vom beängstigenden Gefühl in Ohnmacht zu fallen, den Verstand zu verlieren oder sterben zu müssen, begleitet ist. Weitere Begleiterscheinungen sind rasender Puls, Schweißausbruch, Mundtrockenheit sowie das Gefühl der Unwirklichkeit. Bei der ersten Attacke wissen die Betroffenen überhaupt nicht, was da vor sich geht. Dieser Panikanfall ist zumeist nur von kurzer Dauer, versetzt aber dem Menschen einen Schock. Von nun an steckt ihm die Angst wie eine Laus im Nacken, daß sich desgleichen wiederholen könnte.

Die Angst vor der Angst

Was sie insgeheim schon ahnten, trifft nun ein: In einer ähnlichen Situation überfällt sie erneut die Panik. Wiederum scheint der Boden unter ihren Füßen wegzurutschen und wiederum haben sie das Gefühl, umzukippen. Der Puls rast, man möchte weglaufen, atmet flach und unregelmäßig und ringt nach Luft. Erneut diese Beklemmung, der Schweißausbruch...

Der zweite Schock sitzt noch tiefer. Er führt zu der Gewißheit: das kann Dir überall und jederzeit wieder passieren. Von nun an fürchten sich solche Menschen wie ein gescheutes Pferd vor Situationen, bei denen sie vermuten, daß wiederum "der Stein ins Rollen" kommt. Anders ausgedrückt: Sie bekommen Angst vor der sie überfallenden Panikattacke, der sie hilflos ausgeliefert sind.

Das Vermeidungsverhalten

Meine Haflinger-Stute wurde einmal von einem Mopedfahrer erschreckt. An dieser Stelle muß ich noch heute, obwohl inzwischen über ein Jahr vergangen ist, gut aufpassen, daß mir das Pferd nicht durchgeht. Man merkt deutlich die Angst an dieser Stelle. Am liebsten würde es diese umgehen. Genau das macht der Mensch, dem keine Zügel angelegt sind. Er weicht den "Gefahrenzonen" aus. Seien es die Straßenbahn, der Supermarkt, kleine (Warte-) Räume usw.

Der Gaul zeigt unverhüllt seine Angst vor einer bestimmten Situation. Der Mensch will sie hingegen verbergen, weil er keinerlei Verständnis von den Leuten zu erwarten hat. Tatsächlich haben wir in dieser Sache für Pferde mehr Verständnis als für unsere Mitmenschen. Wer nie eine Panikattacke selbst erlebt hat, der kann sie sich auch gar nicht vorstellen. Also versteht er nicht, wieso jemand in der U-Bahn in Panik gerät. Die Folge dieses Unverständnisses ist, daß Phobiker ein Vermeidungsverhalten entwickeln, indem sie auf raffinierte Weise solchen Gefahrensituationen aus dem Wege gehen. Die Phobie engt dadurch den Aktionsradius des Patienten immer mehr ein. Viele ziehen sich letztlich in ihre eigenen vier Wände zurück und sind kaum noch in der Lage, das Haus zu verlassen.

Die Ursachen

Die USA ist in der Angstforschung führend. Dort wurde im Handbuch für Diagnose und Statistik mentaler Störungen (DSM-Klassifikation) dieser Krankheitskomplex vor wenigen Jahren erstmals definiert.*) Man spricht von **Agoraphobie und Panikattacke.** Diese Begriffe haben noch nicht einmal in der Fachliteratur Eingang gefunden, geschweige denn in der Praxis.
Dennoch ist diese Krankheit nicht neu. Durchgehende Pferde gibt es seit es Pferde gibt und Panikattacken ebenso lang. Hildegard sagt uns sogar, daß ein bestimmter Menschentypus besonders anfällig dafür ist. Und zwar **"jene, die ein übersprudelndes Wesen haben."** Das sind die Vielbeschäftigten, die Managertypen und Engagierten. Es kann aber auch jeden anderen Menschen treffen und zwar dann, wenn einschneidende Veränderungen wie Geburt, Tod, Trennung von Beruf, Familie, Freundeskreis etc. eintreten oder Probleme in zwischenmenschlichen Beziehungen auftreten.

*) "Die Angst aus heiterem Himmel" Mosaik-Verlag

Hilfe - ich bin gesund

Personen die nach einer Panikattacke zum Arzt gehen, werden zumeist für organisch gesund befunden. Tatsächlich sind nach Abklingen der Panikstörung alle Funktionen wieder ganz normal.
Der Arzt spricht von vegetativer Dystonie, weil die neue Klassifikation bei uns noch zu wenig bekannt ist. In der einschlägigen Literatur liest man noch von Angstneurosen, Symptomneurosen, Zwangsneurosen, von Neurasthenie und veg. Dystonie. Also kehrt der Patient als gesunder Neurotiker heim und läßt sich nie wieder sehen, weil er sich unverstanden fühlt. Sofern der Patient dazu noch in der Lage ist, sucht er noch einen Spezialisten auf. Dort bekommt er als psychisch Angeschlagener selbstverständlich

Psychopharmaka.

Wie viele Menschen Probleme mit der Angst haben, zeigt der Verbrauch an Beruhigungsmitteln (Tranquillizer). So wurden z.B. im Jahr 1987 ca. eine halbe Milliarde (!) Tagesdosen an Benzodiazepine verschrieben. Ähnliche Verkaufserfolge erzielen die trizyklischen Antidepressiva, die MAO-Hemmer, Neuroleptika, Betablocker und dergleichen mehr.
Mit den angstlösenden Mitteln kann zwar einiges erreicht werden, es besteht aber neben der Suchtgefahr auch ein nicht zu unterschätzendes Risiko an Nebenwirkungen. Auch beseitigen die Medikamente nur die Symptome, nicht aber ihre Ursachen. Setzt man die Mittel ab, ist alles beim alten. Dauereinnahme macht süchtig. Ein Teufelskreis. Nicht wenige landen in der Psychiatrie. Nur wenige schaffen den Weg zurück in das normale Alltagsleben. Der Grund:

Kein Heilmittel in Aussicht?

*"Die Hoffnung, daß eines Tages eine Wundermedizin Ordnung in die inneren Konflikte des Menschen bringt, ist naiv und illusorisch." *)*
Dieser Tenor klingt aus allen Berichten von Fachleuten zu diesem Thema. Niemand hält es für möglich, diese sicher sehr komplizierten Vorgänge im Hormon- und Nervensystem mit Arzneimittlen wieder völlig in Ordnung zu bringen. Einstimmig wird von obskuren Wässerchen und ähnlichem gewarnt, weil sie nur den Geldbeutel erleichtern, nicht aber das Leiden.
Wer selber "live" dabei war und somit aus Erfahrung sprechen kann, fühlt sich natürlich doppelt verpflichtet, falls man fündig geworden ist, diesen Menschen am Rande des gesellschaftlichen Lebens zu helfen.
Es war eine lange und schwierige Suche, weil Hildegard für dieses Leiden einen uralten Namen nennt: **Syncope**

Sieben auf einen Streich!

An sich ist das Mittel eine Sensation. Es heilt die Ursache und somit sämtliche Spielformen dieses Leidens. Ob Panikattacke, Agoraphobie, Neurasthenie, Symptomneurose, Angstneurose, Zwangsphobien oder vegetative Dystonie, alle sind in kurzer Zeit wie weggeblasen. Kaum zu glauben, aber es ist so und jeder Betroffene kann sich davon selber überzeugen. Die weitere Überraschung liegt in dem noch unerforschten Wirkprinzip. Bei oberflächlicher Betrachtung glaubt man es mit reiner Scharlatanerie zu tun zu haben. Wir wollen daher dieses Wunderwässerchen etwas genauer unter die Lupe nehmen.

*) Aus Zeitschrift RAUM U. ZEIT Nr. 44 1990 v. Prof. I.Iannone, Neapel

Solarstrom für die Nerven

Wer für sein Gartenhäuschen eine netzunabhängige Stromversorgung haben will, montiert auf dem Dach ein Solarmodul, welches aus Sonnenlicht Strom gewinnt und diesen in einer Batterie speichert. Abends, wenn keine Sonne mehr scheint, entnimmt man den tagsüber gesammelten Strom aus der Batterie und versorgt somit die Lampen.
Bei dem folgenden Rezept muß es sich um ähnliche Vorgänge handeln, wobei anstelle der Siliziumplatten ein Bergkristall dient und der Sonnenstrom nicht in Schwefelsäure, sondern in der Weinsäure gespeichert wird.
Hildegard schreibt:
"Wer an Syncope leidet, der hat ein übersprudelndes Wesen, ist aber unkräftig und machtlos und spürt manchmal einen plötzlichen Zusammenbruch seiner Kräfte, so daß er wie ein Toter daliegt.
So einer soll einen Bergkristall oder auch mehrere oder soviel er bekommen kann, an der Sonne warm machen und sie einen halben Tag lang oder eine Stunde lang über den Nabel unterhalb seiner Brust so gewärmt andrücken. Das soll er oft machen. Auch soll er diesen Kristall an der Sonne wärmen und hurtig Wein darübergießen und also oftmals trinken, und die Syncope wird weichen." (Baseler Heilmittelausgabe A 18)

Treffender könnte die Agoraphobie und Panikattacke nicht beschrieben werden. Im fortgeschrittenen Stadium kommt es tatsächlich zu Ohnmachtsanfällen und einem Zusammenbruch der Kräfte. Der Bewußtseins- und Tonusverlust ist charakteristisch für dieses Leiden; desgleichen eine übersprudelnde Lebhaftigkeit mit rascher Ermüdbarkeit.

Das intelligente Heilmittel

Forscher sehen die größte Schwierigkeit bei der Behebung dieses Leidens in der Löschung des Selbsterlebten, welches auf der Basis eines Kodexsystems bewertet und gespeichert wird.
Diese Erkenntnisse der modernen Angstforschung kommen den Aussagen Hildegards sehr nahe. Sie erklärt uns diese komplizierten Vorgänge der Umwandlung von Impulsen zu Botenstoffen ganz genau. Im Kapitel Leib und Seele erfahren wir dazu mehr.

Nun geht es darum, die irrationalen Überreaktionen (Panikattacke) und die mit "Vorsicht" gekennzeichneten Situationen (U-Bahn, Kaufhaus...) nicht mehr als Negativerlebnis, sondern als normal zu bewerten. Diese Korrektur macht die Bergkristall-Anwendung in zwei Schritten. Die Überreaktionen werden durch das Auflegen sonnengewärmter Bergkristalle auf das bekannte Sonnengeflecht behoben und die Angst vor der Angst durch den Wein "gelöscht".

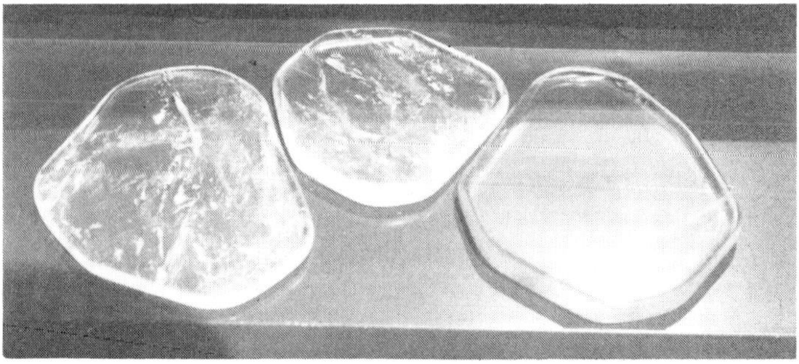

Bergkristallscheiben auf der Fensterbank

So wird's gemacht

An einem sonnigen Tag erwärmen wir (bereits am Vormittag) all unsere Bergkristalle und legen sie uns zumindest eine Stunde lang, besser aber einen halben Tag lang, auf den Magen (oberhalb des Nabels und unterhalb der Brust). Sie sollen angedrückt werden, also müssen wir sie festbinden oder beschweren, damit der Hautkontakt gegeben ist. Am besten verbringt man den ganzen Nachmittag auf dem Rücken liegend, mit guter Hildegard-Lektüre. Wer rasch gesund werden will, reserviere sich gleich alle schönen freien Tage für solche Anwendungen, denn sie sollten oft gemacht werden.
Am selben Tag machen wir uns auch den Bergkristallwein. Dazu wird ein sonnengewärmter Bergkristall hurtig mit Wein übergoßen und der so "abgeschreckte" Wein aufgefangen, denn dieser "abgelöschte" Wein ist unser Heilmittel. Bei diesem Vorgang entläd sich vermutlich der Solarstrom in den Wein. Wir gießen nicht gleich den ganzen Flascheninhalt darüber, sondern nur einen guten "Schuß", etwa 1/4 Liter, und wiederholen die ganze Prozedur - wieder erwärmen und ablöschen - so lange, bis wir die ganze Weinflasche oder gleich mehrere über den Kristall abgelöscht haben. Dann nehmen wir einen Trichter und leeren den im Topf befindlichen Wein wieder in die Flasche zurück. Davon trinken wir täglich 1/8 l bis die Flasche leer ist.

Eine junge Frau schrieb mir am 9.Aug.1990:

"... Jetzt leide ich schon fast 8 Jahre an einer Zwangsneurose. Ich habe einen ganz starken Ekel vor Blut und Urin (als Arzthelferin) entwickelt und habe fast ständig das Gefühl schmutzig zu sein, sodaß ich an einem ausgeprägten Waschzwang leide. Oft ist dieser Zwang so schlimm, daß beim Waschen jemand dabei sein muß, da ich vor lauter Ekel und Angst nicht mehr sagen kann, wo ich mich jetzt gewaschen habe, und wo nicht. Wenn ich alleine aus dem Haus gehe - was selten vorkommt - spielt mir meine Phantasie fürchterliche Streiche. Ich bilde mir dann ein, irgendwo auf einer fremden Toilette gewesen zu sein oder ein auf der Straße liegendes Tempo angestoßen zu haben. Dann empfinde ich einen so starken Ekel, daß ich auf der Stelle nach Hause muß, um mich zu waschen und frisch anzuziehen. Ich weiß oft in solcher Situation nicht, was Phantasie und was Realität ist. Manchmal weiß ich auch, daß ich es mir nur eingebildet habe, aber ich kann es einfach nicht glauben, da der Zwang, mich zu waschen, einfach zu stark ist.

Und wenn ich mich schmutzig fühle, plagt mich ein fürchterlicher Kontrollzwang. Dann muß ich schauen, ob alles gerade liegt und steht und brauche oft Stunden, bis ich z. B. gebügelte Wäsche aufgeräumt habe.

Lieber Herr Posch, Sie können mir glauben, daß es mir sehr schwer fiel, Ihnen meine Situation zu schildern, da ich mich wegen dieser Zwangsneurose sehr schäme und auch mit niemandem darüber reden kann, da ich Angst habe, daß man mich auslacht oder verspottet.

Ich habe schon eine sechsmalige stationäre Behandlung in einem Zentralinstitut für seelische Gesundheit und eine 3 Jahre dauernde Psychoanalyse hinter mir, aber dies alles brachte nur wenig Besserung.

Oft, wenn diese Zwänge sehr schlimm sind, habe ich das Gefühl, nicht mehr leben zu können und bitte den lieben Gott, mich zu sich zu nehmen.
Ich war sogar schon soweit meinen Glauben, meine Liebe und mein Vertrauen zu dem lieben Gott zu verlieren, doch dann schickte "Er" mir viele liebe Menschen, die mir dabei geholfen haben, an dem Glauben, der Liebe und dem Vertrauen zu unserem Herrgott festzuhalten und sogar noch zu vertiefen.
Jetzt trage ich wieder den Glauben im Innersten meines Herzens, daß mir der liebe Gott dabei helfen wird, wieder gesund zu werden, um ein normales Leben führen zu können; und vielleicht hat "Er" mir auch deshalb Ihr Buch in die Hand gelegt.
Da ich in Ihrem Buch "Was ist Hildegard-Medizin?" nichts Konkretes über Zwangsneurose, Waschzwang und Kontrollzwang lesen konnte, möchte ich Sie fragen, ob die heilige Hildegard auch für mich eine Möglichkeit sieht, wieder gesund zu werden.
Ich weiß, daß Sie sicherlich viele Zuschriften erhalten und auch bestimmt sehr wenig Zeit haben, aber trotzdem möchte ich Sie von ganzem Herzen bitten, mir zu helfen.
Vielleicht läßt Ihnen der liebe Gott durch die heilige Hildegard eine Botschaft zukommen, wie mir geholfen werden kann. Die Hildegard-Medizin ist für mich ein richtiger Hoffnungsschimmer geworden, denn ich kann diese Krankheit einfach nicht mehr ertragen. Jeder Tag, jede Stunde und jede Minute ist für mich ein einziger Kampf.
... Auch habe ich Angst meinen Mann durch die Krankheit zu verlieren...- Bin nur noch eine Belastung, auch wenn es mir niemand so deutlich sagt ..."

Alles Bluff oder Nägel mit Köpfen?

Nach diesem Brief wußte ich, nun schlägt die Stunde der Wahrheit. Wenn die Bergkristall-Anwendung auch in diesem Falle hilft, dann liege ich mit meiner Annahme, daß die vielfältigen "Spielformen" ein und dasselbe Grundübel haben, richtig.
Weil gerade traumhaft schönes Wetter war, machte ich sogleich den Bergkristallwein und schickte ihn der jungen Frau. In einem Brief teilte ich noch mit, daß sie auch die Auflagen (Kristalle auf Magen) machen müsse.
Insgeheim wartete ich auf Antwort. Am 10. Oktober war es so weit. Ich war gespannt.

Lieber Herr Posch!
Zuerst möchte ich mich recht herzlich für den Bergkristallwein bedanken. Ich kann es eigentlich gar nicht in Worten ausdrükken, wie groß meine Freude war, als mein Mann und ich Mitte September vom Urlaub zurückkamen und ich Ihr Päckchen vorfand.
Natürlich habe ich gleich am ersten Abend mit der Einnahme begonnen. Am nächsten Tag habe ich mich ziemlich wohl gefühlt und auch meine Phobie hielt sich sehr in Grenzen. Die folgende Woche haben mein Mann und ich dann noch bei meinen Eltern verbracht und auch da hatte ich das Gefühl, daß es mir besser geht. Nur konnte ich es nicht so genau beurteilen, da ich ja fast nie alleine war.
Und dann am Montag, dem 24. Sept. der erste Tag im Alltagstrott, habe ich die Veränderung in mir so richtig bewußt gespürt.
Ich konnte jetzt Dinge tun, die ich mich früher nie getraut hätte, vor lauter Angst, daß mir meine Zwangsneurose einen Strich durch die Rechnung macht. So habe ich z.B.

die Waschmaschine angemacht, Wäsche gebügelt, Geschirr gespült und irgendwie war die Angst, daß etwas schmutzig ist, fast gar nicht mehr da. Der Wille und der Mut etwas alleine tun zu können war jetzt einfach viel größer. Vor allem kann ich jetzt viel besser unterscheiden was Phantasie und was Realität ist. Ich kann das alles nicht so richtig in Worte fassen, was sich verändert hat. Manchmal kommt es mir fast wie ein Wunder vor.

Mein Kontrollzwang hat sich auch ein wenig gebessert, aber ich denke, da ich erst den Kontrollzwang und dann die Phobie bekam, muß auch erst die Phobie verschwinden, bevor sich der Kontrollzwang wesentlich verbessert. ... Ich habe jetzt schon 3 Wochen meinen Haushalt bis auf winzige Kleinigkeiten alleine versorgt und bin auch wieder mit dem Auto unterwegs. Ich kann natürlich noch nicht sagen, daß ich keinerlei Probleme mehr habe, aber das wäre auch etwas zu viel verlangt. Es ist auf jeden Fall ein unwahrscheinlich beglückendes Gefühl, wieder nach etlichen Jahren ein Stück Freiheit und Unabhängigkeit zu spüren. Manchmal denke ich, daß nun endlich ein neues und schöneres Leben für mich beginnt und daß der liebe Gott nun auch glaubt, daß es für mich an der Zeit wäre, wieder gesund zu werden. Denn sonst hätte "Er" mir nicht die Hilfe durch die heilige Hildegard und durch Sie... geschickt.
... Das Glück, das ich im Moment erlebe, möchte ich gegen nichts auf der Welt eintauschen...

Nach diesem Zwischenergebnis war mir klar: Dieser Wein packt die Sache an der Wurzel. Und weil die Korrespondenz sehr oft um diese Probleme kreist, habe ich das Thema sehr ausführlich dargelegt. Nun wissen wir mehr über diese Problematik und können auch helfen.

Psychische Konflikte

Nun kommen wir zum großen Schlachtfeld psychischer Konflikte. Auf dieser Ebene werden Kämpfe mit sich selbst, gegen den Mitmenschen, ja gegen Gott und die Welt ausgetragen.
Psyche (gr.) heißt Seele. Es gilt als erwiesen, daß manche Krankheiten seelische Ursachen haben. Psychische Probleme wirken auf den Leib, auf das Soma (gr.), weshalb man von psychosomatischen Erkrankungen spricht. Ein typisches Beispiel dafür ist Asthma bei Kindern. Die vordergründig in Erscheinung tretende Krankheit ist zu-

nächst das Signal einer seelischen Belastung, hervorgerufen durch mangelnde Zuwendung der Eltern, Eifersüchteleien gegenüber dem zumeist jüngeren - und scheinbar bevorzugten - Schwesterchen und v. a. mehr. Solange die Entstehungsursache nicht behoben wird, hilft kaum ein Mittel gegen das vordergründige Leiden. Nun wäre es aber falsch, hinter jeder Krankheit einen psychischen Konflikt zu sehen. Wir werden uns also nicht den Kopf darüber zerbrechen, warum die Kathi jetzt einen Schnupfen hat. Auch liegt bei vielen psychischen Belastungen sozusagen Fremdverschulden vor. Rührselige "leiden" eben mehr unter einem schikanösen Vorgesetzten als robustere Leute. Der Spielraum von Ursache und Wirkung ist sehr groß und vielschichtig. Deshalb gibt es kein Patentrezept, mit dem alle Probleme gelöst werden können. Dennoch verbirgt sich dahinter ein System. Wer dieses erkannt hat, wird zum Wissenden. Manches kann er dadurch verändern und das Unveränderliche wenigstens verstehen. Damit ist schon viel gewonnen. Wollen Sie die entscheidenden Spielregeln des Lebens - aus der Sicht Hildegards - kennenlernen?

Gut. Wenn wir auf die Psyche Einfluß nehmen wollen, müssen wir zuerst wissen, was die Seele ist und ob wir überhaupt eine haben. Erst danach können wir uns mit der Psychotherapie beschäftigen. Weil diese Dinge nicht mit ein paar Sätzen abgetan sind, beenden wir das Kapitel Nerven mit ein paar "Rezepterl" gegen ein sehr häufiges "psychisches Leiden", - dem Zorn. Nach einer kurzen Behandlung der Gruppe fünf, die mit 6 zu tun hat, erarbeiten wir uns anhand sensationeller Aussagen Hildegards, die wahren Spielregeln des Lebens. Einverstanden?

Mittel gegen Zorn und Aggressionen

Was nervt, macht auch zornig. Sollten wir unsere Emotionen ständig beherrschen, oder wäre es besser, von Zeit zu Zeit die inneren Spannungen durch ein kräftiges Gewitter zu entladen?
Um es gleich vorweg zu sagen: ein Zornausbruch ist wie ein Tornado, der bei anderen, wie auch bei uns selber große Verwüstungen anrichtet. Es wäre besser, kein Porzellan zu zerschlagen, denn Zorn ist einer der größten Kräftefresser. Wie aber kriegen wir uns in den Griff?
Hildegard nennt eine ganze Reihe von Mitteln, die uns helfen, kritische Phasen meistern zu können. Ein Mittel, das **Ulmenfeuer-Bad**, haben wir ja schon besprochen. Eine weitere Möglichkeit besteht darin, fleißig Süßholzwurzel als Tee oder in Speisen zu sich zu nehmen. Denn
"gleich wie Süßholz gegessen wird, es macht die Stimmung gütig, die Augen klar und nötigt den Magen zum Verdaugeschäft. Oft gegessen, nützt es besonders einem zügellosen Menschen, weil Süßholz die Wut auslöscht, die in seinem Hirn sitzt."
Also: Des öfteren Süßholzwurzel-Tee trinken und das Aufbrausen ist weg.

SÜSSHOLZ
(Glycyrrhiza glabra)

Den Zorn in Ketten legen!

Der Sardonyx:

"Gar große Kräfte enthält sein Wesen. An alle fünf Sinne gibt er etwas Kraft ab und ist gewissermaßen ihre Arznei...
Wenn der Mensch ihn auf der bloßen Haut bei sich trägt und auch oft in seinen Mund nimmt, sodaß sein Atemhauch ihn anrührt beim Ausatmen und Wiedereinziehen, werden Einsicht und Wesen aller Sinne seines Körpers gestärkt. Er nimmt von ihm großen Zorn und Dummheit und Aufbegehren hinweg, und der Teufel flieht ihn und haßt ihn wegen dieser Reinheit."

Mit einem schönen Sardonyx-Halsband legen wir den Zorn in Ketten. Die edlen Steine können wir ja von Zeit zu Zeit ein wenig in den Mund nehmen. So entfalten sie ihre ganzen Kräfte. Ähnlich wirkt der echte

Chalzedon

"Jene Ader und damit das Blut nehmen seine Wärme und Inkraft auf und überbringen diese Kräfte in andere Adern des Blutkreislaufes. So wendet jener Stein Schwächen vom Menschen ab und versieht ihn mit der allerstärksten Einstellung gegen den Jähzorn, wodurch sein Verhalten so friedfertig wird, daß sich kaum jemand finden dürfte, der ihn zu Zorn verleiten oder durch Unrecht verletzen könnte."

Am besten klebt man sich ein Chalzedon-Plättchen auf die Rückseite der Armbanduhr und trägt sie so, daß der Stein auf der Pulsader aufliegt.

Den Zorn rausschwitzen?

Auch das geht: "Wer an Rheuma leidet und dadurch jähzornig ist, der koche Hülsen, Früchte und Blätter der Edelkastanie in Wasser und mache daraus ein Dampfbad. Das mache oft und die Gicht in ihm weicht, und er wird eine friedliche Gesinnung bekommen." Diesen Hildegard-Text habe ich schon in Band 1 zitiert. Allerdings in Zusammenhang mit der Gicht.
Gichtsäfte haben immer mit Zorn zu tun. Leute, die leicht "sauer werden", sind (auch) wie gelähmt, das heißt vergichtet.
Koch Dir also Maroni-Schalen, -Blätter, und -Früchte in Wasser und verwende dieses Abkochwasser als Saunaaufguß. So wirst Du wieder friedlicher und - auch für andere - erträglicher. Und denk' nicht immer so schlecht, gell!

Explosiven Leuten sollte man glatt das Buch "Sorge Dich nicht, lebe!", als Pflichtlektüre verordnen, damit sie lernen, was ihnen gar so schwer fällt: Die Leute nehmen wie sie sind. (Andere gibt es nämlich nicht!)
Erst wenn Du über Dich selbst lachen kannst, werden auf einmal auch andere Leute wieder freundlich.

Gruppe 5

Sexualverhalten

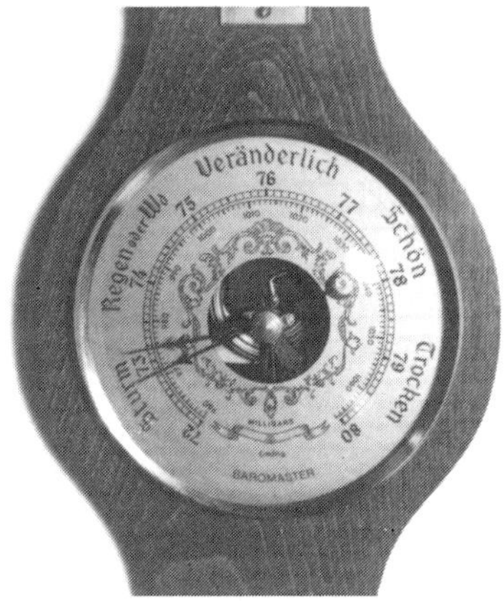

Probleme im Sexualleben werden nicht gerne beim Namen genannt, weshalb auch hier das Aushilfswort "Nerven" vorgeschoben wird. Nachdem schon so manche Ehe aus diesem Grund gescheitert ist, liegt klar auf der Hand, daß dieser Faktor starken Einfluß auf das Stimmungsbarometer haben kann.

Wir besprechen hier zwei Problemkreise, die das Maß betreffen: Einen zu heftigen Brand oder dem Gegenteil. Beides ist unerwünscht und deshalb häufiger Gegenstand ärztlicher Sprechstunden.

Gegen Letzteres wurde schon ein Mittel genannt (siehe Stichwort Nelkenwurz). Gegen ein zu heftiges Feuer kann folgendes Rezept ohne gesundheitlichen Schaden empfohlen werden:

"Wer von Sinnlichkeit lodert, bestreiche Brust und Bauch mit Myrrhe, und die verjagt das Zuviel an Sexualität... Weil aber der Myrrhegeruch bedrückt und traurig macht, trage jeder geglühtes Gold (Ehering) **bei sich, weil das froh macht, wenn er Myrrhe anwenden will..."** (H.A. S 397)

Leib & Seele

Die Grundfragen des Lebens

Eigentlich ist es erstaunlich, daß für die wichtigsten Spielregeln des Lebens im Grunde genommen nur ein paar Fragen richtig beantwortet und auch zu Ende gedacht werden müssen. Letztlich, so schreibt Hildegard, laufen alle Dinge dieser Welt auf die **eine Frage** hinaus: **Gibt es einen Gott oder nicht?** Das ist "die Frage aller Fragen." Ist unsere Antwort darauf "nein", dann gibt es natürlich keine Gerechtigkeit, weil - nach dieser Ansicht - mit dem Tod alles aus ist. Demnach hat jenes Kind, welches in Kroatien beide Arme verlor, eben Pech gehabt. Es ist halt so, wie es ist. Über Macht und Recht bestimmt immer nur der Starke. Aus! Amen!

Wenn es Gott aber geben sollte, so fragen wir uns, warum läßt Er dann das alles zu? Er könnte doch dreinschlagen! Auch erwarten wir von einem Gott, daß Er gerecht ist. Und wenn es eine Gerechtigkeit gibt, muß es auch ein Weiterleben nach dem Tode geben, weil wir doch sehen, wie viele Übeltäter hier völlig ungeschoren durchs Leben gehen. Folgt diesem Leben jedoch eine Endabrechnung, dann besteht auch die Möglichkeit eines gerechten Ausgleiches.

Nun wird aber unser Corpus nach dem Ableben offensichtlich zu Kompost. Mit wem oder was soll dann abgerechnet werden? Ha! Das muß dieses Dingsda, die Seele sein! Vielleicht haben wir doch eine, und die geistert irgendwo herum? Mal sehen. Wir werden der Sache auf den Grund gehen. Diese Fragen sind es nämlich, die beantwortet werden müssen, ansonsten haben wir für all die Ungerechtigkeiten keine zufriedenstellende **Antwort**.

Das ist die Lage

Ein Medizinstudent *) schreibt: "Die Grenzen der Medizin werden mir klar, wenn ich bei fast jeder zweiten Krankheit lese: "Ursache unbekannt!" Und weiters: "Von Anfang an wurde uns an der Universität ein molekular-biochemisches Menschenbild vermittelt, das den Menschen auf einen mehr oder weniger geordneten Zellhaufen reduziert. In das chemische Gebilde passen nur chemische Substanzen als Heilmittel. Auf die Seele des leidenden Menschen kann eine solche Wissenschaft keine Rücksicht nehmen. Ich bin zutiefst überzeugt, daß zum Menschen die Seele gehört."

Wenn junge Medizinstudenten, denen eine auf Physik und Chemie reduzierte Naturwissenschaft gelehrt wird, solche Aussagen machen, so ist das für mich ein Zeichen der Hoffnung und erinnert mich an jenes feine Blatt, welches durch eine Ritze des asphaltierten Gartenweges ans Licht strebte. Wenige Tage darauf wölbte sich die Asphaltdecke und brach entzwei. Es sagt mir, die niedergewalzte Natur und die unterdrückte Wahrheit werden siegen.

Max Thürkauf, Professor für physikalische Chemie an der Universität Basel schreibt: "Seit einigen Jahren dringt fein und sachte unaufhaltsam eine der alten Wahrheiten durch die brüchig gewordene Kruste des Materialismus: die Visionen der heiligen Hildegard v.B. über die Geheimnisse der Natur, deren Fundament sie die Grünkraft (viriditas) des Lebendigen nannte. Es handelt sich dabei um jene maßgebende Kraft in der Schöpfung, die seit der zweiten Hälfte des letzten Jahrhunderts von der modernen Naturwissenschaft geleugnet wird: die Lebenskraft - die vis vitalis.

*) Zeitschrift: Vision 2000 Nr 3/91

Für den naturwissenschaftlichen Materialismus ist Lebenskraft "nichts anderes als eine Summe von Chemie und Physik". Bei der heiligen Hildegard hingegen sind Chemie und Physik eine Folge der Lebenskräfte, bei ihr steht der Grauheit des Materialismus die Grünheit des Lebens gegenüber."
"Mit den Visionen der hl. Hildegard ist es möglich, die Wesenheit der modernen Naturwissenschaft zu erkennen und die Beschränktheit ihrer Methoden ans Licht zu bringen. Die Naturwissenschaft bewegt sich vergleichsweise nur an der Oberfläche der unermeßlichen Tiefen der Schöpfung, nämlich im Bereich der Quantitäten, also der Meß- und Berechenbarkeiten. Aber weitaus der größte Teil der Schöpfung ist nicht meß- und somit nicht berechenbar. Je freier die Bereiche der Schöpfung sind, umso unberechenbarer sind sie. Am unberechenbarsten ist das Geschöpf der Freiheit: der Mensch..."
"Die Krise der Schulmedizin besteht im eigentlichen darin, daß sie versucht, die Heilkunde auf Chemie und Physik zu reduzieren, also in der materialistischen Betrachtungsweise im Bereich des menschlichen Lebens. Nun besteht die Lüge des Materialismus nicht in dem, was er sagt, sondern in dem, was er verschweigt. Zweifellos sind physikalische Prozesse notwendig für das Leben, aber sie sind nicht hinreichend."
"Die moderne Naturwissenschaft wird täglich zweckvoller und täglich sinnloser, weil sie sich für wertfrei hält. Nämlich auch frei von moralisch- ethischen Werten, also auch frei vom höchsten aller Werte: frei von Liebe - frei von Gott." – "Ohne Liebe ist alles sinnlos - auch die Heilkunde. Sie entartet dann eben zur bloßen Medizin... Und: Den Leib von einem wissenschaftsgläubigen Mediziner behandeln zu lassen, ist gefährlich." *)

*) Max Thürkauf "Lebenskräfte zum Heil des Menschen" Johannesbund D-5458 Leutesdorf

Glaubenslose Forschung ist gefährlich

Hildegard sieht in ihren Visionen Zerstörungskräfte am Werk, deren Ziel die Zerstörung des Menschen und der guten Schöpfung Gottes ist. Einen erheblichen Anteil daran hat die glaubens- und seelenlose Wissenschaft, für die sie erschreckende Worte vernimmt:
"Alle Menschenkinder, die da so großartige Dinge mit gewaltigen Untersuchungen ausgeklügelt haben, um sie zu erforschen und je nach Vermögen ins Werk zu setzen, sie alle sind eitel. Sie lassen die (ganze) Wirklichkeit aus den Augen, die Gott ihnen zeigt und gibt, und sie bauen sich dafür mit ihren falschen Götzen trügerische Planungen wie ein Gebirge (Flut an Wissen u. Informationen) auf. Überall suchen sie den Geschehnissen auf die Spur zu kommen, die uns die Welt doch nur durch Zeichen andeutet. Indem sie so verfahren, halten sie das falsche Wissen für die Wirklichkeit selbst und täuschen sich und andere. Denn was immer ohne Gott gesucht und ohne Gott gefunden wird, geht dem Verderben entgegen." (MV S 73)

Solange also auf diese Weise in einer gefallenen Schöpfung geforscht wird, wo es dem Bösen erlaubt ist, mitzuwirken, so lange bleibt eine solche Forschertätigkeit für Welt und Mensch verhängnisvoll. Das ganze Umweltdilemma entstand letztlich aus der Verneinung der Gottesfrage. Wo keine Schranken sind, wird zu weit gegangen. Heute sehen wir deren Auswirkungen, und sie werden uns noch sehr zu schaffen machen. Hildegard vernimmt noch viel härtere Gerichtsworte über eine glaubenslose Naturforschung, die dem Menschen letztlich selbst zum Verhängnis wird. Hören wir, wie sich die Elemente mit einem wilden Geschrei beklagen:

Die Klage der Elemente

"Wir können nicht mehr laufen und unsere Bahnen nach unseres Meisters Bestimmung vollenden, denn die Menschen kehren uns mit ihren schlechten Taten wie eine Mühle von unterst zu oberst. Wir stinken schon wie die Pest und vergehen vor Hunger nach der vollen Gerechtigkeit."

Darauf antwortet Gott:
"Mit Meinem Besen will ich euch reinigen und die Menschen so lange heimsuchen, bis sie sich wieder zu Mir wenden. (!) In der Zwischenzeit aber werde Ich viele Herzen vorbereiten und hinziehen zu Meinem Herzen. Mit den Qualen derer, die euch verunreinigt haben, will Ich euch reinigen, so oft ihr besudelt werdet. Wer denn wäre Mir gewachsen? Doch nun sind alle Winde voll vom Moder des Laubes, und die Luft speit Schmutz aus, so daß die Menschen nicht einmal mehr recht ihren Mund aufzumachen wagen. Auch welkte die grünende Lebenskraft durch den gottlosen Irrwahn (atheist. Wissensch.) der verblendeten Menschenseelen. Nur ihrer eigenen Lust folgen sie und lärmen: **'Wo ist denn ihr Gott, den wir niemals zu sehen bekommen?'**
Ihnen antworte Ich: 'seht ihr Mich denn nicht Tag und Nacht? Seht ihr Mich nicht, wenn ihr sät und wenn die Saat aufgeht, von Meinem Regen benetzt? Jegliches Geschöpf strebt hin zu seinem Schöpfer und erkennt ihn klar, daß nur einer es hervorgebracht hat. Nur der Mensch ist ein Rebell. Er zerreißt (=analysiert) seinen Schöpfer in die Vielzahl der Geschöpfe. Doch wer machte in Weisheit die Bücher? In ihnen schlagt nach, wer euch wohl geschaffen'." (MV 133)

Paradigmenwechsel

Wie wir gesehen haben, wird heute in der gesamten Naturwissenschaft und Medizin nur im meß- und berechenbaren Teil der Wirklichkeit geforscht und gearbeitet. Ihr fehlen die wichtigsten Dimensionen, nämlich das Leben, die Seele und Gott. Wenn sich die Menschheit nicht selbst vernichten will, dann ist es höchste Zeit für einen Wechsel der Paradigmen.
Mit der rein analytischen Forschung ist weder Gott noch die Seele zu erfassen. Ja nicht einmal der Unterschied zwischen einem eben noch belebten und einem soeben abgestorbenen Körper. Schon deshalb wäre es an der Zeit, diese aussichtslosen Wege endlich zu verlassen! Wenden wir uns nun dem zu, was den energetischen Aufbau und den Erhalt des Körpers als Primärorganisation bewirkt: der menschlichen Seele.
Es ist zu erwarten, daß kommende Generationen kein Verständnis mehr für eine seelenlose Wissenschaft haben. Sie werden den Spieß umdrehen und fragen:
"**Nun sag mir doch, Mensch: Was bist du nach deiner Meinung gewesen, bevor du Leib und Seele besaßest? Du weißt ja nicht, wie du selbst geschaffen wurdest; doch jetzt willst du, Mensch, Himmel und Erde erforschen, über ihren Sinn im Plane Gottes urteilen und das Erhabene erkennen, da du nicht einmal das Niedrige durchschauen kannst, weil du nicht weißt, wie du im Leib lebst oder wie du des Leibes entkleidet wirst.**"
(Sc.I/1)

Ein Medizinsystem, welches die Seele ausklammert, ist wie ein Film ohne Ton. Eindimensional, flach und leer. Solange die Mechanismen der Kommunikation zwischen Leib und Seele nicht erkannt werden, bleibt uns vieles ein Rätsel. Was macht den Menschen zum Menschen? Was ist der Mensch? Hören wir dazu Worte voll Anmut aus dem Medizinbuch der hl. Hildegard:

> "**Denn sein** (Gottes) **Werk lag vor der Ewigkeit und in der Ewigkeit dauernd in ihm verborgen, wie die Seele unsichtbar im Körper verborgen liegt. Die Seele lebt aber ohne den Körper und verlangt nach dem Jüngsten Tage ihre Hülle von Gott zurück, damit sie sich mit ihm bekleide. So hat auch Gott, der vor der Ewigkeit und in Ewigkeit das Leben ohne Anfang gewesen ist, zur festgesetzten Zeit sein Kleid, das ewig in ihm verborgen war, sich angezogen. Also sind Gott und Mensch eins, wie Seele und Leib, weil Gott den Menschen nach seinem Bilde und als ein Gleichnis seiner selbst geschaffen hat. Wie aber jedes Ding einen Schatten hat, so ist auch der Mensch der Schatten Gottes und dieser Schatten der sichtbare Beweis seiner Erschaffung, und der Mensch ist die sichtbare Darstellung des allmächtigen Gottes in all seinen Wundern und ist, weil er einen Ursprung hat, selbst ein Schatten. Gott aber ist ohne Anfang und Ende. Deshalb ist die ganze himmlische Harmonie ein Spiegel der Gottheit und der Mensch ein Spiegel aller Wunder Gottes.**" (H.S 106)

Diese Worte müßte man wohl jedem Gentechniker und allen ungläubigen Forschern ins Stammbuch schreiben! Der Mensch als ein Schatten Gottes ist also der sichtbare Beweis für Gott, weil er selbst ein Spiegel Gottes ist. Zugegeben, in manchen Menschen ist der Spiegel trüb und blind geworden oder gar zersplittert.

Gott sei Dank gibt es bereits Ansätze, die uns optimistisch stimmen. Im soeben erschienenen Buch "Im Bannkreis der Sphinx" (Orac Verlag) schreibt der Mediziner DDr. Huber, daß Darwin sich geirrt hat: *"Unsere Gene sind die spiegelbildliche Abbildung der Realität. Die genetische Erkennung sei der Beweis des Erkannten, deshalb: Wenn wir den Begriff eines Gottes in uns tragen, so sei das so etwas wie ein Beweis, daß es ihn gebe."*

Hüten wir uns davor, nicht wahr haben zu wollen, was uns nicht in den Kram paßt, denn: Es gibt eine Sünde, die nicht verziehen wird! Es ist die Sünde wider den Hl.Geist.

Wer erkannt hat, "ja so ist es", und diese erkannte Wahrheit dann leugnet, sündigt wider besseren Wissens, also wider den Geist. Ob wir es glauben oder nicht, im Medizinbuch steht:

"die Seele des Menschen, die von Gott in den Menschen vom Himmel herab kommt, ihn belebt und ihm seinen Verstand gibt, stirbt nicht, wenn sie den Menschen verläßt, sondern wandert, ewig lebend, entweder zum Lohne für ihr Leben oder zu den Qualen des Todes." (H.S. 40)

Die Seele kennt Gott!

Alle, die an Gott glauben, bedauern jeden, der nicht glauben kann. Es erfüllt die Gläubigen mit einer gewissen Sorge, weil sich viele Ungläubige die Tür zur ewigen Heimat selbst zuschlagen. Bei all dieser Bedrückung werden sie das Gefühl nicht los, daß doch jeder Mensch erkennen, ja förmlich spüren müßte, daß es Gott gibt. Wie überrascht war ich, als ich erstmals bei Hildegard dies bestätigt fand! Die Seele weiß, daß es Gott gibt! Welch gewaltige Aussage!

"Die Seele ist so innig in die Gestalt des Menschen eingesenkt worden, als wenn diese Gestalt aus sich selber belebt würde. Da sie weiß, (!) **daß sie von ihrem Schöpfer gekommen ist, nennt auch der Mensch, sei es in einem falschen, sei es im rechten Glauben, seinen Gott mit Namen, weil cr solches aus den guten Kräften der Seele in sich eingepflanzt trägt.**
Deshalb steigt er auf der Suche nach Gott zur Höhe und legt sich durch bestimmte Gesetze feste Zucht auf, durch die er Jenem, den er ruft, Verehrung erweist. Auch hat die Seele Kenntnis vom Gericht Gottes, das für die Übertretung des Gesetzes getroffen wird." (WM 89-90)

Ähnliches schreibt Hildegard an mehreren Stellen. Noch ein Beispiel:
"Die Seele, die als lebendiger Geisthauch von Gott in den Leib gesandt wurde, belehrt den Menschen, auf daß er mit Geduld die Gebote Gottes in diesem mühseligen Leben beachte."
(WM. 140)

Ungläubige haben also keine Ausrede. Sie wissen grad so gut wie Du und ich, was wahr ist, wie auch jeder Mensch Gut und Böse zu unterscheiden weiß. Deshalb kann sich niemand ausreden und der Verantwortung entziehen.

Ohne Intelligenz geht gar nichts!

Die Zelle, so heißt es, sei der Baustein des Lebens. Das ist leider nur die halbe Wahrheit. Die Zelle mag Rohstoff sein, so wie Bretter, Leisten und Nägel für allerlei Gebrauchsgegenstände der Rohstoff sind. Aber nach welchem Plan entsteht dann ein Bücherregal oder eine Hundehütte? Von selbst fügen sich Bretter und Nägel nicht zusammen. Es muß jemand da sein, der nach diesem oder jenem (genetischen) Plan die eigentliche Arbeit macht. Ein Auge, ein Ohr oder ein Herz entsteht nicht zufällig, sondern verlangt "know how". Und damit das konstruierte Werk dann auch noch läuft, braucht es Leben. Sehen Sie, für all das sorgt die Seele.

"Und naht sich, wie Gott will..., der Lebenshauch und berührt jenes Gebilde ohne Vorwissen der Mutter wie ein starker, warmer Wind... gibt ihm Festigkeit, macht es lebensfähig und wandert überall in ihm umher wie eine Raupe, die die Seide spinnt, von der sie wie von einem Hause bedeckt und eingeschlossen wird.
Der Lebenshauch fühlt in diesem Gebilde, an welchen Stellen die Seele sich teilen, biegen und beugen kann, achtet genau auf alle Orte, wo Gefäße liegen, trocknet diese zunächst aus wie die Wände eines hohlen Rohrhalmes und fügt sie in das Fleisch ein, das er durch die Wärme seines Feuers zur roten Farbe des Blutes umgestaltet, weil die Seele Feuer ist." (steht im Medizinbuch)

Bis in die kleinsten Details schildert Hildegard alle Arbeiten, die von der Seele am werdenden Menschen ausgeführt werden. Das Heranwachsen eines Menschen ist mit der "Zellteilung" allein nicht zu erklären. Um ein Auge, eine Hand oder eine Herz funktionsfähig zu formen, bedarf es höchster Intelligenz. Und diese Voraussetzungen erfüllt nur die Seele. Ohne sie kein Leben.

Der Mensch besteht aus zwei Naturen

Wie soll ohne Vernunft etwas Vernünftiges, wie ohne Absicht (Wollen) etwas werden? Sehen wir uns anhand einiger Hildegard Textstellen an, mit welchem Eifer die Seele den Menschen formt.

"Die Seele läßt das Blut wie eine lebendige Luft fließen.
Die Seele verleiht den Knochen Festigkeit und fügt sie in das Fleisch ein, damit dieses selbe Fleisch von ihnen gehalten wird, daß es nicht nachgeben kann, so wie ein Mann sein Haus aus Balken errichtet, damit es nicht einstürzt.
Die Seele füllt Fleisch und Knochen mit Blut.
Die Seele verteilt den Saft der Nahrung in das Gehirn, das Herz, die Lungenblätter, die Leber und in alle Gefäße und kräftigt mit ihrer Stärke den Magen und die Eingeweide... Dann tritt sie auch in die Füße und die Teilungen der Füße, **wie Gott dies entworfen und geschaffen hat**, ein.
Die Seele selbst festigt die Gestalt des Körpers."
(Das alles steht ausgerechnet im Medizin buch!)

"An keiner Stelle ist der Körper ohne Seele, weil sie mit ihrer Eigenwärme den ganzen Körper erfüllt."
Das erklärt übrigens auch, warum der Mensch mehr Energie abgibt, als er durch Nahrung zu sich nimmt.

"Jegliche Leistung, die der Körper verlangt, schafft die Seele in ihm, und so ist die Seele das Schaffende und der Körper verlangt..."
"Die Seele kann ohne Körper leben, der Körper dagegen lebt auf keinerlei Weise ohne die Seele..."
"So besteht der Mensch aus zwei Naturen: Körper und Seele." (H.S. 101-105)

Haben Tiere auch eine Seele?

Die Frage drängt sich an dieser Stelle auf. Nach dem, was wir bisher gehört haben, müßten ja alle Lebewesen, also auch Tiere eine Art Seele haben, oder macht das "die Natur"? Hildegard gibt uns auch darüber Auskunft:
"**Der Mensch geht aufrecht, weil er aus dem Geheimnis Gottes den Geist des Himmlischen empfing. Aber weil die Tiere von den Elementen die lebensspendende Luft (Seele) empfangen, sind sie zur Erde geneigt**." (BF 51)
Die Tierseele geht aus jenem Element hervor, aus dem das Tier stammt. Die Fische haben ihre Seele vom Wasser, die Vögel von der Luft und alle auf oder in der Erde lebenden Getiere eben von der Erde. Und wenn sie sterben, "**so kehrt die (Lebens-) Luft zu ihrer früheren Stelle zurück,**" zu dem Element, aus dem sie kam. (Steht im Medizinbuch!)

"**Die Fische empfangen ihr Leben von der Wasserluft der Flüsse...und wenn sie sterben, schwindet bei ihnen allen ihr Leben mit ihrem 'Fleisch' dahin wie der Schnee in der Wärme. Was übrigbleibt, geht entweder in die Luft, in den Erdsaft, oder in die Wasserluft der Flüsse über, woher es gekommen ist**." (Medizinbuch Seite 61)

"Gedanken hat nur das vernünftige Lebewesen (der Mensch), nicht aber die wilden Tiere, da sie lediglich dahinleben und Sinn besitzen, mit denen sie erkennen, was sie fliehen und was sie suchen sollten. Allein die Seele, von Gott belebt, ist vernünftig." (WM 264)

"Nur der Mensch hat eine unsterbliche Seele. Sie ist ein Hauch und ist von Gott gesandt. Entsprechend den körperlichen Werken, seien sie gut oder schlecht, erhält sie ihren (entsprechenden) **Lohn."** (Medizinbuch Seite 76)

Die Seele als Stromlieferant

Warum muß der Mensch schlafen? Uns genügt ein Ausruhen - ohne Schlaf - zur Regenerierung nicht. Dafür muß es einen triftigen Grund geben, ansonsten würden wir auch ohne Schlaf auskommen. Das liegt an unserem Stromverbrauch! Ja, wir verbrauchen - ähnlich einer Glühbirne - Strom, und diese fehlende Energie muß wieder nachgeladen werden. Wohin? In unsere Batterien! Wo sind unsere Batterien? Sie werden staunen! Unsere Speicherzellen haben wir im Mark. Das Nerven- und das Knochenmark sind unsere Batterien! Und von wo kommt der Strom her? Aus der Steckdose? Nein. Aus der Nahrung? Nein. Woher dann? Aus der Seele!
"Das Mark in den Knochen des Menschen bildet die Grundfeste (!) **für seinen ganzen Körper.** (H.S. 212)
Wenn der Mensch schläft, erholt sich sein Mark und nimmt zu, und wenn er wacht, wird sein Mark etwas verdünnt und geschwächt, wie der Mond beim Zunehmen wächst und beim Abnehmen kleiner wird." (H.S. 128)

Geht also die Energie im Mark zu Ende, so ermüden wir. Damit keine Gehirnzellen mangels Strom absterben, ist in den Batterien ein Tiefentladeschutz eingebaut. Das heißt, bevor die Stromversorgung im Gehirn zusammenbricht, wird es ordnugsgemäß abgeschaltet. Dazu entströmt dem Mark ein ganz feines Narkotikum und so schläft der Mensch ein. Nachdem die "Verbraucher" ausgeschaltet sind, wird auf "LADEN" umgeschaltet.
Hildegard beschreibt das so:

"Wenn das Mark... verdünnt und schwach geworden ist, dann holen die *Seelenkräfte* bald einen höchst angenehmen und sehr süßen Hauch aus dem Mark hervor, der die Halsgefäße und den ganzen Nacken des Menschen durchzieht, zu den Schläfen hinübergeht, die Gefäße des Kopfes erfüllt und so den wehenden Lebenswind herabdrückt... So schläft der Mensch ein. Dann läßt die Seele des Menschen, nachdem sie ihre Kräfte in sich vereint hat, sein Mark zunehmen (= Strom laden) **und stärkt es, macht durch diese seine Knochen fest, läßt das Blut zusammengerinnen, kocht auch das Fleisch, vereint die einzelnen Glieder und vermehrt, während das eigentliche Leben sich verborgen hält, bei demselben Menschen Verstand und Wissen."** (H.S. 129)

Gerade der letzte Absatz hat es in sich. Neben der allgemeinen Regeneration des ganzen Körpers nimmt die Seele während des Schlafens den Leib sozusagen auch an die Brust und versorgt ihn mit billigem Nachtstrom. Diesen Strom liefert die SEELE, denn:
"**Die Seele ist Feuer, und dieses Feuer ist stärker als das Feuer der Sonne, (!) weil es lebt; und das Feuer der Seele wärmt und entzündet den ganzen Körper des Menschen, wie das Feuer das Holz entzündet.**" (BF 51)

Nicht der Kalzium-, Magnesium- oder Vitaminmangel sind an unserer Müdigkeit schuld, sondern das ausgepumpte Mark, mangels ausreichenden oder gesunden Schlafes, und weil die "Stromfresser" und "Energieverschwender" wie z.B. Ängste, Streß, Ärger, unvernünftiger Lebenswandel u. ä. mehr, den guten Saft verbraten.

Nachdem also der Mensch eingeschlafen ist, kann sich die Seele ihrer "Hausarbeit" widmen. Im wachen Zustand muß sie ja das ganze Weltgeschehen um den Menschen herum regeln.
Nun spult die Seele die ganzen Tageseindrücke nochmals zurück, ordnet und untersucht alles und speichert das Behaltenswerte im Gehirn ab.

Die Heinzelmännchen

Deshalb geht am Morgen vieles leichter. Die Rechenaufgabe, die der Fritz am Abend nicht mehr lösen konnte, gelingt ihm am Morgen “wie von selbst”. Und der Vater, der am Abend noch einen Versicherungsvertrag hätte unterzeichnen sollen, wollte darüber nochmals schlafen. Tags darauf war ihm klar, den Vertrag unterschreibe ich nie! Die vielen Beteuerungen des Vertreters hatten seinen Kopf verwirrt. Während des Schlafens hat die Seele alle komplizierten Querverbindungen schön geordnet. Nun sehen wir klarer. Dies und noch viel mehr besorgt die Seele im Schlaf. Lassen wir wieder Hildegard zu Wort kommen:

"Wie durch die Kehle die Speisen zum Magen geschickt werden, nachdem die Mühle der Zähne sie zuvor zerkleinert hat,... auf die gleiche Weise kaut auch die Seele alles Tun des Menschen durch und übermittelt es dem Gedächtnis, auf daß nichts davon ohne eine innere Verarbeitung zurückbleibe... (!)
... so schreibt die Seele mit ihrem Geisthauch die Werke des Menschen ein... Was so eingeschrieben ist, sammelt (u. berücksichtigt) **sie im Denken, auf daß der Mensch erkenne, welcher Art sein Tun sei... (!)**
Der Mensch kann von seinen Taten nichts vergessen, weil diese in seinen Gedanken... aufbewahrt werden."
(W.M. 124)

Das Leben auf Video

Der soeben zitierte Hildegardtext enthält sensationelle Aussagen. Bei genauem Studium entdecken wir, daß die Seele eine Art Videofilm über unser ganzes Leben macht. Bevor wir darauf näher eingehen, möchte ich Ihnen eine kurze Geschichte erzählen.
Als meine Arbeit - vor rund 20 Jahren - noch darin bestand, Computerprogramme zu erstellen, da mußte ich eines Tages die Lohnabrechnung auf EDV umstellen. Dabei hatte ich des öfteren mit dem Personalchef Gespräche zu führen. Manchmal kamen wir dabei ein wenig vom Thema ab und so erzählte er mir von einem sonderbaren Erlebnis, welches ihm widerfuhr, als er einen Autounfall hatte. Er glaubte, seine letzte Stunde hätte geschlagen, als kurz nach dem Aufprall in seinem Geiste sein gesamtes Leben wie in einem Film vor ihm ablief. Von Kindheit an bis zum Augenblick des Unfalls sah er alle Stationen seines Lebens - so wie es wirklich war - ablaufen. Er sah viele Kleinigkeiten, an die er sich gar nicht mehr erinnern konnte; von denen er glaubte, sie längst vergessen zu haben! Nun bestätigt uns Hildegard, daß die Seele alle Gedanken und Werke des Menschen sozusagen notiert.

"Die Gedanken sind gleichsam der Seele *Schreibtäfelchen* auf welchen sie schreibt, weil sie alle Taten eines Menschen mit Hilfe von diesen Gedanken genau untersucht und gleichsam im Schreiben auf das vorbereitet, zu was sie durch den Körper veranlaßt wird." (WM 125)

Im Fernsehen wurde gezeigt, wie das Gehirn von Lenin und anderen Größen dieser Welt in rund 30.000 dünne Scheibchen zerschnitten wird, um herauszufinden, warum diese Menschen so gescheit waren. Gott sei es gedankt, daß Er die Gedanken in eine technisch unzugängliche Frequenz verlegt hat, so daß niemand in der Lage ist, Gedanken abzuhören oder das gespeicherte Wissen von Verstorbenen via Videorecorder abspielen zu können.

Gedanken sind nicht an Raum und Zeit gebunden. Die Sonnenstrahlen brauchen sieben Minuten, um von der Sonne zur Erde zu gelangen, dabei bewegen sie sich mit Lichtgeschwindigkeit. Gedanken brauchen keine Zeit. Denk an den entferntesten Stern des Alls und Du bist augenblicklich dort. "Du", das ist die Seele und die ist Geist. Ist dies nicht ein Indiz für die Herkunft der Seele aus einer Daseinsform, die weder an Raum noch an Zeit gebunden ist?

Gedanken entstehen nicht - wie allgemein angenommen wird - im Gehirn, sondern im Herzen des Menschen. Dort werden aus den Kräften der Seele - Erkennen, Wollen, Empfinden - Gedanken gebildet und in Impulse umgeformt, die dann zum Gehirn geleitet werden:

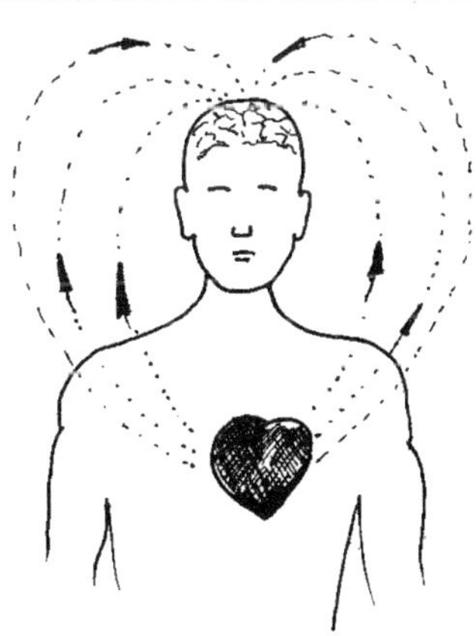

"Vom Herzen aus führt ein Weg zu den Elementen, mit denen der Mensch verrichtet, was er denkt. Die *Kräfte der Gedanken* steigen zum Gehirn auf, und das Gehirn hält sie fest." (H.S. 149)

Die doppelte Buchführung der Seele

Die Gedanken sind der Seele Schreibtäfelchen, codierte Impulse, die im Herzen gebildet und in der Seele eingeschrieben werden.

Ich stelle mir das so vor, als wäre ständig eine Videokamera auf uns gerichtet, die alles filmt. Jedoch viel genauer als so ein technisches Gerät. Die Seele berücksichtigt alle Umstände. Ob wir aus Trägheit oder Zorn handeln, welche Hintergedanken wir haben, einfach alles, und im Schneideraum (kauen = zerkleinern, schneiden) wird der Film so dargestellt, wie es wirklich war. Diesen Film, den wir nicht abstreifen können, nehmen wir mit "hinüber":

"Ist die Seele vom Körper abgeschieden, dann erscheinen die guten Werke wie ein Gewand an ihr, das mit allem Schmuck im Blitzstrahl reinsten Goldes leuchtet; die schlechten Taten aber stinken wie ein Kleid, das durch den Schmutz gezerrt war. (WM. 132)

Demnach führt nicht der liebe Gott eine Sündenkartei über uns, sondern es trägt jeder Mensch ständig eine auf dem letzten Stand gehaltene Buchführung bei sich. Wir merken von der heimlichen Sekretärin, die alles peinlich genau aufzeichnet, nichts. Es sei denn, durch Gewissensbisse, wenn wir wieder mal in den Fettnapf getreten sind. Die Seele führt eine doppelte Buchhaltung. In der Seele werden die **T**aten - ob gut oder böse - aufgezeichnet, während im Gedächtnis mehr die Informationen, das Wissen und die **D**aten gespeichert werden. Am Kleid der Seele können unschöne Schmutzflecken auch gelöscht, d.h. weggewaschen werden, so daß sie dort nicht mehr aufscheinen, obwohl das Wissen darüber im Gedächtnis vorhanden bleibt. Diesen Sondermüll kann man allerdings bei keinem Psychologen, keinem Psychiater und auch nicht durch einen Psychotherapeuten loswerden, sondern nur durch eine gültige Beichte bei einem Priester. Von dieser Korrekturmöglichkeit am Seelenmemo wird jedoch kaum Gebrauch gemacht. Viele sagen: "Was geht das den Pfarrer an...?" Dafür sind die Wartezimmer der Psychiater überfüllt. Dieser kann jedoch keine Seele reinwaschen. Viele dieser Leute lehren ihre "Patienten", wie sie sich selbst befreien können. Das ist natürlich eine Selbsttäuschung, denn **"flieht der Mensch das Heilige mißachtend, seinen Gott, dann sieht er durch die Seele bald ein, wie sehr er vor Gott und den Menschen hassenswert ist, und indem diese ihn dauernd quält,** (Gewissensbisse) **gestattet sie dem Menschen die falsche Freude nicht. Viele, die das Heil verlassen, gehen so zugrunde, und viele verlieren den Lohn ihrer Mühe, so daß sie im Seufzer ihrer letzten Stunde kaum noch auf Heil hoffen können. Die aber lediglich aus Nachlässigkeit gegen das Heil und in ihren fleischlichen Gelüsten ohne den Hochmut gesündigt haben, denen sieht Gott viel Schuld nach, falls sie in Reue aufgeseufzt haben,** (= Umkehr) **und viele unter diesen wurden später Heilige und eine Säule im himmlischen Jerusalem."** (WM 135)

Die wahren Ursachen

Da fragt mich z. B. ein Bekannter: "Hättest du etwas für meine Nerven? Ich bin nämlich komplett 'am Sand'." Nun, ich wußte von jenem Mann, daß er ein ziemlich strenger Vorgesetzter ist und seine Untergebenen nur schwer mit ihm auskommen. Wenn wir nach Hildegard analysieren, ergibt sich folgende Situation:
Der Mann steht unter dem Druck des Chefs, möglichst viel von den Mitarbeitern zu verlangen. So handelt er nicht nach den Empfindungen des Herzens - das wären die Einsprechungen der Seele -, sondern nur mit dem Kopf. Der Kopf sagt ihm, du erfüllst ja nur deine Pflicht. In Wahrheit verletzt er aber damit jene Gesetze, die in seiner Seele festgeschrieben sind. Erinnern wir uns:
"**Die Seele hat Kenntnis vom Gericht Gottes, das für die Übertretung des Gesetzes getroffen wird!**" (BF)

Das belastet ihn! Die Seele "blutet", obwohl er es nicht wahrhaben will. So muß er seine Gewissensbisse ständig verdrängen. Dieser Kampf mit sich selbst verbraucht ungeheuer viel Energie. Im Volksmund sagt man das ist nervenaufreibend. Es ist der Zwiespalt zwischen dem rein rationalen Denken ohne Abwägung des Herzens. Hildegard sagt:
"**Die Seele ist feurig und wärmt das Gehirn durch Geist und Empfindung; und was sie dort erkennt, das ordnet sie im Herzen mit Vernunft denkend und sinnend - und dort hat sie größere Kraft - sozusagen an ihrem Sitz. Und dann führt sie das, was sie im Herzen ersinnt, mit den Armen wie mit gefiederten Flügeln aus.** (BF. 103)

Es ist die Seele, die denkt, fühlt und handelt. Wir besprechen das gleich noch genauer.
Können in so einem Fall Nervenkekse helfen? Natürlich nicht. Hier hilft nur eines: Die Fehlentscheidungen durch Umkehr und Buße ausradieren lassen und sich in Zukunft gegenüber Untergebenen so zu verhalten, daß die eigene Seele dabei keinen Kratzer abbekommt. Er dürfte eben nicht den starken Mann spielen, sondern müßte zugänglicher und menschlicher werden, so, daß er von den Mitarbeitern auch akzeptiert und nicht gehaßt wird.

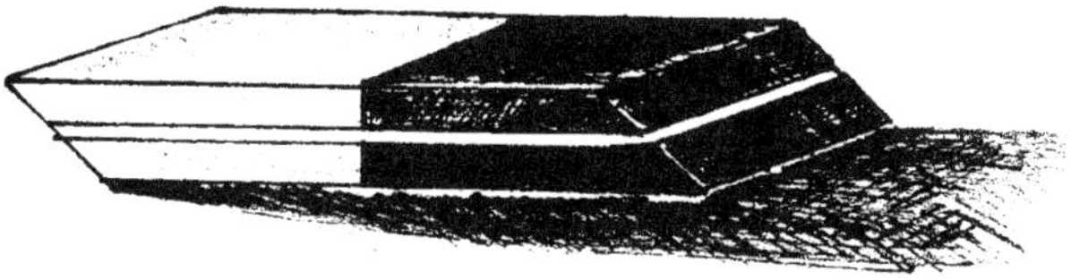

Die Grundkräfte der Seele

1.) Die **Erkenntnis** (scientia)
2.) Das **Wollen** (voluntas)
3.) Die **Einsicht** (intellectus)
4.) Die **Empfindung** (sensus)

Zur Erkenntnis kommt das **Begreifen** (comprehensio), zum Wollen die **Ausführung** (motio), zur Einsicht die **Vernunft** und der **Verstand** (intelligentia).
Neben diesen Kräften hat die Seele noch mehrere untergeordnete Eigenschaften, wie etwa das **Gemüt**, die **Vergeistigung** (exspiratio), das **Seufzen** und die **Sehnsucht.** Mit all diesen Eigenschaften agiert die Seele im Menschen. Eine Handlung bzw. ein OPUS (Werk) entsteht nach folgendem Ablauf:

Der **Wille** gleicht den Blüten.

Das **Gemüt** ist wie die zuerst hervorbrechende Frucht.

Die **Vernunft** ist wie die in ihrer Reife vollendete Frucht.

Der **Sinn** gleicht der Ausdehnung des Baumes in Höhe und Breite.

"Allein die Vernunft führt die Seele mit ihrem Wissen (geistig) überall hin, auf daß sie in tausend Weisen dies betrachte und erkenne, was der Mensch tut." (WM 98)

An den Früchten werdet ihr es erkennen...

Wenn wir jemanden anbrüllen, so haben wir eine ungenießbare Frucht hervorgebracht, wie andererseits jedes gute Wort mit einer guten Frucht vergleichbar ist. Es kommt also darauf an, wie besonnen oder wie unkontrolliert dieser Vorgang in uns abläuft. Gelangen die Gedanken ungehindert zur Faust, dann schaffen sie Probleme. Erwägt sie hingegen der Mensch zuvor in seinem Herzen, so kann ein Wort zu Balsam werden und die Hand ein Werkzeug des Friedens. Es kommt also "nur" darauf an, wovon wir uns leiten lassen. Jedes Wort, jeder Brief und jede Betätigung ist Zeugnis unserer inneren Haltung. Wir können ein Werk lieblos "hinschnalzen", oder mit Liebe ausführen. Genau danach werden wir einmal beurteilt werden. Vor Gott "zählen"- und das sollten wir uns merken - ausschließlich Werke der Liebe. Ohne Liebe ist alles sinnlos!

Der Mensch erschüttert die Welt

Wir haben gehört, daß sich die Kräfte der Seele über den gesamten Erdkreis hin erstrecken, daß sie Gott und das Gericht kennen und vieles mehr. Wenn wir es verstehen würden mit unserer Seele Zwiesprache zu halten, so bräuchten wir keine Gesetze und Gebote. Sie sind ja in unserer Seele eingeschrieben. Wir müßten nur unsere Handlungen danach ausrichten. Jede unserer Handlungen ist wie ein Steinchen, welches wir in das Weltenmeer werfen und dessen (gute oder zerstörerische) Wellen sich ausbreiten. Daher steht geschrieben:

"Himmel und Erde klagen über den Menschen, weil die ruhelosen Zwistigkeiten in den Werken der Menschen die Elemente oft in Bewegung setzen, wie wenn ein Mann ein Netz in seiner Hand hält und dies bewegt. Ebenso auch bringt der Mensch die Elemente in Bewegung, so daß sie, je nach seinem Tun, ihre Ausstrahlung aussenden."
(H.S. 37)

Wenn der Holzknecht mit der Axt auf den Stamm einschlägt, so erzittern bei jedem Schlag die Blätter des ganzen Baumes. Tatsächlich hat all unser Tun Auswirkung auf die gesamte Schöpfung und dafür sind wir verantwortlich, seien es nun gute oder schlechte Werke. Es lohnt sich, darüber nachzudenken, wofür wir eigentlich hier auf Erden sind.

Einführung in die
Psychotherapie
nach Hildegard v. B.

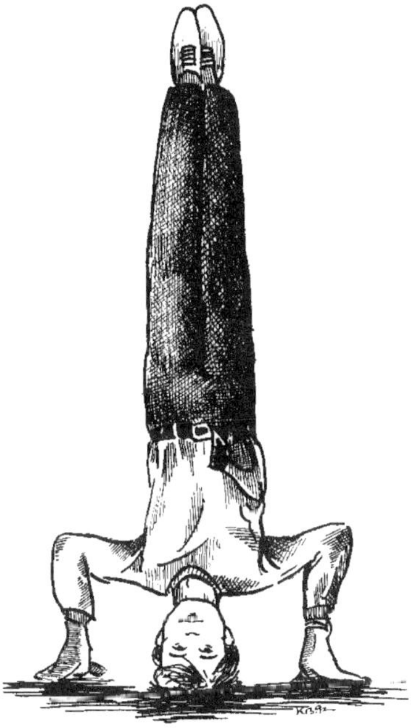

Der Mensch hat also doch eine Seele. Nun versuchen wir herauszufinden, wie seelische Probleme zu lösen sind. Wie so oft bei Hildegard, müssen Sie auch hier auf Überraschungen gefaßt sein. Sie wirft - wie könnte es anders sein - vieles (einschließlich die Lehren von Siegmund Freud), über den Haufen. Wenn Sie in diesem Fachbereich nicht vorbelastet sind, umso besser.

Ein Psychologe muß die wahren Hintergründe herausfinden, um helfen zu können. Dabei darf er sich nicht täuschen lassen. Aber gerade die Wahrheit wird bei seelischen Konflikten vom Patienten meisterhaft maskiert.

Die Schlüsselstelle zu Hildegards Psychotherapie finden wir in der Genesis. Dort steht geschrieben:
"Die Schlange aber war listiger als alle anderen Tiere des Feldes, die Gott, der Herr, gebildet hatte. Sie sprach zur Frau: "Hat Gott wirklich gesagt: 'Ihr dürft von keinem Baum des Gartens essen?'" Da sprach die Frau zur Schlange: "Von den Früchten der Gartenbäume dürfen wir essen. Nur von den Früchten des Baumes in der Mitte des Gartens hat Gott gesagt: 'Eßt nicht davon, ja rührt sie nicht an, sonst müßt ihr sterben!'" Die Schlange sprach zur Frau: "O nein, auf keinen Fall werdet ihr sterben! Vielmehr weiß Gott, daß euch, sobald ihr davon eßt, die Augen aufgehen, und ihr wie Gott sein werdet, indem ihr Gutes und Böses erkennt." Da sah die Frau, daß der Baum gut sei zum Essen und eine Lust zum Anschauen und begehrenswert, um weise zu werden. Sie nahm von seiner Frucht, aß und gab auch ihrem Manne neben ihr, und auch er aß. Da gingen beiden die Augen auf, und sie erkannten, daß sie nackt waren." (1 Moses,3)

Um die Methode der Verführung zu erkennen, sehen wir uns den Text genau an: “Die Schlange war listiger.” Was uns verführt, ist schlauer als wir. Die Schlange macht das so raffiniert, daß wir die Fallstricke vorerst nicht erkennen. “Hat Gott wirklich gesagt: 'Ihr dürft von keinem Baum des Gartens essen?'”, fragt sie. Damit sät sie Zweifel in das Wort Gottes. Sollte Gott das wirklich gesagt haben? Habt ihr euch da nicht etwa verhört? Überleg doch mal, das könnte ja auch anders gemeint sein!

Doch Eva stellt zu diesem Zeitpunkt noch ganz klar fest, wie sich die Sache wirklich verhält: “Von den Früchten der Gartenbäume dürfen wir essen. Nur von den Früchten des Baumes in der Mitte des Gartens hat Gott gesagt: 'Eßt nicht davon, ja rührt ihn nicht an, sonst müßt ihr sterben.'” Nun erfährt die Schlange erst, wie das Gebot lautet. Aha, der Baum im Mittelpunkt ist sozusagen “reserviert”. Daran darf sich der Mensch nicht vergreifen. Gott setzt also Grenzen! Und er droht mit dem Tod! Na, da kann man schon einhaken: “O nein, auf keinen Fall werdet ihr sterben. Laß dir was sagen, Eva, so schlimm ist das gar nicht gemeint. Gott gönnt Euch diese Frucht nicht. So ist es. Gott weiß, sobald ihr davon eßt, gehen euch die Augen auf und ihr werdet sein wie Gott, indem ihr Gut und Böse erkennt. Dadurch bekommt ihr erst den richtigen Durchblick. Gott will euch da eine Schranke setzen, euch einschränken! Evi, hör mal: Wenn du wie Gott sein willst, dann mußt du diese Schranke abbauen. Ihr müßt euch befreien und selbstverwirklichen!”

Die Schlange gibt sich als Besserwissende aus. Die Eva hört zu. Das hätte sie nicht tun sollen, denn es hatte Folgen. Hildegard schildert den Sündenfall viel ausführlicher als er in der Bibel steht:

"... als (Eva) aber die Schlange zustimmend angeblickt hatte, wurde ihr Sehen, mit dem sie himmlische Dinge betrachtet hatte, ausgelöscht, und als sie der Schlange beipflichtend zuhörte, wurde das Gehör, mit dem sie die himmlischen Dinge vernommen hatte, verschlossen.." (H.S. 160)

Eva wird sozusagen befangen. Die "Verbindung nach oben" wird abgebrochen. Es kommt Zweifel auf, ob ihnen Gott nicht wirklich etwas vorenthält. Aus der ursprünglichen Haltung des Gehorsams entsteht nun die Bereitschaft, alles zu bezweifeln und Ungehorsam zu sein. "Sollte Gott gesagt haben...! Eva, das ist eine theologische Frage. Laß uns darüber mal diskutieren!" In dieser Hinterfragung liegt schon der Anfang der Sünde. Doch Eva merkt gar nicht, wie nah sie daran ist zu sündigen. Durch die Neugierde dazu angeregt,nähert sie sich dem Baum, den sie bislang gemieden hatte. Sie geht herum und betrachtet ihn, während ihr die Schlange "gut" zuredet: "Das glaubst du doch selber nicht, daß Gott euch das Leben nehmen wird. Nein, ihr werdet nicht sterben, sondern leben!"

Die Schlange erklärt ganz einfach die Lüge zur Wahrheit. Ihr werdet leben! Die Wahrheit jedoch lautet: "Wenn ihr davon eßt, werdet ihr sterben."

"Da sah die Frau, daß der Baum gut zum Essen sei und eine Lust zum Anschauen und begehrenswert..." Nun wird Eva von Lust gepackt. Sie kennt die Wahrheit nicht mehr! Eva hat nun wirklich Lust bekommen und begehrt diese Frucht. Sie entdeckt, was "Spaß" macht! Die besonnene Haltung ist verflogen, ausgelöscht. Nun ist sie so richtig in Stimmung gekommen und zu allem bereit.

Eva fällt

Und "sie nahm von der Frucht, aß und gab auch ihrem Manne, und auch er aß."
Nach dieser Methode verführt die Schlange auch heute noch die Menschen. Man braucht dazu nur das Wort Gottes in Frage zu stellen und vorzugeben, alles besser zu wissen. Ein Beispiel:
Gott sagt: Ich habe die Welt geschaffen: Sonne Mond und Sterne, die Pflanzen und Tiere, und den Menschen nach meinem Bild und Gleichnis.
Die Naturwissenschaft sagt: "Daß es einen Gott gibt, ist bislang nicht erwiesen. Wir arbeiten gründlich und mit modernster Technik, dennoch konnten wir einen Gott weder im Mikro- noch im Makrokosmos wissenschaftlich nachweisen. Wir lassen uns nicht darauf ein, Dinge, die nicht erwiesen sind, einfach zu glauben. Bei uns zählt die Wirklichkeit, der Beweis. Sieh dir unsere gelehrten Bücher an, da reiht sich ein Beweis an den anderen. Der Mensch wurde unseres Wissens nach nicht von einem Gott erschaffen, sondern er hat sich im Zuge der Evolution in Millionen von Jahren selbst entwickelt und geht aus dem Stamme der Affen hervor."
Die Wissenschaft weiß es besser, sie weiß mehr als Gott. Gott hingegen sagt:

"Dies ist das Buch des Stammbaumes Adam. Am Tage, da Gott Adam schuf, formte er ihn nach Gottes Ebenbild. Als Mann und Frau schuf er sie; er segnete sie und nannte sie Mensch, am Tage da sie erschaffen wurden." Dann folgt die Aufzählung des Stammbaumes vom ersten Menschenpaar an, von Adam an bis Noe. (1 Moses 5,1 ff)

Demnach lautet die Wahrheit: Der Mensch war von Anfang an Mensch und nie Affe! (Gentechniker wissen das übrigens längst!) Auch hat er sich nicht vom Einzeller nach oben gearbeitet und dabei selbst organisiert, sondern er wurde von Gott geschaffen, als vollkommener Mensch!
Die Wissenschaft sagt. "Am Anfang war der Urknall." Die hl.Schrift sagt: "**Im Anfang schuf Gott Himmel und Erde.**"
Eine Grundvoraussetzung für das Verständnis der Psychotherapie Hildegards ist die Liebe zur Wahrheit! Wenn Sie an die Urknall- und Affenlehre glauben, so glauben Sie der "Schlange", die uns den Blick auf die Wahrheit vernebelt. Eine ganze Wissenschaft hat scheinbar nichts anderes zu tun, als die Wahrheit zu verschleiern; jene Wahrheit, daß eine andere Macht, ein Schöpfer über uns steht.

Gott ist der Verlierer!

Wer keine letzte Instanz anerkennt, der macht sich selber zur letzten Instanz. Wenn das einfache Volk von "Göttern in Weiß" spricht, bringt sie das zum Ausdruck.
Da Gott den Menschen erschaffen hat, gehört er auch Ihm. So wie Ihr Kind Ihnen und nicht dem Nachbarn gehört, so "gehören" alle (getauften) Menschen Gott. Durch das Essen der Frucht hat sich der Tod in den Menschen eingeschlichen. Bekanntlich starben Adam und Eva, und auch wir müssen sterben. Also hatte doch Gott recht gehabt! Nun "gehörten" Adam und Eva der Schlange an. Also ist Gott der eigentliche Verlierer!

Damit dieses Schicksal nicht das gesamte Menschengeschlecht ereilt, mußte sich Gott etwas einfallen lassen:

"Daß Gott aber alsbald sprach: 'Adam, wo bist du?'damit deutete Er voraus, Er bliebe eingedenk, daß Er den Menschen nach Seinem Bilde und Seiner Ähnlichkeit geschaffen hatte und ihn wieder an sich ziehen wollte." (W.M. 33)

Eine Rückkehr aus dieser Verbannung ermöglichte uns dann Sein Sohn, den eben der Vater zur Rettung der Menschen in die Welt gesandt hat. Erst durch die Taufe werden wir wieder Kinder Gottes!

Die Schlüsselstelle

Durch die Lust kam Eva zu Fall. Die von der Schlange erweckte Begierlichkeit verdrängte bei Eva die gehorsame Haltung. Man kann eben nicht gleichzeitig Gott und dem Teufel dienen. **"Genauso ist die Situation im Menschen: das Fleisch ergötzt sich am Sündigen, und die Seele dürstet nach der Gerechtigkeit; zwischen diesen beiden geht die große Auseinandersetzung vor sich." (WM 59)**

Das ist praktisch die Schlüsselstelle zu Hildegards Psychotherapie. Entweder lassen wir uns vom "Fleisch" (Lustprinzip) oder von der Seele, die nach Gerechtigkeit und Wahrheit dürstet, leiten.
"Ich tue nur, was mir Spaß macht... Ich gehe nicht in die Kirche, weil es mir keinen Spaß macht." Betrachten Sie all Ihre Entscheidungen einmal aus dieser Sicht. Sie werden feststellen, daß dieser Schlüssel in viele Schlösser paßt: "Weil es mir keinen Spaß macht..."
Der Mensch steht ständig vor der Wahl, sich entweder für die Lust (für den Leib) oder für das Bestreben der Seele zu

entscheiden. Sämtliche Konflikte werden zwischen diesen beiden Bestrebungen ausgetragen. Zwischen Wahrheit und Lüge, Seele und Leib, Tugend und Laster, gut und böse, Leben und Tod .
Für das Feisch ist die Sünde süß, für die Seele aber bitter. Mit derselben Gegensätzlichkeit geht es in allen menschlichen Konfliktsituationen weiter. Tugend und Laster sind ja wie Licht und Finsternis. So kann Hochmut nur mit Demut, Unglaube mit Glaube, Ungerechtigkeit mit Gerechtigkeit, Zwietracht mit Eintracht ..., überwunden werden. Diese Gegensätze gehören zum Leben. Wo die Sonne scheint, dort entsteht auch Schatten. Wenn wir von Glück sprechen, so deshalb, weil es auch Unglück gibt. So ist im Wort groß auch schon der Gegensatz - klein - vorhanden. "Tag" sagt uns, daß es auch eine Nacht gibt. "Oben" verrät, daß es ein Unten auch gibt. Himmel, ...
Unser Leben läuft je nachdem, welchem “Ruf” wir folgen. Warum essen wir nicht, was uns guttut, sondern was uns schmeckt? Warum tun wir nicht, was wir sollen, sondern was uns Spaß macht? Weil wir uns nicht für die Wahrheit, sondern für die Lust entschieden haben. Deshalb sind wir ständig bestrebt Unlust zu vermeiden, Verlust zu verhindern, Tadel auszuweichen und so weiter.

Der kritische Punkt

Nun sind wir allesamt keine Heiligen, die von Tugenden nur so glänzen. Ab wann sind wir (oder andere) ein Fall für Hildegards Psychotherapie?
Irgendwie pendeln wir doch ständig zwischen Tugend und Laster hin und her. Nun geben Sie bitte acht: Solange wir noch hin- und herpendeln, sind wir kein Konfliktpatient, weil wir in einsichtigen Momenten ja wieder zum Guten umkehren. Kritisch wird es dann, wenn wir eines Tages aus einer Schwäche eine Tugend machen.
Nehmen wir an, jemand ist einfach von Natur aus ein knausriger Typ. Nur ungern macht er für andere etwas locker. Aber so hin und wieder gibt er dennoch Almosen, weil ihn das Gewissen drückt. Dazwischen können Jahrzehnte vergehen. Doch eines Tages bekommt man eher von einem Toten einen Wind, als "von dem" einen müden Schilling, eine müde Mark. Im Gegenteil, er wird - darauf angesprochen - auch noch zornig. "Der Bettler hätte mehr als genug, wenn er sich um eine Arbeit umsehen würde. Und "denen da" gebe ich schon allein deswegen nix, weil's sowieso in die falschen Hände kommt!"
Nun hat sich jener sozusagen fixiert. Er pendelt nicht mehr zurück, sondern ist dem Laster des Geizes verfallen. So einer wäre also ein Fall für Hildegards Psychotherapie. Dasselbe gilt für alle fixierten Konflikte. Ein Atheist wäre ja kein Atheist, wenn er nicht glauben würde, daß es keinen Gott gibt. Und wenn Sie mit solchen Menschen über Gott reden wollen, dann stoßen sie eben auf Granit.
Fixiert ist, wenn ich meine Ausreden weiterentwickeln muß, weil ich meine Haltung nicht mehr ändern kann oder will.

Der Übergang von schwankend auf fix erfolgt zumeist allmählich: Zuerst wollte z. B. der knausrige Mann nichts hergeben und nun **kann er nichts mehr hergeben.** Desgleichen beim Atheisten: Zuerst verdrängte er immer wieder alle Glaubenssachen und nun **kann er gar nicht mehr an Gott glauben.** So ist das bei allen Lastern: zuerst wollte er es nicht anders, jetzt kann er nicht mehr anders. Solche Menschen sind dann einem Laster "verfallen" und finden selten ohne fremde Hilfe wieder heraus.

Das Konfliktschema

Der Konfliktspielraum der menschlichen Psyche (Seele) läßt sich mit 10 Geboten nicht abstecken, denn dazu sind die einzelnen Gebote eine zu grobe, ja zu oberflächliche Einteilung.
Wer hingegen annimmt, es gäbe so viele Möglichkeiten, daß man sie gar nicht katalogisieren kann, hat auch nicht recht. Es sind nicht mehr und nicht weniger als 35 Grundübel.
Diese sind im Werk "LIBER VITAE MERITORUM" (Der Mensch in der Verantwortung) niedergeschrieben. Das ist unsere Grundlage. Wer immer sich mit PSYCHO -logie, -Analyse, -Therapie, -Somatik etc, beschäftigen will, sollte dieses Werk gut studieren. Damit haben wir einen Seismographen der jede kleine Seelenerschütterung bis hin zu schweren seelischen "Erdbeben" registriert.
Worum es letztlich in Hildegards Psychotherapie geht, das erfahren wir am folgenden Beispiel:

Totalschaden

"Hoffentlich ist nichts passiert!", sagt die besorgte Mutter, wenn von den Familienangehörigen jemand nicht zur üblichen Zeit nach Hause kommt. Dann schrillt das Telephon. Mutti hebt ängstlich den Hörer ab und vernimmt die Stimme ihres Sohnes: "Du Mutti, wir hatten einen Unfall! Auto Totalschaden, aber alle wohlauf. Komm in einer Stunde nach Hause. Servus, muß auflegen." Welche Erleichterung. Der materielle Schaden, so denkt sie, kann ja ersetzt werden. Hauptsache, es ist nichts passiert!

Sehen Sie, so ähnlich sorgt sich auch Gott um uns. Hauptsache ist, Seine Kinder kommen heim. "Aadaaam! Wo bist du?" Wir sind Gott verloren gegangen. Selbst wenn unser Vehikel - der Leib - auch "Totalschaden" erleidet, aber die unsterbliche Seele gerettet wird, so ist "nichts passiert". Der Vater im Himmel ist erleichtert. Wenn nun beispielsweise in einem Krieg reihenweise die Soldaten fallen, aber im Schützengraben ihre Seele klammheimlich zu ihrem Vater aufgeschrien hat, so ist - mag es menschlich gesehen auch noch so tragisch sein - nichts passiert. Viel schlimmer wäre es gewesen, hätten dieselben Menschen im Wohlstand ihr Seelenheil verloren, und wären somit nicht heimgekehrt!

Das müssen wir bei Hildegards Psychotherapie immer vor Augen haben. Letztlich geht es um die Rettung der Seele. Und in Gottes Heilsplan ist eine Krankheit (oder unter Umständen sogar der "Totalschaden") eine therapeutische Maßnahme.

"Denn durch die Bedrängnis des Leibes gelangt der Mensch nicht selten zu geistigen Schätzen, und durch diese Schätze kommt er in den Besitz des höheren Reiches. (WM 52)

Das ist die Masche

Hinter so manchem seelischen Konflikt steckt die Schlange und ihre Helfershelfer! Sie will, daß wir unser Endziel verfehlen. Auch haarscharf verfehlt ist verfehlt! Dieses Ziel erreicht die Schlange mit Argumenten, die sehr überzeugend klingen und denen mancher nicht viel entgegen zu setzen hat. Ihr Erfolg beruht darauf, daß sie nie von ihren wahren Absichten spricht, sondern das faule Ei in einer wunderschönen Verpackung präsentiert.
In 35 Streitgesprächen - zwischen Tugend und Laster - werden die unterschiedlichen Standpunkte offengelegt. Durch dieses Spiel mit offenen Karten bekommen wir Einblick in die raffinierten Fallstricke der Schlange. Die Tugend deckt dann auch die wahren Absichten der Schlange auf und demaskiert sie somit.
Hier prallen messerscharfe Wahrheiten auf falsche Argumente. Es gibt kaum Raum für Gefühlsduselei. Gefühlsmäßige Entscheidungen können zwar richtig, aber ebenso falsch sein. Aber auf Gefühle ist dabei letztlich kein Verlaß. Nicht einmal auf das Gewissen. Man kann ja, worauf Kardinal Ratzinger kürzlich hingewiesen hat, auch gewissen-los werden. Deshalb gilt als Richtschnur nur der SOLL-IST-Vergleich mit dem göttlichen Standpunkt: So hätten wir handeln müssen, so aber haben wir gehandelt.
Nun sehen wir uns so eine "Argumente-Sendung" einmal an. In ihren Visionen sieht Hildegard die Laster in unterschiedlichen Gestalten, wobei jedes Laster schon an seinem Erscheinungsbild zu erkennen ist. Etwas später werden alle diese Symbole erklärt.
Hören wir nun die Argumente des Lasters der "Sorge um das Irdische". (Nr.: -27)

Von der Sorge um das Irdische

"Eine fünfte Erscheinung sah ich, die hatte die Gestalt eines Menschen und ganz weißes Haar. Völlig nackt stand sie da im Dunkeln wie in einem Faß. Und sie sprach:
'Welche Besorgnis wäre wohl noch wichtiger als die Sorge um diese Welt? Wie sonst auch wachsen Getreide und Obstbäume, wie die Weinstöcke und alle anderen Dinge, die so notwendig sind zum Leben und von denen die Menschen erquickt und gehalten werden? Würde ich nämlich meine Augen mit Tränen füllen oder im Seufzen meine Brust zerschlagen oder immer nur meine Knie beugen, so hätte ich bei alledem weder etwas zum Essen noch zum Kleiden, würde vielmehr elend zugrunde gehn. Und würde ich auch zum Himmel aufschreien, um mir von der Sonne und Mond und den Sternen den Lebensunterhalt zu erbetteln, so würde mir dies gar nichts nützen. Daher will ich mir all das, was ich durch mein Denken, Reden und Handeln zu erreichen vermag, auch aneignen, damit ich auf dieser Welt eine Existenz finde." (MV 185)
Soweit also die Argumente der Schlange, zu einer ganz normalen Existenzfrage. Dabei vertritt sie in etwa den Standpunkt: Wer nicht arbeiten will, soll auch nicht essen. Von selbst fallen einem die gebratenen Tauben nun einmal nicht in den Mund. Also packt ordentlich an und stürzt euch in die Arbeit, dann wird euch nichts fehlen.
Dieser Standpunkt ist doch ganz vernünftig. Oder haben wir dagegen etwas einzuwenden? Nein. Deshalb gehen Millionen von Menschen eben dieser "Parole" auf den Leim. Was aber will die Schlange mit den so einleuchtenden Worten tatsächlich erreichen?

"Auch erblickte ich in dem erwähnten Haufen noch andere Geister, die alle laut kreischten und schrien: 'Einnisten wollen wir uns im Himmel, auf daß Luzifer in seinem Ruhme Bestand finde!' Diese Geister verleiten die Menschen zur Sorge für das Irdische und **überreden sie, sich überhaupt nur noch um irdische Dinge zu kümmern."** (MV 215)
Aha: Der Mensch soll sich dermaßen engagieren, damit er für andere Dinge gar keine Zeit mehr hat. Auf diese Weise entfernt er sich vom religiösen Leben allmählich wie von selbst. Am Ende interessiert ihn das auch gar nicht mehr. Damit hat die Schlange ihr Ziel erreicht.
Dem Laster der Sorge für das Irdische steht die Tugend der "Sehnsucht nach dem Himmlischen" gegenüber. Nun kommt sie zu Wort:

Antwort der Tugend

"Und wieder hörte ich aus der erwähnten Sturmwolke eine Stimme dieser Gestalt antworten: **'O du, der du die Seelen plünderst, was behauptest du da? Dein Geist ist trügerisch, da er nicht auf Gott vertraut, der alle Lebensmittel bereitstellt. Und wie der Leib nicht leben könnte ohne die Seele, so wächst auch keine irdische Frucht ohne die Gnadenkraft Gottes. Schau her auf die Gebeine der Toten, die in den Gräbern ruhn, und überlege doch, was sie tun sollen. Nichts tun sie mehr, als daliegen in der Fäulnis. Und auch du bewirkst nichts als dein nachlässiges Leben, weil du ohne Gottes Gnade leben willst, um bei all deinen Besorgungen keinerlei Sehnen noch Suchen nach Gott zu behalten.'** (MV 186)
Wer nur auf das Irdische ausgerichtet ist, verliert also das Interesse an Gott. Nun folgt eine genaue Analyse der Charakteristik dieses Lasters:

Die Analyse:

"Die fünfte Gestalt bezeichnet die Sorge um das Irdische, die bei dieser Gelegenheit die Unbeständigkeit begleitet. Denn die Menschen, die in ihrer Gesinnung wie in ihren Handlungen unbeständig sind, werden durch das Unstete, das sich in ihrer geistigen Haltung zu bilden pflegt, nur zu häufig in die Sorge um das Irdische verstrickt, die den himmlischen Dingen geradezu entgegengesetzt ist und die nicht die Nahrung und Erfrischung des Lebens sucht. Du erblickst sie in Menschengestalt, in der Beschwernis nämlich aller weltlichen und irdischen Angelegenheiten, sowie mit bleichem Haar, das heißt in der Torheit und in jenem großen Lärm, wie ihn die irrenden Geister machen, die immer nur dahinhasten. Solche Leute schwitzen unter diesem Laster und erleiden eine äußerste

Unrast an Leib wie Seele, um sich dann doch an diesem hektischen Zustand, als wären sie in höchster Ruhe, zu erquicken. Was für andere Menschen nur Unrast bedeutet, das rechnen sie sich zur Ruhe an. Und wo andere ihre Ruhe finden, werden sie durch diese Laster nur in Unruhe gehalten. Daher steht die Gestalt auch im Düsteren völlig nackt da wie in einem Faß, weil die Gesinnung und die Herzen dieser Menschen der Schwärze der irdischen Sorgen und Ängste derart eingebunden und eingepreßt sind, daß sie bar aller höheren Seligkeit mit größtem Ergötzen solches betreiben, als säßen sie mit aller Annehmlichkeit in einem Bade. Indem sie nur das Nackte ihres ursprünglichen Unwissens mögen, suchen sie in ihrem Sehnen und Bitten auch nicht das Gewand des Heiles bei Gott, da sie alle Gepflogenheiten und Absichten auf weltliche Dinge richten und somit von allem, was weltlicher und gebrechlicher Natur ist, auf die leidenschaftlichste Weise besessen sind, wie das auch dieses Laster in seiner oben erwähnten Rede bekundet. Ihm antwortet die himmlische Sehnsucht, und sie **ermahnt die Menschen, die höheren und die ewigen Werte nicht den zeitlichen nachzusetzen."** (MV 200 ff)

ORA ET LABORA

Wir sollten also beten **und** arbeiten, um nicht zu sehr in die weltlichen Dinge verstrickt zu werden.
"Der gläubige Mensch aber ergreife den Pflug hinter dem Ochsen so, daß er gleichwohl zu Gott aufschauen kann, der da der Erde die Grünheit und alle Frucht verleiht. So trete er nach den Vorschriften des Meisters auf, daß er die Erde pflege, ohne das Himmlische zu vernachlässigen." (MV 216)
Wenn wir uns nur noch um die Dinge dieser Welt kümmern, das ORA streichen und nur noch LABORieren, sei es in der Arbeit oder Freizeit, dann werden wir in eine Hektik verstrickt, so daß wir davon "auf die leidenschaftlichste Weise besessen sind."
Nach all dem, was uns bisher gesagt wurde, steckt hinter (je)dem Laster die Schlange. Sie möchte den Menschen so fest in weltliche Dinge verstricken, daß er sich nur noch damit beschäftigt. Wenn wir uns ein wenig umsehen, müssen wir sagen, daß ihr das gut gelingt. Die Zahl jener, die längst nicht mehr zu Gott aufschaut, ist ja kaum noch zu zählen!
Zuerst wollten sie es nicht anders und nun können sie nicht mehr anders!
Von Tugenden wird man überstrahlt, von Lastern überschattet. Das ist der uralte Kampf zwischen Licht und Dunkel, den jeder Mensch mehr oder weniger auszutragen hat. Es flüstert uns sozusagen jemand über die Schulter etwas ins Ohr und wir hören darauf. Davor ist kein Mensch gefeit. Viele schlechte Gedanken kommen von dieser Seite. Und wenn ein Verhalten zu einem Laster ausartet, so sagen wir, der hat in dieser oder jener Sache eben einen "Tick".

Irgendwo hat jeder Mensch eine schwache Seite, die sogenannte Achillesferse. Nicht einmal Pfarrer sind davon ausgenommen. Was soll man davon halten, wenn ein Pfarrer ungehalten wird, weil sich z. B. beim Kommunionempfang jemand hinkniet. Wenn man allerdings weiß, daß er es war, der die Kommunionbänke aus der Kirche rausgeschmissen hat, so geht uns ein Licht auf. Für ihn sind die Knienden eben unfolgsame und unbelehrbare "ewig Gestrige". Ihren Wünschen darf man auf keinen Fall nachgeben. Nicht wahr?
Oder: Was soll man sagen, wenn ein junger Bursche beim Motorrad-Rennfahren durch einen Unfall nur knapp mit dem Leben davongekommen ist, und - nach der Zwangspause - sofort wieder weiterfährt? Ist er nicht in leidenschaftlichster Weise vom Rennfahren besessen? So gäbe es viele Beispiele. Bleiben wir bei unserem Thema:
Typisch für das Laster der Sorge für das Irdische ist das hektische, ruhelose Wesen eines Menschen. Er kann gar nicht mehr "abschalten", auch nicht am Sonntag. In die Kirche geht so einer längst nicht mehr, denn **"wo andere ihre Ruhe finden, werden sie durch dieses Laster nur in Unruhe gehalten."** So einer hält die stille Athmosphäre gar nicht mehr aus. Also sieht man sie am Sonntag morgen Joggen oder auf ein Game am Tennisplatz, denn **"was für andere Menschen nur Unrast bedeutet, das rechnen sie sich zur Ruhe an."** Also auch in der Freizeit voll engagiert. Nun könnten wir viele Beispiele anführen, die alle in ein und dasselbe Laster fallen.
Das Frei-Sein von diesem Laster besteht darin, über **Gaben** verfügen zu können, ohne aber den **Geber** zu vergessen. Wir dürfen nicht zu sehr an den irdischen, das heißt materiellen Dingen, hängen, sondern sind nur deren Verwalter.

Der Nächste bitte...

Je tiefer ein Mensch in ein Laster verstrickt ist, umso unwilliger reagiert er auf Ermahnungen. Er läßt es oft gar nicht zu, daß auf seine wunde Stelle hingewiesen wird. So ist es: "Genau darüber kann man mit ihm nicht reden!"
Betrachten wir die Streitgespräche zwischen Tugend und Laster, so sehen wir in die offenen Karten beider Seiten und können der Schlange die aufgedeckten Trümpfe aus der Hand nehmen. Zusätzlich erhalten wir von der Tugendseite sogar eine Einstiegsmöglichkeit. In unserem Beispiel müssen wir dem in Sorge verstrickten Menschen die Endlichkeit seines Daseins vor Augen führen.
Wenn z. B. ein Managertyp am Sonntagmorgen bei seinem Jogginglauf ein altes Mütterchen auf dem Weg zur Kirche überholt, so ist das für ihn wie eine Mahnung. Er spürt sehr wohl, daß "die" wahrscheinlich glücklicher und zufriedener ist als er. Und wenn sich niemand um die Rückkehr eines solchen Menschen bemüht, dann wird er gelegentlich von Gott heimgesucht. Zum Beispiel durch die Verpflichtung, an einem Begräbnis teilzunehmen. Verliert man nicht geradezu den Boden unter den Füßen, wenn z. B. ein junger Sportler zu Grabe getragen wird? Eben ging es noch um Zehntelsekunden und nun um eine Ewigkeit. Dann spricht unmerklich die "Sehnsucht nach dem Himmlischen" zu den Trauergästen:

"Schau her auf die Gebeine der Toten, die in den Gräbern ruhn, und überleg doch, was sie tun sollen. Nichts tun sie mehr, als daliegen, in der Fäulnis. Und auch du bewirkst nichts als dein nachlässiges Leben, weil du ohne Gottes Gnade leben willst."
In solchen Momenten sieht die Seele ein, daß sie trotz aller

Dinge dieser Welt nicht satt wird. Wir haben alles, aber werden nicht satt. Wir haben alles, kommen aber nicht zur Ruhe. Es entsteht Sehnsucht, Sehnsucht nach Unvergänglichem. Das ist die Tugend der Sehnsucht nach dem Himmlischen, die hier ein wenig aufbricht. So könnte ein Mensch selbst zurückfinden, aber zumeist werden derartige Berührungen "weggesteckt". Wir lassen sie bei ihren Ausreden und sagen nicht, was von wirklicher Bedeutung ist und was nichtig. Sich selbst anlügen heißt Gott anlügen. Ehrlich sein heißt vor Gott ehrlich sein. Ihm können wir nichts vormachen. Dennoch lassen wir weiterhin jeden sich damit brüsten, daß er doch selber weiß, was er zu tun oder zu lassen hat.
Aus Menschenfurcht wird heute auf beherzte Ermahnungen völlig verzichtet. Man weiß, wenn "der" oder "die" so weitermachen, geht's schief. Doch keiner sagt etwas. Wir schweigen bei Verwandten und Bekannten, von denen wir wissen, wo sie stehen. Dabei wären sie unsere Nächsten. Hier wäre unser Platz, unser Arbeitsgebiet. Zuallererst aber müssen wir bei uns selbst beginnen. Des weiteren dafür sorgen, daß auch die Eltern, die Kinder, Schwestern und Brüder ihr Ziel nicht verfehlen. Durch Gebet und Opfer bieten sich allmählich Gelegenheiten darüber zu reden, worüber man mit "dem" sonst nicht reden kann. Es ist oft ein langwieriger Weg über viele Jahre. Schon allein daran wird ersichtlich, wie hoch der Preis einer Seele ist, die von der Schlange in irgendeine Sache hineingezogen wurde. So schnell gibt sie ihre Opfer nicht frei. Deshalb muß man sich mit dem Laster sehr genau auseinandersetzen, um den Weg der Loslösung zu finden.
Jeder von uns hat sein Kreuz, seinen Schatten zu ertragen. Allzu oft können wir damit nur nicht umgehen.

Das Buch lehrt, welche Entwicklungsstufen ein gottgewolltes Menschenleben durchmachen muß, um mit Gottes Hilfe das Beste daraus machen zu können. Eine weitere Lehre, die wir daraus ziehen sollten, ist, daß wir uns nicht unterkriegen lassen sollen. Selbst wenn wir x-Mal fallen, können wir uns immer wieder erheben. Im Aufstehen, im Neuen-Anlauf-Nehmen liegt das Verdienst. Allerdings will auch das gelernt sein!

"Ich bin ein großer Arzt für alle Krankheiten und handle wie ein Doktor... Wenn es eine leichte Krankheit ist, heilt er ihn mühelos; ist sie aber schwer, sagt er zum Kranken: Ich verlange von dir Silber und Gold. Wenn du es mir gibst, werde ich dir helfen. So tue auch Ich, o Mensch. Die kleinen Sünden tilge ich durch Seufzen, Tränen und den guten Willen der Menschen; bei schweren Verfehlungen aber sage Ich: Mensch, tu Buße und bessere dich; dann will Ich dir meine Barmherzigkeit zeigen und dir ewiges Leben schenken." (Sc. I/3)

Ein Beispiel aus dem Leben:

Eine Ehefrau kommt dahinter, daß ihr Mann mit einer ebenfalls verheirateten Frau auffällig oft Tennis spielen geht. Klar, der geht "auf die Seite". Es kommt zu Streitigkeiten, wie man sich denken kann. An Scheidung wird gedacht usw. All das erzählt die betroffene Dame meiner Frau, die ihr erklärt, daß mit einer Scheidung die Probleme nicht zu lösen sind. Im Gegenteil: Würde sie dafür ihre Zustimmung geben, so mache sie sich mitschuldig an einer unrechtmäßigen Verbindung. Wahrscheinlich würde sich dann auch seine Freundin scheiden lassen und somit die Beute des Teufels noch fetter. "So habe ich das noch nie betrachtet", gesteht die Dame. Weiters erklärt ihr meine Frau, daß die Gattin nach Hildegard auch für das Seelenheil ihres Mannes mitverantwortlich sei. Vor Gott sind sie nämlich EINS. Deshalb sollte sie sich nicht ständig damit belasten, wann und wo sich ihr Mann wohl wieder mit der Freundin treffen wird, sondern überlegen, wie sie ihrem Mann helfen kann. "Ihm helfen?" Ja, er folgt dem Ruf der "Schlange". Damit er nicht mehr auf sie hört, muß dem etwas entgegengesetzt werden. "Was soll ich tun?" Mit viel Gebet und Opfer ihren Mann sozusagen "freikaufen".
Kurz und gut, die Dame beherzigt nach dem längeren Gespräch die Ratschläge und "stürzt" sich ins Gebet. Sie macht auch Wallfahrten u.ä. mehr.

Eines Tages - nach ein paar Monaten - erfuhren wir, ihr Mann habe den Arbeitsplatz verloren, worauf ihm auch die Freundin adieu sagte. Nun war er sehr froh, daß wenigstens seine Frau noch zu ihm hielt und - zu seiner Überraschung- ihm nicht einmal Vorwürfe machte. Diese

Haltung überzeugte ihn - und er bekehrte sich. Es wurden nicht nur zwei Ehen gerettet. Nun führen sogar beide ein christliches Leben!

Man muß nicht immer gleich alles hinhauen und davonlaufen. Es geht auch anders. Weinkrämpfe oder Wutausbrüche ändern nichts. Also muß bei allen Problemen genau überlegt werden, was nach der göttlichen Ordnung anzustreben wäre und wie diese umgesetzt werden kann. Genau das lernt man in Hildegards Psychotherapie.

So kann man Krankheit und Leid einsetzen für die eigene "Heilung", aber auch für die "Heilung" anderer.

Wirtschaftlich gesehen sind Kranke eher wertlos, weil unproduktiv und kostenaufwendig. Im Christentum waren jedoch Kranke und Schwache immer die wertvollsten Menschen. Warum? Weil alles, was weh tut, Opfercharakter hat und mit Bargeld vergleichbar ist. Man kann damit eigene "Schulden" aber auch die Schuld anderer abgelten. So lassen sich gerade psychische Konflikte oft nur in dieser Währung bezahlen. Jene Dame, von der die Rede war, hat den Preis für ihren Mann in der dafür vorgesehen Währung - mit Gebet und Opfer - bezahlt und somit zurückgekauft.

Die Preisfrage:

Bei Hildegard erfahren wir erstmals, welchen Preis der Mensch für die verschiedensten Vergehen zu bezahlen hat. Ein Laster führt geradewegs in die "Hölle", sofern sich der Mensch nicht ändert. Für andere hingegen werden die verschiedensten Strafen im Fegefeuer genau geschildert. Und wer diesen entgehen will, dem wird gezeigt, mit welchen Entbehrungen er selbst diese "offenen Rechnungen" hier auf Erden begleichen kann.
Eine solche Offenlegung des besonderen Strafausmaßes für alle Verfehlungen des Menschen ist meines Wissens bislang in keinem Buch beschrieben worden. Das "LIBER VITAE MERITORUM " dürfte eine der wenigen Quellen dafür sein.
Man bekommt schon ein flaues Gefühl im Magen, wenn man von all den Qualen liest, die uns für jede ungebüßte Entgleisung "drüben" erwarten.
Viele von uns wissen, wie milde die vom Priester aufgetragene Bußübung nach einer Beichte jeweils ausfällt: Ein paar Vaterunser beten. Auch ist klar, daß man mit schweren Bußübungen die meisten bußwilligen Menschen vor einer Beichte nur abschrecken würde.
Aber mit einem Vaterunser kann doch eine schwere Sünde nicht gebüßt sein. Es mag für die Bedingungen einer Beichte genügen, aber nicht für das volle Strafausmaß. Also bleibt in den meisten Fällen noch ganz schön was übrig für's Fegefeuer. Und **um uns davor zu bewahren,** ließ Gott die hl. Hildegard sehen, wie groß die wahre Schuld und das wahre Strafausmaß wirklich sind. So kann jeder, der diesen Strafen entgehen will, durch (freiwillig) auf sich genommene Bußübungen tilgen, was "drüben" teuer zu stehen kommt.

Vom Fegefeuer der Sorge für das Irdische

"Und ich erblickte ein gewaltiges Feuer, das in schwärzlicher Flamme brannte, während sich zahlreiche Würmer in ihm wälzten. Hier waren die Seelen jener, die während ihrer Erdenzeit die himmlischen Werte verachtet hatten, um ihre ganze Bemühung auf die Sorge um das Irdische zu richten, und die nun dafür von Ort zu Ort wie vom Winde hin und her getrieben wurden. Weil sie in der Finsternis des Unglaubens Gott vernachlässigt hatten, da sie sich nur noch um Irdisches kümmerten, bekamen sie dieses schwarze Feuer zu spüren. Weil sie sich in dieser Sorge von Habsucht verhärtet gezeigt hatten, wurden sie von den beschriebenen Würmern gequält. Weil sie aber von diesem Lebenswandel nicht lassen wollten, wurden sie in diesem Feuer unter Züchtigungen hin und her gejagt. Und ich sah und verstand dies." (MV)

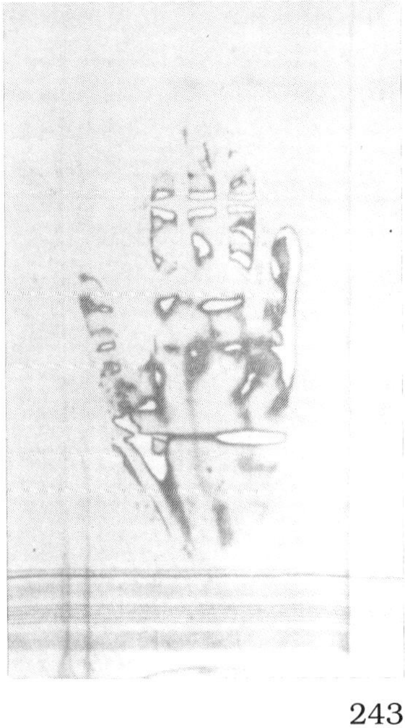

Die auf einem Tuch eingebrannte Hand einer (Marg. Schäffner) erschienen Seele.

Von der Buße für die Sorge um das Irdische

"Und wiederum hörte ich aus dem lebendigen Licht die Stimme zu mir sprechen: Das, was du siehst, ist wahr, und es ist so, wie du es siehst. Daher sollen sich die Menschen, die der Sorge für das Irdische anheimgefallen sind, falls sie die Geister, die sie dazu verleitet haben, überwinden wollen und den erwähnten Strafen entfliehen möchten, mit Fasten und Geißelungen, ganz nach Geheiß ihres Seelenführers, züchtigen, und sie sollen ihre Herzen wieder zurücklenken auf das Himmlische." (MV 215-216)

Die Schlange wird darauf sagen: "Das ist doch tiefstes Mittelalter! Reine Drohbotschaft! Völlig indiskutabel und rückständig. Das glaubt doch heute keine Mensch mehr." Gott hingegen sagt dazu:
"Dies alles ist gesagt über die Seelen der Büßer, die geläutert und *gerettet sein wollen*, und es ist die *Wahrheit.* Der gläubige Mensch achte darauf, und er halte es fest im Gedächtnis seines guten Gewissens." (MV 217)

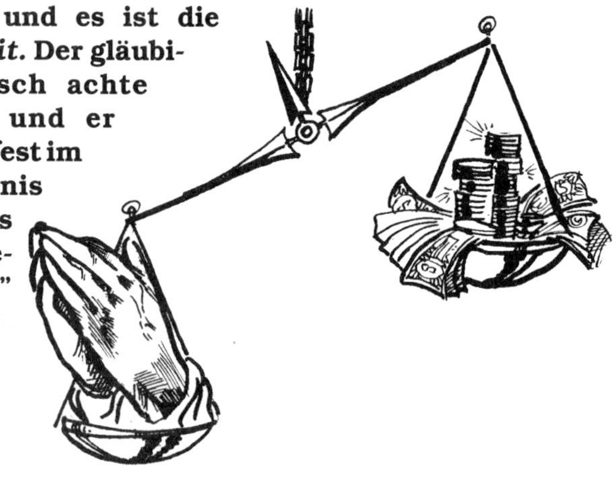

Was wir tun können

Nun gibt es bislang kaum einen Seelsorger, der die verschiedenen Bußübungen entsprechend der Beschreibung Hildegards kennt, geschweige denn verordnet. Was können wir demnach tun? Nichts? Die häufigste Forderung ist das Fasten. Fasten kann jeder. Zum Beispiel 1 - 2 Tage in der Woche bei Fencheltee und Brot. Die Liebe deckt die meisten Sünden zu. Üben wir uns also in christlicher Nächstenliebe durch echte Werke der Barmherzigkeit. Es gibt so viel Not.
Wie sagte Jesus? "Was ihr dem geringsten meiner Brüder getan habt, das habt ihr Mir getan!"

Der Teufel haßt die Frau!

Betrachten wir zum Abschluß noch ganz kurz die Scheinargumente des Zornes:
Wer erträgt schon gerne Unrecht? Niemand. Je größer das erfahrene Unrecht ist, umso emotionaler pochen wir auf unser Recht. Hinter den Emotionen steckt der Zorn und der ist wie ein Wirbelsturm:
"Ich zermalme und vernichte alles, was mir in die Quere kommt. Sollte ich gar UNRECHT erdulden?"
Kein Wunder also, wenn es der Schlange leichtfällt, uns hier zu angeln. Wieviele Kriege wurden damit schon ausgetragen, wieviel Zerstörung und Elend damit angerichtet! In Wahrheit steckt dahinter jedoch eine ganz andere Absicht, als etwa dem Unrecht Recht zu verschaffen:

"Alsdann sah ich andere Geister aus dieser Menge, die gegen die Heerschar Gottes aufschrien: 'Welche Macht habt ihr schon gegen uns? Gar keine!' In ihrer Wut starrten sie auf gewisse Frauen und riefen sogleich: **'Die da, die sind geeignet zur Fruchtbarkeit dieser Welt, so wie der Acker für den sproßenden Keim. Beeilen wir uns daher, sie zu verführen, auf daß sie keine Helden gegen uns großziehen.'** Diese bösen Geister reizen die Menschen zu Zorn und Raserei und zu ähnlichen Lastern, und sie stacheln sie gar zu Mord und Totschlag an." (MV 76)

Die Wurzeln des Zornes liegen in einem tiefen Frauenhaß und nicht im vorgegaukelten Unrecht. Der Teufel haßt die Frau, weil sie geeignet ist, Kinder Gottes in die Welt zu setzen. Alle Menschen, auch die großen Gestalten in der Kirche - gingen schließlich aus Frauen hervor. Deshalb muß die Familie an sich zerschlagen werden. Ihr sollt euren Spaß haben, aber keine Kinder zeugen. Deshalb Empfängnisverhütung, Sexual-"Erziehung", Pornographie und Mord am Ungeborenen durch "Fristen-Lösung". Schlimm an der Sache ist, daß all diese teuflischen Ziele von Politikern und Medien mit Entschlossenheit vorangetrieben werden. Wenn man über all diese Dinge einfach nur abzustimmen braucht, werden die Ziele des Teufels per Gesetz einfach verordnet. Wieso? Weil sich nur wenige für die Wahrheit entscheiden, hingegen stimmt eine überwältigende Mehrheit für den Spaß. So wird auch die Demokratie von der Schlange ausgenützt. Wofür sich eine Mehrheit entscheidet, das muß doch auch "richtig" sein? So einfach ist das alles, wenn es keine moralischen Prioritäten gibt.

Ein universelles System

Alle 35 Tugenden und Laster projeziert Hildegard - so wie auf der Zeichnung dargestellt - in der gezeigten Reihenfolge und Position auf das "Modell Mensch", denn:

"Gott hat die Gestalt des Menschen nach dem Bauwerk des Weltgefüges, nach dem ganzen Kosmos gebildet, so wie ein Künstler seine Formen hat, nach denen er seine Gefäße macht."

Haben wir eine Vorstellung von der Größe des Kosmos? Bisher ist man noch auf kein Ende gestoßen.
So wie wir beispielsweise in einer Weihnachtskrippe die hl. Familie, die Hirten und andere Gestalten in Kleinformat darstellen, ebenso ist der Mensch ein Modell für den Kosmos. Ein Mikrokosmos im Makrokosmos. Er steht in der Mitte des Universums und im Dialog mit der Schöpfung. All seine Gedanken und Werke sind vergleichbar mit einem Zügel, mit welchem der Mensch die Ereignisse der Menschheitsgeschichte bewegt und lenkt. Auf sein Zeichen hin antwortet die Schöpfung, denn in der Schöpfung antwortet alles einander.

Die schematische Zeichnung symbolisiert den kosmischen Menschen, wobei er von Kopf bis Fuß in Wirkbereiche unterteilt ist. Mit den Füßen bewirken wir nun einmal etwas anderes als mit den Händen oder mit dem Kopf. Nun kann sich der Mensch zwischen Gut und Böse, zwischen Tugend oder Laster entscheiden, aber nie dazwischen. Ein Niemandsland ist nicht einmal denkbar. Was immer wir auch tun, es zieht eine Spur durch den Acker der Zeit..

Schlüsselfigur Mensch

Liebe zum Himmlischen	1	Weltliebe
Zucht	2	Ausgelassenheit
Schamhaftigkeit	3	Vergnügungssucht
Barmherzigkeit	4	Herzenshärte
Gottes Sieg	5	Feigheit
Geduld	6	Zorn
Sehnsucht	7	Ausschweifung
Enthaltsamkeit	8	Schlemmerei
Freigebigkeit	9	Engherzigkeit
Frömmigkeit	10	Gottlosigkeit
Wahrheit	11	Lüge
Friede	12	Streitsucht
Glückseligkeit	13	Schwermut
Maß	14	Maßlosigkeit
Seelenheil	15	Verstocktheit
Demut	16	Hochmut
Liebe	17	Mißgunst
Gottesfurcht	18	Ruhmsucht
Gehorsam	19	Ungehorsam
Glaube	20	Unglaube
Hoffnung	21	Verzweiflung
Keuschheit	22	Wollust
Gerechtigkeit	23	Ungerechtigkeit
Stärke	24	Stumpfsinn
Heiligkeit	25	Gottvergessenheit
Beharrlichkeit	26	Unbeständigkeit
Sehnsucht nach d. Himmlischen	27	Sorge für das Irdische
Herzenszerknirschung	28	Verschlossenheit
Vollkommenheit	29	Habsucht
Eintracht	30	Zwietracht
Ehrfurcht	31	Spottsucht
Stetigkeit	32	Umherschweifen
Gottes Dienst	33	Zauberei
Genügsamkeit	34	Geiz
Himmlische Freude	35	Weltschmerz

Schaltstellen des Lebens

Der Mensch wirkt also auf die Welt ein. Von Geburt an trägt er die gesamte Vergangenheit in sich und hat die Zukunft als Vor-Sicht vor sich. Wie ist das zu verstehen?

Sie sehen auf der Zeichnung durch stärkere Linien gekennzeichnete Unterteilungen. Das sind, auf Ihr Leben bezogen, ihre Lebensabschnitte. Das sichtbare Leben eines jeden Menschen beginnt mit der Abnabelung vom Mutterleib; das ist - wenn wir die Zeichnung betrachten - am Ende des zweiten Abschnittes, etwa Nabelhöhe. Der Block zuvor, von den Schultern bis zum Nabel - war die Zeit der Schwangerschaft, weshalb Dr. Hertzka diese 8 Tugenden auch Schwangerschaftstugenden nennt. Diese dort genannten Tugenden oder Laster - je nach Charakter der Mutter - werden dem Menschen sozusagen als Erbgut oder Erblast in die Wiege gelegt. Das ist aber nur ein Teil des Erbgutes. Eine Schwangerschaft beginnt womit? - Richtig. Damit sind wir beim ersten Block, bei den "Kopftugenden", die mit Weltliebe auf der Lasterseite oder mit der Liebe zum Himmlischen auf der Tugendseite, beginnen. Das ist der andere Teil des Erbgutes. Nun muß uns klar werden, wieviel (Tugenden oder Laster) wir den Eltern noch vor unserer Empfängnis zu verdanken haben. Stand am Anfang die echte Liebe, gefolgt von der Sehnsucht, die zu der "schöpferischen Tat" geführt hat? Oder war es die Weltliebe, der Sex, und letztlich die Ausschweifung, die Folgen hatte? Hier wird der Grundstein gelegt.
Ein Blick auf die Zeichnung verrät uns, daß damit praktisch das halbe Leben ja bereits von den Eltern "vorgezeichnet" wird. Mehr sogar, denn der dritte Abschnitt, von den Hüften bis zu den Knien (Oberschenkel) war die Kindheit. Da saßen wir sozusagen auf Mutters Schoß oder

später in der Schule. Und wenn wir nicht nach den (dort eingetragenen) Idealen (Tugenden) - von Demut bis Keuschheit - erzogen wurden, so können wir theoretisch bereits von Laster 1 - 22 belastet sein, bevor wir selbst auf den Füßen stehen und großjährig sind. Das richtige Leben beginnt ja erst, wenn wir eigene Wege gehen, also im 4. Abschnitt! Um im Leben nicht zu scheitern, sollten wir uns in unserer besten Zeit um die Lebenstugenden (23-30) bemühen.

Im letzten Lebensabschnitt, er beginnt in etwa, wenn wir Opa oder Oma werden, können wir uns noch fünf Werte aneignen, oder, falls wir keine Anstrengungen unternehmen, noch weiteren Lastern (31-35) verfallen. Nach göttlicher Ordnung sollten wir die Reifezeit - bevor wir gepflückt werden - nützen, um nach der Tugend der Genügsamkeit auch noch die letzte erreichbare Alterstugend zu erreichen und mit "himmlischer (Vor-)Freude" in das ewige Leben eingehen.
Nur selten wird uns bewußt, daß praktisch vom Menschen beizeiten ganz bestimmte Bemühungen verlangt werden. Bei deren Unterlassung tritt anstelle der Werte (Tugenden) automatisch das Laster. Wer nicht demütig sein will, wird hochmütig. Aus dem Hochmut geht die Mißgunst hervor. Diese wiederum führt zur Ruhmsucht und so geht ein Laster in das andere über, genau in der Reihenfolge, wie sie auf der Zeichnung abgebildet sind. Mit dem Sündenfall kamen alle Laster, von 1-35, in die Welt.. Um die Welt zur Vollendung zu führen, muß der Mensch ständig dagegen ankämpfen. Jedes Versagen ist ein Rückfall zur Ursünde von Adam und Eva, zu Kain, der den Abel erschlug. Jede Überwindung hingegen ist ein Baustein für eine heilere Welt.
Das war in aller Kürze nur eine von vielen Perspektiven, die wir aus der Schlüsselfigur Mensch ablesen können.

Die Grünkraft

In der Schlüsselfigur sehen wir auch die Entwicklungsphasen der menschlichen Psyche, des menschlichen Bewußtseins und Unterbewußtseins. Aus ihnen geht entweder grünendes Leben hervor, oder die Dürre des Mißerfolges, die Zerstörung.
Wenn der Mensch den grünenden Lebensstrom - das ist der Glaube und alle Tugenden - abschüttelt, so verdorrt er wie ein angesägter Ast. Bilder aus atheistischen Ländern zeigen dies sehr deutlich. Der Mensch verliert die Kraft schöpferischen Wirkens und kann mit all seinem Wissen und der ganzen Technik die anstehenden Probleme nicht mehr lösen. Diese Unfruchtbarkeit führt zur Wirkungslosigkeit. Das sehen wir auch bei uns. Wir werken und wirken wie nie zuvor, lösen aber im Grunde genommen keine Probleme mehr. Jede Maßnahme kommt zu spät. Das gestern beschlossenen Gesetz muß heute schon wieder reformiert werden, weil es neue Probleme schuf. Wir vergessen dabei, daß wir keine Ordnung schaffen können, die nicht mehr in uns ist.
Um wieder in den Kräftestrom der Grünkraft zu kommen müssen wir umkehren, wie einst der verlorene Sohn sich sagte: "Ich will mich aufmachen..., um in das Haus meines Vaters zurückzukehren, wo ich herkomme." Dann rühren wir gleichsam an die Sterne und kommen in die Kräfteströmung der Grünkraft, mit der wir alles in Bewegung bringen. Nur die Umkehr läßt die Natur in und um uns aufblühen. Einen anderen Weg gibt es nicht.

Die Säulen des Staates

Mit dem Beispiel sahen wir die Anwendung der Tugenden- und Lasterskala auf unser persönliches Leben. Mit einer weiteren Variante beenden wir das Thema. Die sogenannten Schwangerschaftstugenden sind zugleich auch die Grundfesten eines ganzen Volkes. Hildegard beschreibt sie im 3. Buch Scivias (6. Bild) bei der "dreifachen Mauer" als staatstragende Tugenden. Man müßte sie den Politikern ins Stammbuch schreiben.

1.) Enthaltsamkeit statt Schlemmerei

Warum ist das Römische Reich untergegangen? Richtig! Weil sie nur noch gefr... und ges... haben. Genau das Gegenteil von Enthaltsamkeit ist Schlemmerei. Wenn heute Brot im Mülleimer landet, so geht's in dieselbe Richtung. Nicht, daß wir uns schlechtere Zeiten wünschen. Nein! Wenn wir aber infolge des Wohlstandes und der Müllberge dem römischen Schicksal entgegengehen, dann müßte der Staat durch geeignete Politik der Schlemmerei entgegenwirken.

2.) Freigebigkeit statt Engherzigkeit

Wir hörten schon: Fehlt die Tugend, kommt automatisch das Laster. Wenn wir nicht engherzig (egozentrisch) werden möchten, dann müssen wir Freigebigkeit üben. Das gilt vor allem für die Reichen. Dann würden die Reichen einen Armen nicht verachten und der Arme würde die Reichen nicht hassen. Die ganzen Klassenkämpfe beruhen auf der fehlenden Freigebigkeit, auf einem freiwilligen Ausgleich. Wer für andere keine Zeit und auch sonst nichts übrig hat, schlittert in Isolation. Hier die Bonzen, dort das Getto. Das macht unruhiges Blut und bereitet den Boden für die Anarchie.

3.) Frömmigkeit statt Gottlosigkeit

Wenn es stimmt, daß sich über 80 % der Bevölkerung unseres Landes zum röm.kath. Glauben bekennen, und wenn wir in einer Demokratie leben, bei der alles Recht vom Volke ausgeht, dann kann es diesem Volk doch nicht egal sein, ob Atheisten oder Christen "da oben" stehen! Fehlt nämlich die Volksfrömmigkeit, so tritt an deren Stelle das Gegenteil, die Gottlosigkeit. Wenn also Regierende religiöse Werte untergraben, beiseite schieben, ja als "unzeitgemäß" proklamieren, dann ist es nicht mehr sehr gut um dieses Volk bestellt. Es schlittert schon in das nächste Laster, in die Lüge.

4.) Wahrheit statt Lüge

Wahrheit hat mit Wahrhaftigkeit zu tun. Solange ein Mensch vor Gericht ungestraft die Unwahrheit sagen darf, so lange wird es in jenem Staat keine Gerechtigkeit und wirkliche Ordnung geben. Auf dieser Basis entstehen nämlich alle Drehereien und Betrügereien, wie unser skandalgeprüftes Land schon erfahren hat. Eben, weil auf die Wahrheit kein allzu großer Wert gelegt wird.

Wenn ein Parteiobmann sagt: "Wir wollen den Leuten das Gefühl geben, daß wir uns für ihre Anliegen interessieren!", dann verbergen sich dahinter zumeist nur taktische Maßnahmen. Wo ist da die Wahrhaftigkeit? Ohne klares Bekenntnis zur Wahrheit geht es (auf Dauer) nicht. Zu dieser Erkenntnis kommt man nach 70-jähriger Lügenherrschaft jetzt auch im Osten. Erst kürzlich sagte Boris Jelzin: "Es ist die Zeit gekommen, wo wir den Leuten die Wahrheit sagen müssen." Ja, diese Zeit ist gekommen, andernfalls werden die anstehenden Probleme wohl nicht mehr mit friedlichen Mitteln zu lösen sein, weder im Osten noch im Westen.

5.) Friede statt Streit

Der Friede hat seine Wurzeln in der Wahrheit. Ohne Wahrheit und Wahrhaftigkeit kein Friede. Er kann nicht herbeidemonstriert werden. Jeder Wert (Virtus = Tugend) hat seinen Preis! Vergessen wir nicht, daß hinter jedem Laster ja die "Schlange" steht und ihren Bereich verteidigt. Um den Frieden bewahren zu können, müssen auch die Werte (Tugenden) in einem Volk bewahrt werden. Doch die wahren Werte wurden noch nie so billig verscherbelt, wie gerade in unserer Zeit. Ob sich damit der Friede bewahren läßt, wird die Zukunft zeigen.

6.) Glückseligkeit statt Unglückseligkeit

Sind die Menschen heute zufrieden und glückselig? Nein! Und warum nicht? Es geht doch allen gut. Ah, Geld allein macht nicht glücklich! Ja, was wollen sie denn noch mehr? Man kann's gar nicht so genau formulieren, woran das liegt. An der Umweltverschmutzung, den Staus und dem Lärm, an der Hektik und der Entfremdung, den Zukunftsängsten und so Sachen...

Können wir uns ein glückseliges Volk überhaupt noch vorstellen? Doch. Denken wir z. B. an eine intakte Familie, bei der die Kinder stolz auf ihre Eltern sind. "Mein Vati kann alles", beteuert der Kleine. "Und wenn die Mama da ist, fürchte ich mich überhaupt nicht!"

So ein Kind ist also glückselig. Warum? Weil es sich geborgen und behütet fühlt. Es weiß, auf Mutter und Vater ist Verlaß! Das ist der "springende" Punkt! Auf wen können wir uns in der Politik denn heute verlassen?
Was uns fehlt sind wahrhaftige Männer mit wahren Werten im Rückgrat. Mit solchen Persönlichkeiten an der

Spitze des Staates wäre ein Volk glückselig. Es würde ihre "Oberen" verehren und sich auf sie verlassen können.

Das glauben Sie nicht? Sind Sie nicht stolz, wenn unsere Skifahrer eine Goldmedaille nach der anderen gewinnen und bei der Siegerehrung unsere Nationalhymne erklingt? Na also. Unsere Seele hängt nicht nur an der Familie und am Gartenhäuschen, sie hängt auch am Ort, an "meiner" Stadt, an unserem Land.

Wie ein Bienenvolk kriegen auch wir mit, wie die Stimmung im Hause ist. Ist die Königin schlecht, so ist das ganze Volk nichts wert, sagen Imker. Wir sind einander mehr verbunden, als wir wahrhaben wollen. Deshalb machen ja Politiker auch dauernd Meinungsumfragen, damit sie wissen, wie weit sie (noch) gehen können, oder ob die Lage vielleicht schon explosiv ist.

7.) Das rechte Maß statt Unordnung

Wie einerseits die Stufenleiter der Tugenden nach oben geht, führt andererseits ein Laster nach dem anderen in immer tiefere Abgründe. Das Maß steht für Ordnung da: "Bis hierher und nicht weiter!" Fehlt das ordnende Maß, stürzt ein Volk in die Maßlosigkeit der Anarchie. So richtet sich dann durch das Faustrecht ein Volk selbst. Dann hat das Böse die Oberhand und bereitet den Boden für Diktaturen. Die kommen dann wie von selbst durch das letzte Laster in diesem Teufelskreis, den Atheismus. (Verstocktheit).

8. Seelenheil statt Atheismus

Was heißt Seelenverderbnis? Jede Gemeinschaft, die nicht (mehr) an Gott glaubt, "verdirbt". Das ist der Atheismus als letzte Staatsform des Teufels. Wenn sich also ein Staat nicht um die Rettung der Seelen kümmert, sondern eher am Gegenteil interessiert ist, so verfällt er automatisch dem Atheismus. Im Osten wie im Westen.

So geht eins ins andere. Erst durch Hildegard bekommen wir mit, was wirklich Geschichte macht. Deshalb ist ihr Buch von den Lebensverdiensten auch ein eminent prophetisches Buch. Es zeigt, wer die Zeit richtig versteht und kennt auch die (relative) Zukunft.

So weit also ein kurzer politischer Abstecher. Es sollte damit aufgezeigt werden, wie umfassend dieses Konzept Hildegards anwendbar ist. Es läßt sich damit die gesamte Geschichte der Menschheit von Adam und Eva, bis zum Erscheinen des Antichristen wiederspiegeln.

Schröpfgläser, Schnepper und Sterilisator

Vom Schröpfen

Im Hinblick auf das Kapitel 1 "Hildegard als Prophetin" halte ich es für angebracht, die "Afrika-Technologie" auch auf das medizinische "Handwerk" auszudehnen. In Indien trägt bis zum heutigen Tag noch jeder Landarzt Schröpfköpfe und Schnepper in seiner Medizintasche, wenn er gerufen wird. Dieses uralte medizinische "Handwerkzeug" wird dort so häufig benutzt, wie bei uns die Maurerkelle oder die Rohrzange des Installateurs. Dies bestätigte mir nicht nur ein indischer Arzt, der seit Jahren in Österreich lebt, sondern auch eine Fernseh-Reportage über zeitgemäße Heilmethoden in Indien.

Das Schröpfen zählt in Insider Kreisen nach wie vor zu den effizientesten Heilmethoden schlechthin. Und wenn man weiß, daß in Indien ein Arzt erst dann einen Lohn für seine Arbeit bekommt, wenn er bei seinen Patienten Erfolg hatte, so wundert es uns nicht, warum sie eine seit Jahrhunderten bewährte Behandlungsmethode nicht ohne weiteres aufgeben. Hatte der Onkel Doktor nämlich keinen Erfolg, so war seine Mühe im Sinne des Wortes umsonst. Sollte es auch bei uns vorkommen, daß eine Behandlung einmal umsonst war, so ändert dies nichts am Einkommen unserer Ärzte. Das ist eben der Unterschied und vielleicht auch der Grund, warum sie es sich leisten können, auf bewährte Heilverfahren zu verzichten.

Schröpfköpfe sind "hydraulische" Steuerknüppel!

Wenn's nach Hildegard geht, so hat das Schröpfen nichts mit Geld zu tun, sondern ist für den Arzt das, was für einen Baggerfahrer die kleinen Steuerknüppel sind: Er bewegt und verändert mit den kleinen Hebeln schwerste Lasten und kann damit Berge versetzen.
In ähnlicher Weise wirken die unter Vakuum auf der Haut festgesogenen Schröpfköpfe. Nur wird hier kein Druck ausgeübt, sondern gesaugt. Was für den Baggerfahrer die hydraulischen Steuerknüppel sind, das sind für den Arzt die Sauggläser. Damit kann er wie ein Baggerfahrer "Berge" versetzen. Er hat direkten Einfluß auf die inneren Organe und Abläufe.
Wer einmal gesehen hat, wie man Schröpfköpfe ansetzt, kann das auch. Man soll aber nicht nur wissen **wie** man etwas macht, sondern **was** man da jetzt in Bewegung bringt, verändert und bewirkt! Es ähnelt ein wenig dem Schachspielen. Der Arzt muß wissen, wo er die Schröpfköpfe anbringen muß, um den Gegner - die Krankheit - Schach matt zu setzen. Wie bei der Akupunktur gibt es eine Reihe spezifischer Schröpfstellen, die jeder Arzt oder Heilpraktiker kennen muß, um auch Erfolg zu haben.
Mit zwei Beispielen, es sind wahre Begebenheiten aus dem Leben, soll uns vor Augen geführt werden, daß man in scheinbar aussichtslosen Situationen durch Schröpfen ein Leben noch retten kann.

Schröpfen als letzte Chance

Ein Landwirt schilderte mir folgende Begebenheit:
“Ich war noch keine 40 Jahre alt, sollte den Bauernhof übernehmen, war aber ständig krank und so schwach und müde, daß mir die Arbeit viel zu stark gewesen wäre. Ich hab' jedem gesagt, ich werde keine 50 Jahre alt, wenn das nicht anders wird. Im Krankenhaus bin ich im Darm operiert worden. Man hat eine Probe eingeschickt, war aber nicht krebsig. Der Arzt hat mir aber gleich gesagt, wir werden uns bald wiedersehen, weil die Geschwür' nachwachsen werden. Tatsächlich habe ich es nach ein paar Wochen vor Schmerzen nicht mehr ausgehalten und bin wieder ins Spital 'kommen, zur Untersuchung. Dort hat mir ein alter Bauer dann gesagt: 'Warum laßt Du Dich nicht schröpfen? Dann wird des von selber guat.' Er hat mir dann auch verraten, zu wem ich gehen könnt'. Und ich bin zu "der" hingegangen und hab mich schröpfen lassen.
Von da an ist's aufwärts gegangen mit mir. Und - gsund bin ich worn (geworden)! Hab' nicht mehr operiert werden müssen.

Bis heute nicht - des ist 25 Jahre her. Seit daher laß ich mich alle Jahr einmal schröpfen und ich fühle mich gesünder wie so manche junge Leute, dös kannst ma glaum."
Tatsächlich übernahm er nach seiner Genesung den Hof und ging sogar noch nebenbei in eine Fabrik arbeiten. Heute ist er ein rüstiger Pensionist, dem jeder ansieht, daß er gut beisammen ist.
Zwischendurch erzähle ich ihm, warum ich mich für seine Erfahrungen mit dem Schröpfen so interessiere. Sie passen nämlich so schön in die Hildegardtherapie hinein. Darauf sagt er: "Du, da könnt' ich Dir noch was erzählen:

Es ist gute 40 Jahr her, da hat a Nachbarsdirndl, sie war dazumal guate zwanzig Jahr alt, im Frühling auf dem Feld gearbeitet. Es war noch recht kalt und dös Mensch (Mädchen) hat grad die kritischen Tag (Menses) ghabt und hat sich verkühlt. Früher haben ja die Weiberleut nicht all das gehabt, was sie in der Zeit hätten brauchen können. Net amal a Unterwäsch. Sie is jedenfalls darauf steinkrank geworden und kein Doktor hat ihr mehr helfen können. Weil der Hausarzt gesagt hat, daß er ihr nicht mehr helfen kann, hat ma sie nach Frankenmarkt gebracht. Dort war ein Arzt, von dem wir heute sagen würden, er sei eine Kapazität. Von weit her sind die Leut' zu ihm gefahren. Der hat wirkli was können! Aber auch er hat sie in das Krankenhaus (Klinik) geschickt, weil er keinen Rat mehr gewußt hat. Und von dort ist sie bald wieder hoam kema - zum Sterben. Des war früher so der Brauch, daß man die Leut dahoam sterben hat lassen. Dann ist gern noch der Pfarrer kema, und so halt.
Ihre Eltern habens dann aber noch einmal versucht und habens mit de Roß, weil Auto hat damals keiner eins

gehabt, noch einmal nach Frankenmarkt gebracht. Der (Arzt) aber hat's gleich bei der Tür z'sammputzt: 'Was kommts denn daher, wenn ich schon einmal gsagt hab, daß da nix mehr zu machen ist!'

Und als sie die Todkranke wieder zur Tür hinaus tragen wollten, ruft er sie noch einmal zurück und sagt ganz barsch: 'Legt sie dort auf die Liege! Ich probier noch was.'
Und woaßt was er gmocht hat? G'schröpft hat er's!
Und die Frau lebt heut no. Woaßt wer dös is? Dös is dös kleine Weiberl da am Kronberg oben. Sie hat später do aufi g'heirat. Dic ist heut an die 70 Jahr alt! Die kennst bestimmt. Geht eh olle Suntag in die Kirchen.
Jawoi, so war des! Die ist wieder pumperlgsund worn."

Nach einer kleinen Atempause:
"Drum kann mi vom Schröpfen koana abhalten. Könnts sagen, was wollts! I geh olle Jahr a moi (einmal), wei da feit (fehlt) da nix."

Vom Schröpfen

"Wer sich schröpfen lassen will, muß es nüchtern tun, weil dann das Blutwasser (Serum) getrennt vom Blut (Plasma) ausfließt. Denn wenn der Mensch gefrühstückt hat, vermengt sich das Blut mit dem Blutwasser, und wenn er dann sich schröpfen lassen will, fließt das Blut mit dem Blutwasser aus. Damit aber der Mensch am Herzen nicht geschwächt wird, soll er vor dem Schröpfen ein wenig Brot und Wein genießen.

Schröpfen ist zu jeder Zeit gut und nützlich, damit die schädlichen Säfte und Schleime, die sich im Menschen befinden, vermindert werden. Die Schleime sitzen zum größten Teil zwischen Haut und Fleisch, und sind dem Menschen besonders nachteilig. Indessen paßt das Schröpfen mehr für Jünglinge wie für Greise, weil die Jungen reicher an Säften sind wie die Alten. Auch paßt das Schröpfen mehr im Sommer wie im Winter, weil die Menschen im Sommer mehr frische Nahrung mit jungem, kräftigem Saft genießen wie im Winter, woher sie sich auch frische Schleime zuziehen.
Die aber weiches und fettes Fleisch haben, können sich in einem Monat zweimal durch Schröpfen Blut entziehen lassen.
Magere hingegen sollen dies, falls es notwendig erscheint, nur einmal in jedem beliebigen Monat tun."

Die idealen Schröpfstellen:

A	Bei Augen-, Ohren-, Kopfleiden
B	Brustleiden
C	Beschwerden in der Seite
D	Frauenleiden
E	Schenkelschmerzen

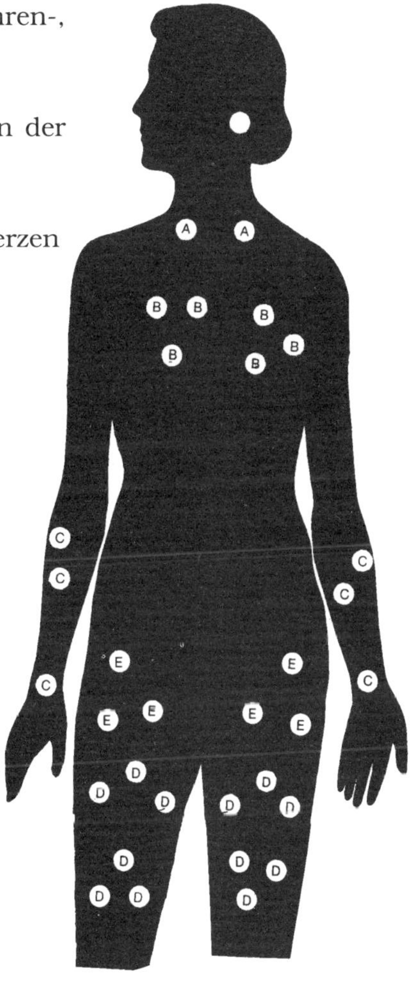

An welchen Stellen?

"An dem Körperteil soll er Blut entziehen lassen, wo er Schmerz empfindet." (H.S. 193 ff)

"Wer an den Augen, den Ohren oder am ganzen Kopf Schmerzen hat, soll das Schröpfhorn oder den trockenen Schröpfkopf an der Grenze zwischen Hals und Rücken ansetzen."

"Wessen Augen anfangen, durch schlechte Säfte trübe zu werden oder geschwürig sind oder bei wem sich das Fleisch um die Augen herum hervordrängt, soll hinter den Ohren und am Genick mit Schröpfhörnern oder Schröpfköpfen vorsichtig Blut entziehen lassen und dies drei- oder viermal im Jahr tun, oder wenn er sich notgedrungen öfter schröpfen lassen will, so soll er um so weniger Blut ausfließen lassen, damit er nicht, wenn er über das Maß hinaus Blut weggenommen hat, davon zu Schaden kommt."

"Wer aber an der Brust leidet, muß das Schröpfhorn an den Schulterblättern ansetzen."

"Wer an Schmerzen in der Seite leidet, (muß den Schröpfkopf) an jedem Arm und da, wo die Hand aufhört, aufsetzen, oder

wenn er in den Schenkeln Schmerz empfindet, soll er es an den Seiten des Unterleibes ansetzen, oder

wenn er an den Schamteilen gequält wird, es zwischen Gesäß und Kniekehle, daß heißt: an den Oberschenkeln anbringen."

"An der Stelle aber, wo entweder der trockene Schröpfkopf oder das Schröpfhorn gesetzt wird, dürfen diese nicht öfter wie drei- oder viermal in einer und derselben Stunde, in der das Blut entzogen wird, gesetzt werden. An den Waden dagegen wie auch an den Schienbeinen soll nicht oder nur ausnahmsweise geschröpft werden, weil dort mehr Blut vorhanden ist wie Säfte, es sei denn wegen großer, durch die Säfte bedingte Notwendigkeit. Man darf die Säfte nicht dorthin ziehen, weil der ganze Körper von den Beinen getragen wird. Für die, welche sich so durch Schröpfen Säfte und Blut entziehen, ist es nicht nötig, daß sie sich vor Helligkeit der Sonne oder des Feuers, wie auch bei der Aufnahme von Nahrung so sehr in acht nehmen, wie sie dies tun müßten, wenn sie zur Ader gelassen hätten. Vielmehr sollen sie sich durch die Nahrung wieder kräftigen, wie sie es vorher gewohnt waren, weil durch das Schröpfen die Röhrchen, das heißt die Gefäße, die das Leben des Menschen in sich tragen und den Zusammenhalt der Glieder bewirken, nicht angeschnitten sind. Wird nämlich eine derartige Röhre angeschnitten, so fühlen alle anderen diesen Einschnitt mit und leiden mit darunter." (H.S. 193/194)

"Wenn jemand Schmerzen an der Zunge hat, sei es, daß diese anschwillt oder geschwürig ist, soll er sie mit einem kleinen Aderlaßmesser oder mit einem Dorn ein wenig anschneiden, damit dort der Schleim hervorbrechen kann, und er sich besser befindet." (H.S. 187)

"Wer an Zahnschmerzen leidet, soll das Fleisch um den Zahn mit einem kleinen Aderlaßmesser oder einem Dorn an einer Stelle vorsichtig anschneiden, damit der Eiter da heraustritt, und es wird ihm besser werden." (H.S.187)

“Vom Ischias. Ein Mensch, der in seinen Schenkeln und Füßen das Rheuma fühlt und darunter leidet, soll, falls das Leiden noch frisch ist, möglichst viel Hörner und Schröpfköpfe rings herum auf seine Beine setzen in der Weise, daß er ohne Verletzung der Haut am Knöchel beginnt, damit sie die Säfte an sich ziehen, sie dann von dieser Stelle entfernen und höher herauf ansetzen, damit sie wiederum die tiefer unten sitzenden Säfte an sich ziehen.So fahre er fort, ohne die Haut anzuschneiden oder sie zu verletzen, bis er zum Gesäß herauf gelangt ist. Hat er so das Gesäß erreicht, so wickle er sich oben um den oberen Teil des Knies eine Binde, damit die Säfte, die er mit den Schröpfköpfen bis dahin zusammengezogen hatte, nicht wieder heruntersteigen, und lasse dann sofort da, wo Rücken und Gesäß aneinandergrenzen, mit Hörnern oder Schröpfköpfen durch Anritzen der Haut das Blut und die schlechten Säfte heraus. So soll er vorgehen, und der Schmerz des Rheuma wird verschwinden."

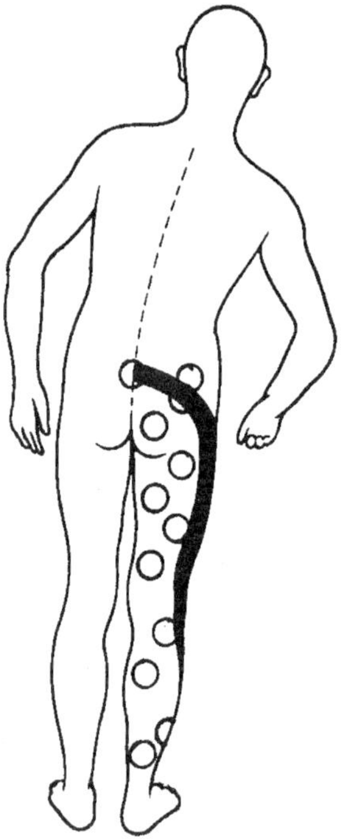

Als zusätzliche Maßnahme bei Fußgicht führt Hildegard bei der Schröpftherapie noch das folgende Rezept an:

“Nimm Bertram, den dritten Teil seines Gewichtes Ingwer und etwas Pfeffer, stoße dies zu Pulver, genieße davon nüchtern und trinke Wein hinterher.”

Und so wird's gemacht:

Diese Anleitung ist nicht für Laien gedacht, sondern für Heilpraktiker und an der Schröpftherapie interessierte Ärzte. Der Patient erscheint nüchtern. Die Mondphasen spielen beim Schröpfen keine Rolle.
Je nachdem, welches medizinische Problem vorliegt, wählt der behandelnde Arzt oder Heilpraktiker die besten Schröpfstellen aus und desinfiziert sie. Liegt kein besonderes Problem vor, so wird am Rücken geschröpft.

Nun setzt der Arzt den Schröpfschnepper an eine der gewählten Stellen (ohne Druck) und drückt auf den Auslöser, wobei die Haut von den durchziehenden Messerchen geritzt wird. Das Ganze wird um 90 Grad versetzt noch einmal gemacht. So erhält man den "Kreuzschnitt". Die Haut wird also in Kreuzform geritzt. Die Tiefe wird je nach Fettschicht und Lage am Körper zwischen 0,5 mm bis 5 mm eingestellt.
Über die geritzte Haut wird nun der Schröpfkopf angesetzt. Dazu hält man ein brennendes Stäbchen kurz in das Schröpfglas, damit der Sauerstoff verbrennt, und setzt das Glas mit einer raschen Bewegung an die vorgesehene Schröpfstelle. Wenn richtig gemacht, saugt sich das Glas sofort fest an die Haut, andernfalls muß der Vorgang wiederholt werden.
Nun saugt der Schröpfkopf Blut aus der geritzten Haut. Nach 5-10 Minuten ist das Glas bis zu 1/3 voll und wird abgenommen, weil die Saugwirkung nachläßt. Man kann ihn erneut ansetzten, oder den Patienten nach zwei Wochen noch einmal nachschröpfen.
In der Regel werden nicht mehr als 2-3 Schröpfköpfe bei einem Schröpfvorgang angesetzt.

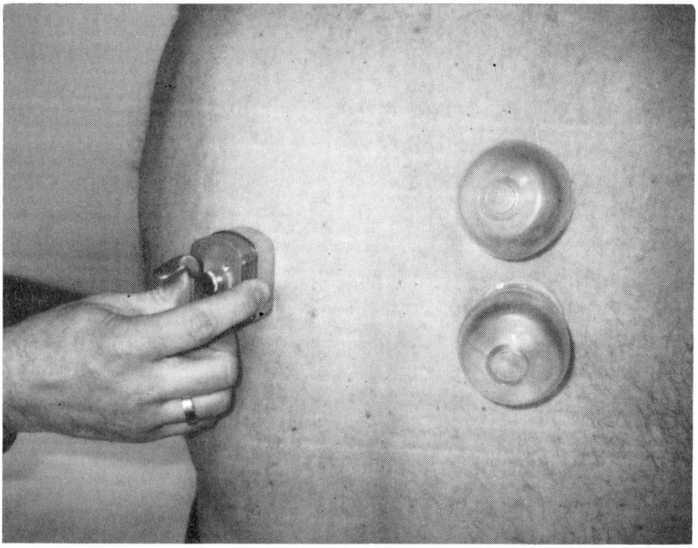

Der Aderlaß

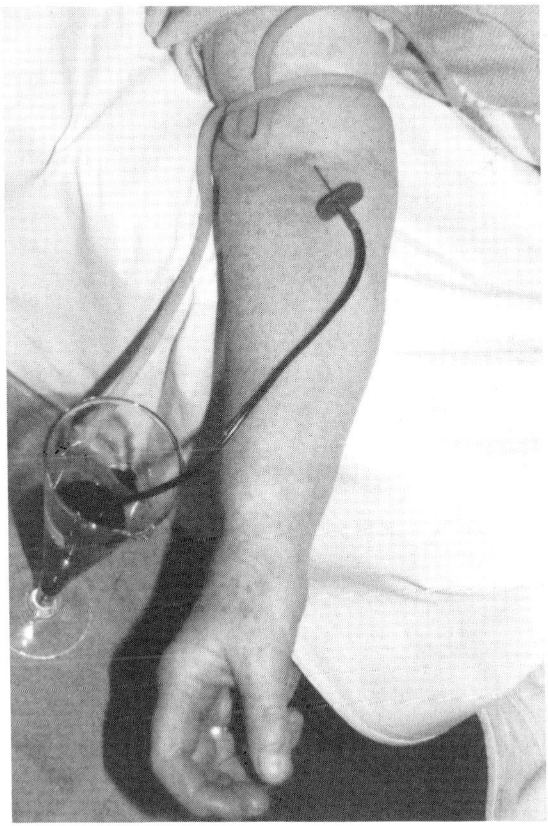

Warum zur Ader lassen?

Vielleicht haben Sie schon einmal Innenaufnahmen verkalkter Blutgefäße gesehen? Statt glatter Gefäßinnenwände sehen wir "Tropfsteinhöhlen" und "Vulkanlandschaften". Anstelle flink sprudelnder Blutbächlein blubbert ein zäher "Lavastrom" durch die engen Schluchten. Wenn dann so ein Brocken versehentlich in einen kleinen Nebenfluß gelangt, bleibt er darin stecken. Durch den Druck der "Pumpe" kommt es zu einem Stau, bis irgend etwas nachgibt. Entweder bewegt sich der Pfropfen weiter oder es platzt das "Rohr". Solche "Rohrbrüche" zählen heute zu den häufigsten Todesursachen (Hirnschlag, Herzschlag). Das müßte alles nicht sein. Nur dürften wir nicht tatenlos zusehen, wie das Blut immer dicker und dicker wird und es in den Gefäßen immer enger und enger wird. Da nützt auf Dauer kein "Spülmittel" (blutverdünnendes Medikament), weil damit das Blut zwar dünnflüssiger, aber nicht gesünder wird. Es mag in verschiedenen Krankheitsstadien lebensrettend und notwendig sein, doch soll man es besser gar nicht so weit kommen lassen. Auch mit der Waschmaschine und der Schleuder (Blutwäsche) läßt sich dieser Saft nicht revitalisieren. Der zumeist letzte Schritt ist dann das Anbringen von "Umleitungen" (Bypass) an fast undurchlässigen (Herzkranz-) Gefäßen.

Trotz dieser großartigen technischen Möglichkeiten hören wir gerade von Herzspezialisten, daß sie wieder vermehrt auf den Aderlaß zurückgreifen. Es ist ja wirklich einfacher, "Altöl" abzulassen, als mit viel Chemie und technischem Aufwand, das Ganze in eine undefinierbare Brühe zu verwandeln. So freuen wir uns über die Renaissance des Aderlasses, dem auch Hildegard in ihrem Medizinbuch viel Raum gewidmet hat.

Bequemlichkeiten, die das Leben kosten können.

Sowohl der Herzinfarkt als auch ein Schlaganfall treten zumeist durch einen Gefäßverschluß ein. Diesem geht in der Regel eine jahrzehntelange, schleichende Sklerotisierung (Verkalkung) mit mehr oder weniger problematischen Durchblutungsstörungen voraus. Damit sind wir bei der Entstehungsursache. Warum verkalken wir und bilden sich so gefährliche Blutpfropfen in den Blutgefäßen? Durch falsche Ernährung und Bewegungsmangel? Auch. Hauptsächlich aber deshalb, weil wir es unterlassen, von Zeit zu Zeit unser Blut zu reinigen! Würden wir uns nicht waschen, die Haare schneiden, rasieren, die Zähne putzen und so weiter, dann kämen wir bald wie die Ferkel daher. Wir sind zwar pflegeleicht, aber eben doch nicht ganz "servicefrei". Zur Ganzkörperpflege gehört auch die Bluterneuerung, die Blutverjüngung, damit unser Blut, unsere Blutgefäße, ja der gesamte Kreislauf in Ordnung gehalten wird. Gesundheit setzt sich ähnlich einem Mosaik aus vielen Faktoren zusammen. Ein sehr wesentlicher Teil in diesem Mosaik ist der Aderlaß. Wer ihn aus Bequemlichkeit oder Unwissenheit unterläßt, kann dies später kaum mehr nachholen. Hildegard schreibt:

"Sind bei einem Menschen die Gefäße mit Blut gefüllt, so müssen sie von dem schädlichen Schleim und dem von der Verdauung gelieferten Saft mittels eines Einschnittes gereinigt werden." (H.S. 182)

Risikofaktor: Cholesterinspiegel

Adolf Windaus hat 1910 nachgewiesen, daß die Fetteinlagerungen in den Blutgefäßen hauptsächlich aus Cholesterin und dessen Estern bestehen. Diese farblose, wachsartige Substanz wurde von Michel-Eugene Chevreul (1812) auf den griechischen Namen "Chole" = Galle und "stear" = Talg getauft. Genau dieser "Gallentalg" entsteht durch eine unterlassene Blutreinigung. Hildegard schreibt:
"Wer aber viel Blut hat und völlig gefüllte Gefäße und sein Blut nicht durch Aderlaß oder Schröpfen reinigt, dessen Blut wird etwas wachsig und unkräftig werden, und so verfällt der Mensch in Krankheit." (H.S. 191)

Gefäßverengungen und ein zu hoher Cholesterinspiegel entstehen demnach nicht allein durch falsche Ernährung. "**Wer viel Blut hat**"- und das sind die vollblütigen Menschen -, dessen Blut wird **wachsig**, falls sie es nicht durch einen Aderlaß von Zeit zu Zeit reinigen lassen. Bei "vollblütigen" Menschen spielt also auch die Veranlagung eine Rolle. Andere Menschen hingegen können hohe Cholesterin-Mengen zu sich nehmen, ohne daß "etwas passiert", während die Vollblütler schon auf kleine Mengen empfindlich reagieren. Damit wird eine für alle Menschen gültige Festlegung einer Cholesterin- Höchstgrenze problematisch.
Nicht die Zufuhr eines unentbehrlichen Bausteines unseres Lebens macht krank, sondern die Unterlassung der notwendigen Blutreinigung! Wenn man einen hohen Cholesterin-Spiegel hat, so ist das keine Krankheit, sondern die Folge eines (hygienisch) vernachläßigten Blutes. Und **"dessen Blut wird wachsig."** Diese Zusammenhänge

sollten wir uns vor Augen führen, auch wenn sie noch so einfach sind!
Wer regelmäßig zur Ader läßt, braucht die HDL-Werte (High Density Liproproteins) oder LDL (Low Density Liprot.) sowie die Triglycerid-Werte etc. weniger zu fürchten. Sie werden sich im normalen Rahmen befinden. Nichts gegen eine Mäßigung im Essen und Trinken! Dennoch halten namhafte Experten eine Absenkung des Cholesterinspiegels unter den Normalbereich für riskant.* Eine zu strenge Abstinenz ist auch kein Garant für die Gesundheit. In den 20er Jahren spritzte man intravenös Cholesterin und erreichte dadurch eine Abdichtung gegen Toxine von Infektionskrankheiten.*
Ich weiß, jeder schwört auf "seine" Weisheit: Der eine verläßt sich auf den Knoblauch, der andere auf die Sauna und den täglichen Jogginglauf. Doch es gibt nur zwei Wege zur Gesundheit: einen sicheren und einen unsicheren. Der sichere heißt Aderlaß. Wer diesen Weg geht, darf mit ruhigem Gewissen bei seiner (vernünftigen) Hausmannskost bleiben.
Der Aderlaß ist zwar kein Allheilmittel, vermag aber sehr viel. Wenn wir die Verkalkung der Gefäße und all die Folgen dieser verhängnisvollen Entwicklung hintanhalten können, dann ist schon viel gewonnen, nämlich der Kampf gegen Herzinfarkt und Schlaganfall. Ist das etwa nichts?

Was müssen Sie tun, um zu verkalken? Nichts!

*) Prof. Dr. Holtmeier in BILD DER WISSENSCHAFT (NR.6 1989)

Was bewirkt der Aderlaß?

Haben Sie schon einmal zugesehen, wie im Frühjahr die Obstbäume zurückgeschnitten werden? Wenn der Gärtner dort und da Zweige und Äste abschneidet, so macht er das nicht, weil der Baum einfach weniger Äste haben sollte, sondern deshalb, damit er mehr Früchte ansetzt. Mit einem fachgerechten Baumschnitt fällt mehr Licht in die Krone, werden die Äste zu kräftigem Wachstum angeregt und die Bildung von "Fruchtfleisch" gefördert. Wenn wir den Wildwuchs verhindern wollen, so müssen wir jeden Baum durch einen gekonnten Rückschnitt erziehen. Ähnliches erwirken wir durch den "Einschnitt" in die Ader. Die "lichte Krone" ist das gesunde Blut. Das unnötige "Gestrüpp" sind die Faul- und Krankheitsstoffe im Blut. Einen Baum erkennt man an seinen Früchten und den Menschen an seinem Blutbild. Ein guter Baum bringt gute Früchte hervor und ein gesundes Blut gesunde Menschen. Wir achten heute so sehr auf das Gießen und Düngen, damit es unserem lieben Bäumchen gut geht. Das hindert aber einen Baum nicht daran, fruchtlose Wassertriebe zu bilden und sich unter Umständen wie ein Reisigbesen zu entwickeln. Für die Fruchtbildung ist ein Erziehungsschnitt noch wichtiger als das Düngen. So ähnlich ist es auch bei uns Menschen. Allein mit "Gießen und Düngen", das heißt gut Essen und Trinken - und mag alles noch so gesund sein - können wir den Fruchtansatz nicht steuern. Gute "Früchte" können wir erst dann erwarten, wenn wir auch den "Verjüngungsschnitt" machen. Beide Pflegemaßnahmen ergänzen einander. Was ich mit der einen Maßnahme nicht erreiche, das macht eben der Aderlaß. Er bewirkt tiefgreifende Veränderungen beim Menschen. Die Blutentnahme vermindert die Krankheitsstoffe und das schlechte Blut und aktiviert

unsere eigene "Hausapotheke", das Immunsystem! Durch den Aderlaß werden die Blutdepots (körpereigenen Blutreserven) geöffnet und gelangen in den Blutkreislauf. Durch den kleinen Schock kommt es zu einer Ausschüttung verschiedener Hormone und Abwehrkräfte. Alles in allem kann man einen Aderlaß tatsächlich mit einem Verjüngungsschnitt bei einem Baum vergleichen.
Nicht die (kleine) Aderlaßblutmenge machts, sondern das **Wie** beim rechten (hildegardischen) Aderlaß.

Was hat der Aderlaß mit dem Mond zu tun?

Klingt ein bißchen nach mittelalterlichem Aberglauben, wenn uns jemand klarmachen möchte, daß der Mond in unserem Leben eine Rolle spielt? Ist doch unglaublich?

Weil es aber in der Tat nicht gleichgültig ist, an welchen Mond-Tagen der Aderlaß durchgeführt wird, müssen wir auf das Thema näher eingehen.
Was halten Sie von einem Handwerker, der mit seinem Werkstück nicht umgehen kann? Wahrscheinlich nicht sehr viel, weil wir bei jedem Fachmann annehmen, daß er sein Handwerk versteht. Leider verstehen so manche Fachleute ihr Fach heute nicht. Vor allem dann nicht, wenn das zu bearbeitende Stück Natur heißt. Es ist ein Manko, wenn ich die einfachsten Zusammenhänge in der Natur nicht kenne, aber täglich damit zu tun habe. Den besten Beweis dazu lieferte mir eine erst kürzlich neu eingerichtete Autobahnraststätte, die mit einer Holzdecke ausgestattet wurde, deren nagelneue Balken schon fingerdicke Risse aufweisen! Kommt hingegen in alten Gebäuden bei Sanierungsarbeiten eine Holzdecke zum Vorschein, so ist sie nicht selten hunderte Jahre alt und weist keine Risse auf! Das liegt daran, weil beim Fällen des Holzes in früheren Zeiten auf die passenden Mondphasen geachtet wurde. Zwischen diesen beiden Fachkenntnissen - von damals und heute - bestehen große Unterschiede. Als die Menschen noch nicht zum Mond fliegen konnten, wußten sie von seinem Einfluß auf Mensch und Natur mehr als heute.

Die Grundregel

Bei zunehmendem Mond nimmt der Saft in den Bämen und Pflanzen sowie das Blut im Menschen zu. Hingegen nimmt bei abnehmendem Mond der Saft bei den Pflanzen und Bäumen und das Blut bei Mensch und Tier ab.

Aderlaß: vom 1.-6. Tag nach Vollmond

Weil es nicht so ganz einfach ist, aus dem gesamten Blut im Menschen "nur" das Schlechte herauszuholen, erfordert dieser "Arbeitsvorgang" gewisse Fachkenntnisse. Dazu gehört das Wissen um den Einfluß des Mondes. Bei Hildegard steht:

"Er (der Mensch) soll aber bei abnehmendem Monde zur Ader gelassen werden, also am ersten Tag, wenn der Mond anfängt abzunehmen, oder am zweiten, dritten, vierten, fünften oder sechsten Tage, und dann nicht mehr, weil ein früherer oder späterer Aderlaß nicht soviel Nutzen bringen wird. Nicht aderlassen soll man bei zunehmendem Mond, weil solcher Aderlaß schädlich ist, da jetzt die mit dem Blut vermischte faulige Flüssigkeit sich nicht leicht von ihm scheiden kann. Bei wachsendem (zunehmendem) Mond strömt nämlich das Blut und die zersetzte Flüssigkeit gleichzeitig wie in gegenseitig richtiger Menge im Menschen und lassen sich nicht leicht voneinander trennen..." (H.S. 184)

auf dem Kalender schwarz = Neumond

auf dem Kalender weiß = Vollmond

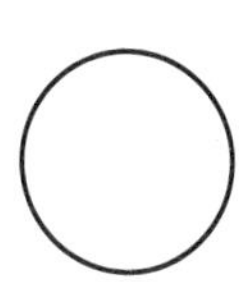

Nüchtern antreten

"Hat aber ein Mensch Speisen zu sich genommen, dann beginnt das Blut in ihm etwas stärker zu wogen, die Säfte vermischen sich so mehr mit ihm, und beide können dann nicht mehr leicht voneinander geschieden werden. Daher soll der Aderlaß vorgenommen werden, wenn der Mensch nüchtern ist, damit die vom Blut getrennten Säfte um so leichter ausfließen können." (H.S. 192)

Der Schockeffekt

"Wird bei einem Menschen ein Gefäß angeschnitten, so erleidet das Blut, wie durch einen plötzlichen Schrecken, eine Erschütterung, und was dann zuerst zutage kommt, ist Blut, und fauliges und zersetztes Blut fließen gleichzeitig ab. Daher kommt es, daß das, was jetzt ausfließt, verschieden gefärbt ist, weil es aus Fäulnis und Blut besteht. Sobald die Fäulnis mit dem Blut ausgeflossen ist, kommt reines Blut heraus, und dann muß man mit der Blutentziehung aufhören." (H.S. 182)

Diese Behauptung wollte uns anfangs niemand glauben. Inzwischen erlebten jedoch schon viele Aderlaß-Patienten, wie zuerst dickes und dunkles Blut ausfloß und nach einer Weile plötzlich hellrotes Blut ankam. Spätestens dann bricht man den Aderlaß ab, denn das gesunde Blut wollen wir ja behalten. Der Schockeffekt beim Anstechen der Vene dürfte der eigentliche Steuerungsmechanismus dafür sein, daß bei einem Signal "Wunde" zuerst das schlechte Blut an die Austrittstelle befördert wird.

Zur Prophylaxe

"Wie oben gesagt, besteht das erste, was aus der Wunde und dem Einschnitt in die Ader austritt, aus Blut, und mit ihm fließen verderbliche und alle krankheitsbringenden Säfte gleichzeitig aus. (H.S. 183)

Es gibt so viele schwere und unheilbare Krankheiten, von denen man bis heute nicht weiß wie und warum sie entstehen.Wenn wir nun bei Hildegard lesen, daß bei einem Aderlaß **krankheitsbringende Säfte** ausfließen, so müßte uns das doch zu denken geben! Wir können zwar nicht behaupten, durch den regelmäßigen Aderlaß ließe sich diese oder jene schwere Krankheit verhindern, weil dazu ja keine Statistiken vorliegen, man kann dies aber mit großer Wahrscheinlichkeit annehmen.
Durch den Blutschock beim Aderlaß werden die Aktivitäten im (Knochen-) Mark natürlich beschleunigt. Der erhöhte Anteil an "frischem" Blut bewirkt eine viel bessere Durchblutung im gesamten Kreislauf, weil durch die Blutveränderung auch der Gefäßwiderstand, die Wandreibung, geringer ist, und somit das Herz nicht so schwer arbeiten muß. Eine Normalisierung des Blutdruckes kann die natürliche Folge sein. Neben dem Einsatz des Aderlasses als therapeutisches Mittel bei vielen (unerforschten) Krankheiten, gilt vor allem die prophylaktische Wirkung. Es ist sicher nicht übertrieben, wenn man sagt, daß durch den Aderlaß nach Hildegard Krankheiten vermieden werden können.

Der Jungbrunnen!

“Eine richtig bemessene Blutentziehung aber beseitigt die schlechten Säfte und sorgt für den Körper wie ein Regen, der langsam und in nicht zu großer Menge auf die Erde fällt, diese bewässert und befähigt, Frucht hervorzubringen.” (H.S. 183)
Wenn also "frisches" Blut nachströmt, so wirkt dies auf den Organismus wie ein ersehnter Regen nach langer Dürre. Der vertrocknete "Boden" erhält seine Grünkraft wieder und ist nun imstande Frucht hervorzubringen! Dahinter verbirgt sich freilich mehr als die Rückgewinnung der Vitalität. Wir dürfen auch eine Reaktivierung der Immunabwehr (Erneuerung des Immunglobulins etc) erwarten. Die "Grünkraft" ist Ausdruck für Jugendlichkeit, Fruchtbarkeit, Spannkraft.
Tierärzte kennen diese Wirkung: Wenn ein Rind, ein Schwein oder ein anderes Tier keinen Nachwuchs mehr hervorbringt, so wird zur Ader gelassen! Der Aderlaß ist - wenn alle anderen Medikamente und Künste versagen - eines der sichersten Mittel zur Wiederherstellung der natürlichen Fruchtbarkeit.
Unser Blut soll nicht dick und schwarz sein, wie manche glauben und darauf auch noch stolz sind. Wie heißt es doch in dem bekannten Fiakerlied: "Mein Blut ist so luftig,...!" Der Fiaker schnalzt mit der Peitsche und kann leicht fröhlich sein, denn in seinem Herzen und seinen Adern fließt feuriges Blut.
Wenn wir wieder fröhlicher, beschwerdefreier, gesünder und langlebiger werden wollen, dann dürfen wir bewährte Dinge nicht mit einem kühnen Handstreich vom Tisch fegen. Es wäre eine Verniedlichung der Zusammenhänge von Herz und Kreislauf.

Ab wann, wie oft und wie viel...?

Wieviel Blut soll abgelassen werden? Vollblütler kann man zwischen 100 und 150 ml abnehmen, schwächeren Menschen hingegen nur etwa 70 -100 ml.
Ab welchem Alter kann zur Ader gelassen werden? Am wichtigsten ist der Aderlaß in den "besten Jahren", also zwischen dem 30. und 50. Lebensjahr. In dieser Zeit sollten Männer wie Frauen zweimal im Jahr einen Aderlaß durchführen, zumindest aber einmal.
Nach dem 50. Lebensjahr ändern sich gleich zwei Dinge: Von da an läßt man nur noch einmal im Jahr einen Aderlaß machen und es darf auch nur noch die Hälfte der bisherigen Menge abgenommen werden. Vor zu starken Aderlässen, wie sie in früheren Zeiten leider vorkamen und deshalb auch in Mißkredit kamen, davor warnte sogar schon Hildegard:

"**Wie aber der Hunger die Körperkräfte schwinden läßt, macht auch ein zu weit getriebener Aderlaß** (Blutspenden?) **den Körper schwach, wohingegen ein maßvoll ausgeführter dem Körper Gesundheit bringt, ebenso wie mäßiges Essen und Trinken den Körper in die Höhe bringen." (H.S. 183)**

Blutspenden und Aderlaß ist nicht dasselbe! Durch das Blutspenden retten Sie das Leben eines anderen Menschen beim Aderlaß mehr oder weniger ihr eigenes. Auf alle Fälle entfernen Sie dadurch krankmachende Stoffe aus dem Blut.

Gebärmutter- (Total) -Operation mit Spätfolgen?

In der Bundesrepublik Deutschland werden noch immer über 100.000 Frauen pro Jahr am Unterleib operiert, obwohl der große Operations-Boom Ende der siebziger Jahre mittlerweile abgeflaut ist. Experten streiten sich darüber, ob eine solche Größenordnung notwendig und gerechtfertigt ist. Anlaß zu diesen Überlegungen geben u. a. die Spätfolgen jener Frauen, bei denen der chirurgische Eingriff im (noch) gebärfähigen Alter erfolgt ist. Die nun ausbleibende Menstruation führt zu Problemen, auf die bereits Hildegard hinweist, auch wenn's manche noch nicht wahrhaben wollen:
"Würde die Frau während der Zeit (Menstruation) nicht von den schädlichen Säften und dem verdorbenen Blutwasser befreit werden, so würde sie am ganzen Leibe anschwellen und aufgebläht werden und nicht (lange) **leben können." (H.S. 186)**

Durch eine Totaloperation wird zwangsweise die Menstruation verunmöglicht. Aus welchen Gründen der Eingriff auch geschehen ist, er verkürzt - nach den Aussagen Hildegards - vielen Frauen das Leben, sofern nicht eine "künstliche Menstruation" mit Hilfe regelmäßiger Aderlässe erfolgt. In diesen Fällen wäre ein mindestens halbjährlicher Aderlaß angebracht. Das sollte man den betroffenen Frauen wirklich nahelegen und bis in das Alter der Wechseljahre konsequent durchführen.
Eine manchmal geäußerte Sorge, ob man "aderlaßsüchtig" wird, ist völlig unbegründet. Man wird nicht süchtig und es entstehen auch sonst keinerlei Nachteile, wenn man sich an die Regeln Hildegards hält.

Aderlaß als Therapie

"Wer aber ein trauriges Herz und ein bedrücktes Gemüt (Depressionen) hat und wer Schmerzen in der Seite oder in der Lunge fühlt, soll an der Mittelader (vena mediana) **zur Ader lassen, aber mäßig, damit er die Kraft des Herzens behält und nicht, wenn er dort zuviel Blut entzogen hat, diese im Herzen vermindert. Leidet aber jemand an Herzschmerzen, so soll er, bevor er der Ader Blut entzieht, aus der Mittelader am rechten Arm Blut entnehmen, er wird sich dann mit seinem Herzen besser befinden.**

Leidet aber jemand an der Leber oder an der Milz, oder hat jemand das Gefühl der Atembehinderung im Halse und in der Kehle, oder leidet wer an Verdunkelung der Augen, so muß die Blutentziehung an der Leberader (vena hepatica) **vorgenommen werden, und es wird ihm besser werden...**

Hat man der Leberader oder der Kopfader (vena cephalica) **eine genügende Menge Blut entzogen, so wird er davon weniger zu leiden haben, wie wenn man viel Blut aus der Mittelader entnimmt...**
An diesen drei Gefäßen, der Kopfader, der Mittelader und der Leberader, hat vornehmlich der Aderlaß stattzufinden...
Das Anschneiden der vorgenannten Hauptadern soll aber in der Armbeuge vorgenommen werden, weil, wenn dort die Ader angeschnitten wird, sich da die Säfte in größerer Menge zusammenfinden wie an einer Stelle, wo keine Gelenkbeuge vorhanden ist." (H.S. 187 188)

Nach dem Aderlaß

"Nach dem Aderlaß aber muß der Mensch sich drei Tage lang vor den Strahlen des hellen Lichtes der Sonne wie auch vor dem Scheine brennenden Feuers in acht nehmen, weil während dieser drei Tage das Blut im Menschen durch diese Helligkeit erschüttert wird und bebt und häufig dem Herzen Schaden bringt.
Das Tageslicht ist gemäßigt und schadet, wenn es ohne zuviel Sonnenstrahlung ist, dem zur Ader Gelassenen nicht..." (H.S. 191)
Hier sehen wir, wie genau bei Hildegard alles genommen wird. Um Herzschäden zu verhindern, soll man 3 Tage lang blendende Gegenstände (Fernsehen), starkes Sonnenlicht und Feuerschein vermeiden. Sonnenbäder sind zu meiden. Bei Aufenthalt im Freien trägt man am besten eine Sonnenbrille.

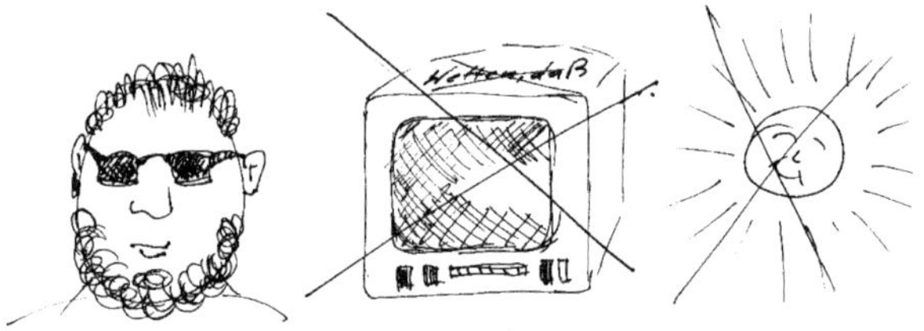

Die Aderlaß-Diät:
"Nach einem Aderlaß soll man aber ungewohnte Speisen, gebratenes Fleisch wie auch solche, die einen besonderen Saft enthalten, rohes Obst und rohes Gemüse nicht essen, weil diese dann in den Gefäßen den Schleim mehr wie das Blut vermehren würden. Auch darf man keinen starken Wein trinken,... und auch Käse soll man meiden. Und dies soll man zwei Tage lang tun." (H.S. 191)

Wie komme ich zu einem Aderlaß?

Sie wissen nun worauf es beim Aderlaß ankommt. Die beiden wichtigsten Bedingungen können Sie selbst erfüllen, indem Sie mit Ihrem Arzt zwischen dem 1. und 6. Tag nach Vollmond einen Termin vereinbaren und nüchtern erscheinen. Ein Blick auf den Kalender oder in den Nachthimmel sagt Ihnen, wann Vollmond ist.

Obwohl inzwischen schon viele Ärzte auf Wunsch anstandslos einen Aderlaß durchführen, so kann es dennoch vorkommen, daß sich ausgerechnet Ihr Hausarzt dagegen wehrt. Na ja, dann geht man halt zu einem anderen Arzt.

Auch kann es vorkommen, daß ein Arzt das Blut "einfachheitshalber" mit einer Spritze aus der Vene heraus**ziehen** will! Damit sollten Sie nicht einverstanden sein und ihn rechtzeitig ersuchen, den Kolben wegzugeben, und das Blut lieber in einen Becher frei fließen zu lassen.

Die meisten Ärzte verwenden dafür Nadel und Infusionsbesteck. So geht's am besten. Also nicht gleich den Mut verlieren, wenn ausgerechnet Sie für den Arzt der erste Aderlaß-Patient sind, und irgend etwas nicht ganz so klappt. Eine anschließende Untersuchung des Blutes kann, muß aber nicht gemacht werden. Statt sitzen soll man beim Aderlaß besser liegen und sich auch nach dem Aderlaß nicht zu plötzlich erheben.

Was bringt mir der regelmäßige Aderlaß?

Er

beseitigt	schädliche, verderbliche und krankmachende Stoffe im Blut.
verhindert	die Entstehung von Krankheiten, die Verkalkung der Gefäße, die Bildung schlechter Blutwerte
vermindert	zu hohen Blutdruck, Emboliegefahr (Thrombose), Risikofaktoren (Herzinfarkt...)
regt an	die Blutbildung, die 'Hausapotheke' (Immunsystem), den Kreislauf
erhöht	Lebenserwartungen, Vitalität und Leistungsfähigkeit, Gesamtdurchblutung
bewirkt	Bluterneuerung und
vermehrt	das Gesundheitspotential

Darüber hinaus kann er als zusätzliche Therapieform bei Herzbeschwerden, Depressionen, Leber- und Milzleiden, bei Atembeschwerden, Sehschwäche, Durchblutungsstörungen, Kopfleiden und vielen weiteren Indikationen eingesetzt werden.

Alles auf einen Blick

Wer?	Mann und Frau ab dem 30. Lebensjahr
Wie oft?	bis zum 50. Lebensjahr 2 Mal pro Jahr ab 50. Lebensjahr 1 Mal pro Jahr
Wie lang?	Männer bis zum 80. Lj. Frauen bis 100
Wann?	zwischen 1. u. 6. Tag nach Vollmond
Wie?	nüchtern
Wieviel?	Vollblütler 100 - 150 ml Schwächere: 70 - 100 ml Ab 50. Lebensjahr halbe Menge

Nach dem Aderlaß:

Körper und Augen 3 Tage lang vor grellem Licht (direkte Sonnenbestrahlung, Fernsehen, u. Spiegelungen) schützen. (Sonnenbrille!)
Diät: Gebratenes Fleisch, Rohkost, Käse, schweren Wein und ungewohnte Speisen zwei Tage lang meiden.

Besorgen Sie sich auch "Die kleine Aderlaß-Fibel" zum Verschenken an moderne Ärzte oder Ihren Hausarzt. Viele Ärzte sind nach dem Lesen dieser Lektüre bereit, Aderlässe durchzuführen!

Register

Namen-u. Sachregister

Abkürzungen:

Sc. = Scivias (Pattloch-Verlag)

G.W. = Göttliche Werke

W.M. = Welt und Mensch (Otto-Müller-V.)

M.V. = Der Mensch i. d. Verantwortg. -"-

H.S. = Ursachen u. Behandlung der Krankheiten v. Hugo Schulz

Medizinbuch = H.S.

B.F. = Berliner Fragmente Baseler Ausgabe

E.M. = Edelsteinmedizin v. Dr. Hertzka

H.A. = Hildegard-Apotheke v. Dr. Hertzka

C&C = Causae et Curae (Lateinische Ausgabe des Medizinbuches)

Weitere Angaben --> siehe Buchliste

Zum Ausklang

Es ist mein Glaube, daß die klassische Medizin - nicht zuletzt auch durch Hildegard - vor einem notwendig gewordenen Wandel steht. Eine in der Geschichte der Menschheit noch nie erreichte technische Entwicklung wurde auf einem rein materialistischen Weltbild aufgebaut und hat uns unter anderem auch ein neues Babylon an Wissen beschert. Allmählich stellt sich heraus, daß viel Wissen nicht gleichzusetzen ist, mit viel verstehen. Die Patienten zum Beispiel fühlten sich noch nie so unverstanden, wie heute. Sehr treffend formulierte die heutige Situation Dr. Hertzka erst kürzlich:*)

"Wir haben uns in ein Spinnennetz verfangen. Je mehr wir zappeln, umso mehr verwickeln wir uns. Erst wenn dieses Netz zerrissen ist, beginnt eine neue Ära (des Christentums).

Nur Gott kann dieses Netz zerreissen. Danach werden wir wieder frei denken können. Heute kann kein Mensch wirklich frei denken, denn sobald sie irgendwie jemanden ernsthaft gefährden, werden sie "abgeschossen". Heute ist alles in festen Händen; ein System, das nur Gott zerreissen kann.
Hildegard hat in ihrer Prophetie schon angedeutet, daß die heutigen Hemmnisse nach der gegenwärtigen Zeitwende fallen werden.
Ihre Schriften, die eine vollständige Wiedergabe göttlicher Weisheiten sind, werden das Denken der kommenden Jahrhunderte bestimmen...".

*) Interview im PUR-Magazin Nr.4 1992

So gesehen arbeiten wir an Denkanstößen für morgen. Für eine neue Ära der Medizin, bei der Hildegard sicher eine nicht unwesentliche Rolle spielen wird. Es ist deshalb ein Gebot der Stunde, sich mit Hildegard vertraut zu machen, alles im Herzen zu erwägen, dort zu bewahren und so in die neue Zeit hineinzutragen.

Nun setze ich meine Schreibarbeit im St.Hildegard-Kurier wieder fort, dessen letzte zwanzig Hefte Sie mit diesem Buch "nachgelesen" haben. Wenn auch Sie sich von Hildegard angesprochen fühlen, so lade ich Sie ein, sich unserem Hildegard-Kreis (Verein Bund der Freunde Hildegards) anzuschließen. Hier werden Sie über den Stand der Hildegardforschung sowie allem "Drumherum" informiert. Es ist damit zu rechnen, daß in nächster Zeit weitere Bücher herauskommen werden. Sollten Sie an diesen Interesse haben, so senden Sie uns bitte die Kontaktkarte (Siehe letzte Seite). Wir halten sodann Ihren Wunsch in Evidenz und verständigen sie, sobald ein neues Buch von Dr. Herzka, Dr. Strehlow oder meiner Wenigkeit erscheint.

Wie in allen "modernen" Richtungen der Medizin, ist auch bei Hildegard noch vieles im Werden. "Hildegard" hat uns noch vieles zu sagen und wird noch ganze Generationen beschäftigen.

Nun wissen Sie also wieder ein bißchen mehr über Hildegard; über jene große Mystikerin des Mittelalters, die Gott dafür auserwählte, den Menschen in unserer scheinbar ausweglosen Zeit, neue Wege zu weisen.

Ihr Helmut Posch

Buchauswahl

Der seit Jahren zu verzeichnende Hildegard-Boom hat auch negative Auswirkungen. Die Zahl der Hildegard-Bücher ist fast nicht mehr überschaubar. Jeder Verlag glaubt, unbedingt ein Hildegard-Buch auf den Markt bringen zu müssen. So gibt es inzwischen viele gute, aber auch etwas weniger gute Bücher über Hildegard.
Um Ihnen die Wahl zu erleichtern führe ich hier einige Titel an:
Darüber sind sich alle einig: Als Einstiegslektüre sollten Sie das Buch "Was ist Hildegard-Medizin" (H.Posch, Eigenverlag) lesen. Weiters die Bücher von Dr. Hertzka:

*	So heilt Gott	C
*	Das Wunder d. Hildegard-Medizin	C
*	Die Küchengeheimnisse d. H.Med.	B
*	Die Edelsteinmedizin d. hl. Hildeg.	B
*	Große Hildegard-Apotheke	B

B = Bauer-Verlag D-7800 Freiburg
C = Christiana-Verlag CH-8260 Stein /Rhein

Sämtliche Hildegard-Rezepte aus Pflanzen, Bäumen, Tieren etc. finden Sie im Buch "Heilkraft dcr Natur", welches im Pattloch-Verlag Augsburg, erschienen ist. Beim selben Verlag erhalten Sie auch das "Wcgweiserbuch" SCIVIAS. Dieses theologische Hauptwerk Hildegards ist darin vollständig übersetzt wiedergegeben und für Hildegard-Freundc eine Art Pflichtlektüre.

Noch zwei Bezugsquellen für Heilpflanzen:
Gartenbau Wagner A-8353 Kapfenstein, Gutendorf 36
Arzneipflanzen H. Bornträger D-6521 Offstein

Kontaktadressen

Österreich:
Bund der Freunde Hildegards
Sanatoriumstraße 222
A-5084 Großgmain b. Salzburg (Tel. 06247/8253)

Deutschland:
Förderkreis Hildegard v. B.
St.Gebhardsplatz 2
D-78464 Konstanz

Schweiz:
Internat. Gesellschaft
Hildegard von Bingen
CH-6390 Engelberg

Basler Hildegard-Gesellschaft
Postfach
CH-4010 Basel

Bezugsquelle

Österreich:
St.Hildegard-Posch Ges.m.b.H.
Am Weinberg 23
A-4880 St.Georgen (Tel. 07667/361)

Das ist die Lage

- *Trotz großartiger Leistungen in der modernen Medizin gibt es noch viele ungeheilte Kranke.*
- *Immer deutlicher werden Grenzen und bedenkliche Fehlentwicklungen sichtbar. Viele Medikamente zeigen erhebliche Nebenwirkungen.*
- *Die Folge: Immer mehr Menschen suchen über Naturheilverfahren nach einer sanfteren Medizin. Durch verschärfte Gesetzgebung wird bereits die Herstellung von Naturheilmitteln erschwert.*
- *Krankenkassen lehnen oft eine Erstattung der Kosten ab.*
- *An den Universitäten wird Naturheilkunde nicht gelehrt.*
- *Ärtze können somit nicht befürworten, was sie nicht kennen!*

Der Patient ist für Naturheilmittel

Wir stehen auf Ihrer Seite!

Anschrift:
(BITTE IN BLOCKSCHRIFT)

Name: ....

Beruf: ....

Straße: ....

PLZ/Ort: ....

Bitte ausreichend frankieren!

An den

"Bund der Freunde Hildegards"

Sanatoriumstraße 222

A-5048 Großgmain

Salzburg-Land

Lieber Leser!

Für uns haben die Aussagen der hl. Hildegard normativen Charakter. Diese ermöglichen uns das Leben sinnvoller, glücklicher und vor allem auch beschwerdefreier zu gestalten. Das ist allen Hildegard-Freunden gemeinsam.

Wenn auch Sie sich unserem Hildegard-Kreis anschließen wollen, so füllen Sie bitte dieses Kärtchen aus und senden es uns. Danach erhalten Sie den zuletzt erschienen "St. Hildegard-Kurier" und alle weiteren - er erscheint 3 x pro Jahr - laufend zugesandt. Darin wollen wir das geistige und naturheilkundliche Gedankengut der Hl. Hildegard unseren Lesern in allgemein verständlicher Form nahe bringen. Wir berichten aber auch über aktuelle Ereignisse, wie Kochkurse, Seminare und v. a. mehr.

Wer auch immer sich für Hildegard interessiert, wird bei uns herzlich aufgenommen.

Kontakt Karte

☐ Senden Sie mir das Buch "Was ist Hildegard-Medizin" (= Band 1) zum Preis von öS 120,– per Nachnahme.

☐ Senden Sie mir eine Preisliste über die Hildegard-Naturmittel. (Elixiere, Dinkelprodukte, Mineralien etc.)

☐ Informieren Sie mich, sobald ein weiteres Buch über Hildegard erscheint.

☐ Ich schließe mich vorerst für ein Jahr dem Verein "Bund der Freunde Hildegards" an. Den Jahresbeitrag von öS 150,– (DM 22,–) überweise ich nach Erhalt einer Zahlkarte.

Zutreffendes bitte so ☒ ankreuzen!